武士道の考察

中本征利

人文書院

まえがき

　武士道は複合的な歴史的産物である。思想倫理であることはもちろん、それ以上に制度そのものであり、情念であり文化だ。武士道が複合的な形成物である限り、武士道の担い手である、武士の社会的形態と内面感情の考察は必須となる。作業は日本史全体の再解釈を意味する。私は主として平将門から西郷隆盛に至る一〇〇〇年間の政治経済文化の通史的叙述を踏まえ、武士の生き様、生活様式、情念を語り、そして武士道の意味するものを考えたい。

　武士は律令制への反逆者として出現し、その制度を換骨奪胎略取して自らを確立した。しかし武士は政治大権とその基盤である土地の所有者ではなく、それらを委託された者でしかない。武士は土地経営さらには政治の管理技術者としてのみ存在する。武士が委託された物の管理者であることは、武士身分の性格に独特の刻印を押す。技術者としての武士、武士世界の衆議制、武士階層の流動性はここに由来する。武士社会は基本的には技術者の共和制であった。武士は律令制に反逆しつつ結果として天皇朝廷と権威権力を二分する。

武士身分の成立にとり仏教の寄与するところは大きい。二つのことに読者の注意を喚起したい。武士と僧職の最大の共通点は、死の自覚にある。また武士社会の形成と仏教の発展は併行する。武士層の成立なくして日本仏教の興隆はなく、仏教思想なくして武士社会は存在しない。武士と僧職は聖俗の二面を分業する。

三者が出そろう。天皇制と武士道と仏教は互いに分担しあうことにより、日本の歴史と社会に安定をもたらした。律令制の主権者である天皇は、俗世の管理を武士層に委託し、個人の内面への関与は仏教に任せた、ことになる。巧緻にして合理的な武士による世俗社会への管理技術と仏教の深遠微妙な救済論により、二重三重に保護され囲い込まれた深奥に位置する天皇は神となる。日本の政治社会文化の特質はこの三者の分業と協業にある。

武士道を考察する限り、武士の情念の基層にある同性への恋情を無視することは許されない。武士は死を常に意識し死に直面する。死を自覚することにより、団体の成員は平等になる。死の自覚と団体形成は併行し補完する。成員は相互間の差異を極小化し相互に同一であろうとする。精神の原点である肉体を共有する感情、同性への恋情が出現する。この点でも僧職と武士は似る。日本国家の君主である天皇は、武士と僧職という二つの階層により、死と俗から隔離され保護されて存続し、永遠の生命を表現し演出する。

若干の誤解に言及する。日本の武士道は儒教により形成されたと言う人がいる。浅慮無知もはなはだしい。彼らは江戸期の論者の意見に捉われ過ぎている。儒教の本家である中国の歴史に武士道らしきものは登場しない。また武士道は全く日本独自に形成されたものでもない。仏教という外来宗教の強い影響下に武士道は成立した。その意味では武士道は古代インドや秦漢隋唐の思想の後継者でもある。

三者、武士道と仏教と天皇制に関して私はそれぞれ別個の著作で考察する。仏教については既に『日蓮と親鸞』がある。今から書くこの本の内容は武士道が中心となる。天皇制は第九章で簡潔にのみ述べ、より本格的な論考は後続する著作に託したい。

武士道、君主制、宗教、あるいは同性への恋情と考え進めると、我国と欧米の文化的気分の相違の大きさに驚かされる。どうしてあちらの人々はあんなにぎすぎすして血腥いのだろうか。たとえば同性愛、西欧社会ではこの事象は常に背徳か犯罪か病気であった。我国の社会は、同性愛は褒められるほどのことでもないが、それはそれとして寛容に暗黙裡に肯定した。雨森芳洲の闊達な意見を参照されたい。

日本人はもの学びがいい。その分彼をもって良しとし、我をもって至らざると為し易い。我々は西欧の制度文物に対しもっと批判的であるべきだ。天皇制、武士道、仏教は相互に補完しながら日本の社会を形成してきた。この文化は独創的であるのみならず普遍的でもありうる。我々日本人が創った歴史的形成物から学ぶべき政治的文化的な叡智は無数にある。この小著が日本文化の再評価にいささかでも寄与すれば大きな喜びである。

二〇〇六年　孟春

摂津尼崎の寓居にて記之

著　者

目次

武士道の考察

第一章　海行かば——戦士の美意識

氏と大王

武士は平将門に始まります。武士は中央権力への反逆者、アウトローとして日本の歴史に登場します。以来、もののふ、もさ、つわもの、さむらい、むしゃ、ぶし、といろいろな呼称が使用されてきました。鎌倉開幕をもって武士という名と身分が確立します。第一章では将門以前、戦士がまだ武士と呼ばれなかった時代、武士前史とも言うべき時代を考察します。

原始野蛮な時代の戦闘については精確な記録はなく、想像するしかありません。勇敢なアフリカのマサイ族やアメリカインデアンの戦士の話も、すでに一〇〇年以上前の伝聞に基づきます。ローマ帝国に侵入したゲルマン諸部族、古代中国を悩ませた匈奴等に関する記録では、成人男子はみな戦士であり、武器を取って戦える者はすべて戦う、共同体皆兵が原則でした。古代のギリシャやローマあるいはユダヤの諸民族も時代を遡行するほどそうなります。日本の古代特に雄略朝以前の日本の戦士戦闘の様相も同様と思って構わないでしょう。

当時の共同体の基礎単位を、氏《うじ》、と言います。先祖を共有する成員の団体が氏あるいは氏族《しぞく》です。氏族の長が氏の上、その下に氏人がいます。ここまでが本来の意味での氏族の正式メンバーですが、その周縁あるいは下部に部民《べのたみ》という人々もいました。彼らは氏族間の戦闘の過程で服属させられた労働専用の隷属民です。氏の上を中心とする血縁集団つまり氏人が戦士になります。同時に彼らと生活を共にする中で情誼的関係を保てた一部の外縁集団も戦闘に参加したのでしょう。歴史以前の戦闘集団はだいたいそんなものだろうと想像されます。

氏族共同体相互の服属併呑を経て、大和国の東北にある三輪山一帯を根拠地とする氏族集団が強盛になり大王《おおきみ》になりました。氏族の長を君と呼びます。君達のさらに上に位する権力者に、大君あるいは大王、と尊称が与えられます。以後日本の最高支配者の名称は、大王、天皇《すめらみこと》、帝《みかど》、天皇、と時代の変遷に従い微妙なニュアンスの差をもって呼び分けられて今日に至ります。

初代天皇は神武天皇ですが、歴史学でその存在が確認されるのは十代崇神天皇からです。崇神天皇は近畿地方一円を支配しました。応神・仁徳天皇の時代に支配は西国から朝鮮半島の一部に及び、二十一代雄略天皇は版図を関東地方にまで拡げます。彼は倭王武として南朝の宋に入貢し、支配権を認めさせます。雄略天皇は独裁者です。この時期五世紀中葉、日本に統一国家の基礎が一応でき上がります。

統一国家ができる過程で他の氏族は大王家に何らかの形で服属します。古来の有力氏族、葛城和迩平群氏等は統一政権下で大王家と通婚し、一格下の共同統治者の地位を占めます。大王家に直属する氏族も台頭します。伴造《とものみやつこ》という集団です。伴を統括する長ともいうべき氏族が大伴氏と物部氏です。彼らは大王家の軍事警察権を握り勢力を拡大します。地方の氏族は事実上在地の支配を公認され、一定の調《みつぎ》を収めて服属を誓います。彼らが国造《くにのみやつこ》になりさらに郡司の系列に連なってゆきます。中央地方の氏族はすべて自ら武力（私兵）を所有しました。氏族連合体の上にひときわ高く立つのが大王家であり、大王家の軍事力は大伴物部の二氏が握る武力を基幹としました。

中央集権国家へ

六世紀の前半、日本は内乱に突入します。二十五代武烈天皇死去のあと後継者がなく、越前に住む王族という継体天皇が登位します。武烈・継体天皇間の血縁は従兄の従兄のそのまた従兄というほど離れています。どう見ても他人の関係です。継体天皇は即位して十数年後に大和国に入ります。天皇の即位と前後して九州では磐井の乱が起こります。反乱は朝鮮半島の新羅や百済と連携して大きくなります。越前とは越の国、当時の日本の中央から見ればはるかかなたの異邦蛮地です。異邦出身の血縁も怪しい者が王位に就いたということは、この乱が王朝の交代である可能性を示唆します。六世紀前半は中国も朝鮮半島も動乱期であり、日本の歴史もその影響を受けます。仏教が正式に伝来したのはこの頃です。仏教伝来も日本朝鮮中国全体を巻き込む動乱と深く関連します。

継体天皇それに続く欽明天皇の時に、現在の皇室の血統の基礎ができあがります。それ以前の王統との血縁関係は曖昧です。継体欽明朝の成立は古い有力な氏族の没落と大伴物部氏の勢力低下をもたらし、代って蘇我氏が台頭します。内乱の勝者であることを背景とし、大陸の文化を積極的に取り入れながら、この王朝は集権制を固めます。大王家と蘇我氏の主導権争いはあったが、大化の改新と壬申の乱を経て、日本古代の集権国家、律令制が成立します。日本の律令制は合議的性格を持ちます。天皇の下に、左右大臣と大中納言及び参議という議定官が置かれます。この形は大王の時代からの有力氏族の長の連合政権の延長です。議定官は次第に藤原氏に独占されますが、当初少なくとも七世紀中葉から八世紀の前半までは、この地位は有力氏族の長が分担しました。彼ら議定官の発言権は強力です。何事もまず彼らの合議にかけられ、そこで出た結論が天皇に上申され、天皇が裁可を与えます。事実上合議で決定されることが多かったのです。天皇と議定官との関係はその時その時の両者の力関係で決まります。大臣《だいじん》の前職である大臣《おおおみ》自体が大王より一格下の共同統治者という性格を持っていました。大臣という制度がなくなっても大兄《おおえ》（皇太子）や太政大臣、さらに時代が下ると摂政関白が百官を率いて、天皇の政治を輔弼代行するという姿勢を取り続けます。

伴と舎人

日本国家の黎明期から大宝律令制定までの時期、公権力が行使する武力である軍隊はどんなものだったのでしょうか。最古の軍隊には伴《とも》と舎人《とねり》の二系列があります。伴は大王家に直属する伴（隷民）からなる武力です。由来は記紀神話にまで遡ります。伴の統括者である大伴氏の先祖天忍日《あめのおしひの》命《みこと》は天孫降臨に際して瓊瓊杵尊《ににぎのみこと》に従って地上に下り、天孫の警衛をするとともに軍陣の先頭に立って戦ったと書かれています。

王権は自らの支配を地方に拡大し強盛になるに従い、地方有力者である国造の子弟縁者を大王に献じることを命じます。献じられて大王の身辺警護に奉仕する者を舎人と言います。舎人は権力者の舎（館）に入って仕える親衛隊です。舎人の方が伴より出自が良く王権直属の武力の主流になります。

軍団と健児

律令制が成立すると公地公民となり、建前としてはすべての土地と人民は大王あるいは天皇のものとされます。公民から徴兵して軍団ができます。伴や舎人ではせいぜい数百か多くて千名内外の兵員しか動員できないが、徴兵軍団となると数万人の規模になります。この種の軍隊はすべて外征か外敵に備えるための軍隊です。律令制定前後の日本は中国の唐王朝と緊張関係にあったので、国家規模の軍団は必要でした。軍団が実質的に機能したのは平安時代初頭の蝦夷征服です。軍団の兵士は質より量です。決して強いとは言えない。地方の農民がいやいや徴兵され、遠い九州や都に連れて来られて兵役を勤めるのですから、望郷の念は強く戦闘意欲は低く脱走兵も多かった。七四〇年の藤原広嗣の乱に際し、頭数だけ勝る軍団の歩兵は役に立たず、郡司の子弟からなる数十から数百の騎兵が勝敗を決めます。八世紀末の蝦夷征討も、騎兵を駆使して戦う蝦夷人の戦術に歩兵軍団は翻弄され敗北を重ね、坂上田村麻呂の将才と数の力でなんとか勝ったというのが真相です。三つの武力装置のうち軍団が真先に崩壊します。数万の兵士を常置するには莫大な費用がかかる。軍隊は戦闘に従事しないとすぐ使い物にならなくなる。軍団の兵士には厭戦気分が充満している。九世紀以後軍団が活躍することはなくなります。代って健児《こんでい》という制度が作られます。健児制は郡司等の地方有力者の子弟を中心に作られた少数精鋭の軍隊です。精鋭ですが少数なので各地方の治安維持程度の役割しか果たせません。健児制は武士出現の一つの契機になります。

そういう事情ですから軍団の兵士は宮城と要人の警備には向きません。舎人と伴の系譜を引く武力がこの役目を引き受けます。舎人は要人の身辺を、伴は宮門の警備を担当しました。前者は兵衛、後者は衛士と呼ばれます。加えて宮廷内クーデタ遂行用の武力が新設されます。授刀の舎人《たちはきのとねり》という組織で中衛府等の名称を経て近衛府になります。これは藤原氏が政敵を排除するための武力という性格が強く、藤原氏の私兵とも言えます。

平安時代に入ると唐王朝は衰微し外敵の危険が減ります。軍団制は真先に崩れます。首都警備用の武力は兵衛府と衛門府（衛士府の後身）と近衛府の三種のみとなり、すべて左右制なので六衛府と総称されます。地方の軍隊は健児制による少数精鋭主義に移行しますが、これも時代の影響を受けて変遷します。武士は、制度的には健児制をモデルとする少数精鋭の騎兵集団が、衛門府と後に新設される検非違使の制度と結びつき、中央権門に奉仕するところから出現します。

万葉の戦士

葦原の　瑞穂の国を　天降り　しらしめしける　天皇《すめろき》の　神の命の　御代重ね　天の日嗣
と　しらしける　君の御代御代　敷きませる　四方の国には　山川を　……（中略）……
大伴の　遠つ神祖《かむおや》の　その名をば　大来米主《おおくめぬし》と
負ひ持ちて　仕えし官　海行かば　水漬《みづ》く屍　山行かば　草生《くさむ》す屍

大君の　邊にこそ死なめ　顧みは　せじと言立て　丈夫《ますらを》の　清きその名を
いにしえよ　今の現《をつづ》に　流さへる　祖の子どもぞ　大伴と　佐伯の氏は　人の祖の
立つる言立　人の子は　祖《おや》の名絶たず　大君に　奉仕《まつろ》ふものと
いいひ継げる　言の職《ことのつかさ》ぞ　梓弓　手に取り持ちて　剣太刀　腰に取り佩き
朝守り　夕の守りに　大君の　御門の守護《まもり》　吾をおきて　また人はあらじと
いや立ちて　思ひし増る　大君の　御言の幸の　聞けば貴み

反歌三首

丈夫の　心思ほゆ　大君の　御言の幸を　聞けば貴み
大伴の　遠つ　神祖の　奥津城《おくつき》は　著《しる》く標立て　人の知るべく
天皇の　御代栄えむと　東なる　みちのく山に　こがね花咲く

大伴家持が七四九年日本で始めて黄金が発見されたことを、祝して聖武天皇に捧げた歌です。黄金発見は東大寺大仏の開眼供養と重なり、大変な慶事でした。この時天皇は大伴氏の多年にわたる忠誠を褒めた詔を下します。家持は詔に答えてこの歌を奉ります。

数年の後に大伴古慈斐がある陰謀に加担したと言われた時、家持が一族の軽挙妄動を縛めて作ったとされる短歌

剣太刀　いよよ研ぐべし　いにしえゆ　清《さやけ》く負いて　来にしその名ぞ

家持が自らの族を大王の親衛隊として鋭く意識した歌が

大伴の　名に負ふ　靫《ゆき》帯びて　萬代に　たのみし心　いづくか寄せむ

これらの歌は古代の武人の主君に捧げる心情を端的に表現します。反歌三種はこの心情の総括です。まず

大君がますらを（武人）の心情を思って下さるから大君を尊貴とする

と主君と臣下の精神的結合を述べ、次に

わが大伴氏の祖先は古くから大王に仕えている神聖な家なのだ

と大伴氏の家系の伝統を誇り、最後に

だからこの度の黄金発見と言う慶事をお祝い申し上げます

と結びます。主君と臣下の精神的紐帯を強調し、古さをもってその関係を固め、忠誠を誓います。忠誠と伝統と契約がはっきりと表現されています。その究極の表現が

海行かば　水漬く屍　山行かば　草生す屍　大君の邊にこそ　死なめ　顧みはせじ

です。要約すると

主君が自分の忠誠心を知って下さるならいつ死んでもかまいません

となる。心情の共有は死をもって報いる、死は心情の共有でもって克服する情念です。死は戦闘におのれの身体を捧げることにおいて真実となる。戦闘における忠誠は主君に自分の身体を与えることによって真実となります。だから互いの心情は納得して共有されねばならない。両者の関係は男《おとこ》道《どう》、同性への恋情に近いものです。これが大伴家持が詠んだ武人の心情です。大伴氏を中心に武人と同性愛の関係を考えて見ましょう。

軍事氏族大伴氏

大伴氏が歴史に登場するのは、雄略天皇の大連《おおむらじ》室屋からです。応神仁徳朝以来雄略朝にかけて大王の権力集中は進みます。その過程で大王に隷属していた伴の長のうち、軍事を司る大伴物部の二氏が古来の大和土着の豪族を押しのけて台頭します。大王の私兵集団が権力の中枢に割り込みます。室屋の孫金村は継体天皇の擁立に功績があり、大伴氏の権勢は頂点を極めます。しかし金村は朝鮮半島の経営に失敗し物部氏の弾劾を受けて失脚します。金村の子狭手彦は朝鮮半島に渡り活躍しました。彼と松浦佐用姫との哀話は万葉に歌われています。金村以後大伴氏が権力の中枢に坐ることはなくなりますが、中央の雄族としての一定の地位は保ち続けます。金村の孫長徳は大化の改新の後右大臣になります。クーデタは宮門警備を握る大伴氏の暗黙の了解なしには遂行不可能でしょう。右大臣になるのだから蘇我氏没落後の豪族としてはトップクラスです。

壬申の乱で長徳の兄弟吹負達が活躍します。大伴氏は旗幟を鮮明にして全員天武天皇の側に立ちます。大伴氏の協力が無かったら天武天皇も危なかった。壬申の乱の最大の戦功者は大伴一族です。その割には報われない。この一族は政治に弱いのかも知れない。天武天皇は豪族の影響力を排して皇族を中心とする政治を志向しました。持統天皇以後もそれに習います。律令体制の整備、仏教の保護、外来文化の摂取、古事記日本書紀等の歴史記述はすべて、天皇親政つまり中央集権制を目指します。大伴氏はこの流れから取り残されます。邪魔な存在だったかも知れない。長徳の子安麻呂、その子旅人は大納言、旅人の子家持の極官は中納言です。大伴氏の当主に与えられる官位は下がります。旅人家持ともに極官に就いたのは老年で死の直前でした。安麻呂は大将軍に、旅人は薩摩隼人の征討軍の将軍に、家持も陸奥按察《あぜち》使鎮守府将軍に任じられますから、武門の家と見なされていた事はまちがいありません。家持の傍系の子孫弟麻呂は、坂上田村麻呂以前に征夷大将軍に任じられ蝦夷征討に従事します。名称だけを取れば弟麻呂は最初の征夷大将軍です。

軍事の名門氏族大伴氏の軍事力には限界がありました。古代の軍制は、伴、舎人、軍団の順に造られます。政府は外戦用には軍団を、宮廷警備の中枢は舎人を活用して、授刀の舎人に任せます。この制度は藤原氏の創設になるもので、藤原一族の私兵です。大伴氏が伝統的に率いてきた伴は衛士として宮門警備を担当させられ、政権の中枢から遠ざけられます。軍事技術には外来の知識も必要です。帰化氏族である東漢氏が重用されたのは彼らの新しい軍事技術でした。この氏族の子孫が坂上田村麻呂です。留学して帰国した吉備真備は軍人ではないが、唐で学んだ知識を応用して藤原仲麻呂の叛乱を鎮圧したそうです。大伴氏の軍事技術は遅れていたのかも知れません。

衰退する名門

大伴氏は古来の名族であり、新興の藤原氏に警戒される存在です。鎌足の子不比等が元明元正朝で右大臣になってから藤原氏は急速に台頭します。彼は大宝律令の制定に功績がありました。彼の子武智麻呂以下四人の兄弟は政治的才能に恵まれ、不比等の娘光明子が聖武天皇の皇后となることにより、藤原氏の朝廷における特権的地位は確立します。藤原氏が政界の主流にのし上がった最大の理由は、彼らが律令制という中央集権制の確立に際し、王権に積極的に協力したことです。律令制は大王家と藤原氏の共同の産物です。大伴氏は古来の名族であるがゆえにこの作業について行けません。大伴氏は体質的に律令制にあわない氏族です。

旅人の妾腹の子でありながら大伴家を相続した家持は七一六年前後生まれています。少年期に長屋王の事件を見て育ち、彼が貴族の一員として宮廷生活に入った頃は藤原四兄弟の最盛期です。家持は非常な美男子でした。彼の最初の官職は内舎人《うどねり》です。この職は天皇一族に近侍する役目で、貴族の中から特に眉目秀麗な若者が選ばれます。家持の一生は大伴氏の没落を策す藤原氏と、抵抗する大伴氏の闘争の連続です。七四四年聖武天皇の唯一の皇子安積親王が急死します。その前に阿部内親王（孝謙・称徳天皇）が女性の身でありながら始めて皇太子に立てられ、安積親王は藤原氏にとって邪魔な存在でした。藤原仲麻呂による毒殺説すらあります。家持は安積親王の側近でした。七五六年聖武天皇が死去しその遺言をめぐり、大伴古慈斐が仲麻呂に密告されて逮捕されます。政権交代期には必ずと言っていいほどこの種の事件が持ち上がります。七五八年橘奈良麻呂の変で大伴古麻呂以下多数の同族が逮捕され処刑されます。橘諸兄の子奈良麻呂は皇親勢力の代表です。彼は新たに台頭してきた藤原仲麻呂を憎んでいました。翌年家持は警戒され因幡守に左遷されます。七五九年正月因幡の政庁で詠んだ

新しき　年のはじめの　初春の　きょう降る雪の　いやしけよごと

が彼の歌のそして万葉集の最後の歌になります。家持はなお四半世紀生きますがこの間彼が詠んだ歌はありません。

七七〇年称徳天皇が没するまでは仲麻呂と彼に代る弓削道鏡の専制時代で、大伴氏はおろか藤原氏さえも生きるのが精一杯の時代でした。光仁天皇そして七八一年桓武天皇即位。翌年川上氷継事

件、家持にも嫌疑がかけられます。七八五年家持死去。直後に藤原種継暗殺事件。長岡京遷都に関しての謀略事件です。桓武天皇の同母弟である皇太子早良《さわら》親王は陰謀の背景と見なされ淡路に流されます。親王は無実を主張し絶食死します。皇太子の春宮太夫が家持です。家持も陰謀加担を疑われ生前の一切の官位は剥奪され、死後にもかかわらず庶民の身分に落とされます。彼の名誉回復は、早良親王の怨霊に脅えた桓武天皇が、親王に崇道天皇の称号を贈り鎮魂行を行った時、家持の死の四半世紀後です。家持の子永主は配流され家持の子孫は絶えます。家持の傍系の一族も政争に巻き込まれ続けます。奈良麻呂事件で死んだ古麻呂の子継人は種継事件の首謀者として斬られ、その子国道は流罪、後許されて中央政界へ復帰します。国道の子が善雄、有名な伴大納言です。彼は応天門炎上事件で流罪となります。善雄は無実を訴え絶食死します。その子中庸は流罪。九世紀が終わるまでに大伴氏は中央政界から完全に一掃されました。

家持は陰謀家？

家持の一生は時の政権の主流である藤原氏との抗争の連続です。藤原氏がしかけたのか、大伴氏の反撃なのかは解りません。家持が常に反体制側にあったことはまちがいない。橘奈良麻呂事件の一年後彼は歌作を絶ちます。よほどこの事件がこたえたのか、あるいは将来やって来るものに備えたのか、何らかの決意無くしては考えられない。万葉集は家持の編纂とも言われ、彼と大伴一族の歌が一番多い。新古今集の代表的歌人慈円が、僧侶の身であって歌作に専念することを非難された時、これだけはどうしてもやめられない勘弁してくれ、という意味の歌を詠みました。家持は歌人、日本を代表する詩人アーティストです。芸術家がわが魂であるはずの歌作を生涯断念することは尋常ではない。私はそこに戦闘への決意を感じます。家持がただ敵の攻撃を甘受していただけとは思えない。少なくとも藤原種継事件には深く関係していたようです。逆に言えばなかなか尻尾を出さないしたたかな人物だったと言えます。歴史家保立道久氏は家持陰謀家説を主張しておられます。家持がなんらかの形で関係する事件は多すぎる。大伴氏は古来の名族そして軍事氏族であるがゆえに、藤原氏の最大の標的になります。戦意を失えば政敵は容赦なく襲いかかる。家持が戦意を喪失していれば大伴氏はもっと早く没落していたでしょう。謀略防諜も戦です。家持は終生戦い続けます。万葉集は彼の人生も含めて、武の一族大伴氏の存在証明であり鎮魂の挽歌です。彼の歌は鬱屈、諦念そして美への逃避と倦怠を感じさせます。この心情を抱きつつ家持は戦わざるをえなかった。家持が置かれた状況の中で、彼は戦士の心情を美へ昇華します。

大伴一族には同性への恋情を歌った歌が非常に多い

私が大伴家持編纂と言われる万葉集を読んで感じられるのは次のことです。

長歌形式の歌が多い
挽歌が多くその中に名作も多い
全作品の三分の二は恋歌
同性への恋情告白の歌が非常に多い　長歌形式を取る場合もよくある

同性愛の歌は圧倒的に大伴一族と家持に集中している
挽歌で亡き魂を偲び恋い慕う歌の中には同性愛の感情表出に近い歌が多く、特に舎人が主君
に捧げる歌にはこの感情が著明である

同性愛を観取させる歌はたくさんあります。

〈大伴家持が藤原久須麻呂に贈る歌（巻四）〉
こころぐく　おもほゆるかも　春がすみ　たなびく時に　言の通へば
春風の　声にし出なば　ありさりて　今ならずとも　君がまにまに

〈藤原久須麻呂の返歌（巻四）〉
奥山の　いわかげに生ふる　菅の根の　ねもころわれも　あひ思わざれや
春雨を　待つとにしあらし　わが屋戸の　若木の梅も　いまだ含《ふふ》めり

〈沙彌満誓が大伴旅人の大宰府辞去に際し餞別に贈った歌（巻四）〉
ぬばたまの　黒髪変わりて　白髪ても　痛き恋には　あふ時ありけり

〈大伴旅人が送別に際して山上憶良に贈った歌（巻五）〉
うつつには　あふよしも無し　ぬばたまの　夜の夢にを　継ぎて見えこそ

〈大伴池主が家持に贈る歌（巻十八）〉
桜花　今は盛りと　人はいえど　われはさぶしも　君としあらねば
相おもはず　あるらむ君を　あやしくも　嘆き渡るか　人の問ふまで

〈大伴家持が大伴池主に贈るほととぎすの歌（巻十九）〉
ひとりのみ　聞けばさぶしも　ほととぎす　丹生の山べに　いゆき鳴くにも
ほととぎす　夜鳴きをしつつ　わが背子を　やすいな寝しめ　ゆめ情あれ
万葉集ではほととぎすは同性の恋人の隠語のように使われています
〈家持のほととぎすの歌（巻八）〉
あしひきの　木の間立ち潜《く》く　ほととぎす　かく聞きそめて　後恋ひむかも
〈舎人余明軍が旅人の死に際して作った歌（巻三）〉
君に恋ひ　いたもすべ無み　あし鶴《たづ》の　哭《ね》のみし泣かゆ　朝夕にして
かくのみに　ありけるものを　萩の花　咲きてありやと　問ひし君はも
遠長く　仕へむものと　思へりし　君いまさねば　心神《こころど》もなし
みどりごの　はひたもとほり　朝夕に　哭のみぞわが泣く　君無しにして
臣下が主君に寄せる情です。この挽歌に歌われているのは明らかに恋情です。
〈余明軍が旅人の子家持に寄せる気持を歌った歌（巻三・四）〉
標結《しめゆ》ひて　わが定めてし　住吉の　浜の小松は　後もわが松
見まつりて　いまだ時だに　更らねば　年月のごと　思ほゆる君
幼君家持を守り育てると同時に、かわいくてたまらない掌中の珠を愛する心情の表現です。
〈草壁皇子の死を悼む舎人達の挽歌〉
天地と　ともに終へむと　おもひつつ　仕へまつりし　こころ違ひぬ

ひんがしの　滝の御門にさもらえど　昨日も今日も　召すこともなし
真木柱　太き心は　ありしかど　このわが心　しづめかねつも

男同士の恋情と言っても良いでしょうか？　巻三の石田王の死に対して丹生王や山前王が作った挽歌は明らかに恋情の表現です。やはり巻三で大伴三中が丈部龍麻呂の自死に対して作った挽歌は彼ら二人の特殊な関係を示唆します。

万葉集には同性への恋情慕情を歌った歌が非常に多い。そしてこの種の歌は大伴一族に集中します。同性への恋情、主君と臣下の関係、挽歌という三つのジャンルの歌の意味も相互に重なります。

戦士と同性愛

万葉集は武門の名族大伴氏の影響が非常に強い作品です。恋歌のみならず同性への恋情を表現する歌が他の歌集に比べると圧倒的に多い。そしてこの種の歌は大伴一族の作品に集中します。同性への恋情あるいは同性愛的情念は朋友に対してと同じく、主従の関係においても表現されます。戦士の心情と同性への恋情は、深く繋がります。

戦闘は殺すか殺されるかの関係です。常に死の淵をのぞかざるをえない。戦友と将帥への信頼感がなければパニックしかない。相互を結び合う精神的紐帯が必要です。それは死に対して自らの意志で自らの身体を捧げる事実の共有においてのみ成り立ちます。戦士が戦友に対して同性愛的感情を抱く由縁はここにあり、感情はそのまま将帥へ捧げられます。

大伴氏は武門の伝統の上にこの感情を育んで来ました。一族興亡の危機に際し、家持という優れた歌人を通して、それは明瞭に具体的に表現されます。律令制という巨大な機構の成立を前にし、大王に直属するという素朴な感情は揺らぎ脅かされると同時に、自らを鋭く自覚します。大伴氏が大王に隷属し忠誠を誓う伝統ある親衛隊という事実ゆえに、感情は尖鋭になります。隷属ゆえに団結は義務になり強化されます。大王への直属の伝統は選良意識を高揚させ、義務感と選良意識は交錯しつつ、相互に強化しあい美意識を醸成します。

海行かば、の歌はこの感情の結晶です。戦士は死と体と心を共有することによってのみ戦士たりえます。戦士は死を見つめるから心身を共有し団結します。日本の武士道の淵源の一つはここにある。武士は律令制を解体しつつ出現します。

第二章　草燃ゆる——武士の登場

武士とは？

武士とは何か？　大上段に武士を規定すれば、武士の行動は、技能、所有、衆議、契約、世俗、の五つの契機により特徴づけられ、その心情倫理は、忠誠、死の自覚、自己放棄です。もちろん武士の心情や行動は時代により異なります。

技　能

武士は戦闘と殺人の専門家です。うまく馬を乗りこなし、強く精確に弓をひき、刀槍を巧みに操り、組討って敵を押えつけ首を掻く、等の闘争には鍛錬された技術を必要とします。以上は個人戦の話ですが、戦闘は集団で行われるから、武士は集団戦闘に際しどう振舞うかという、ルールとノウハウを教えられます。これらすべてをもって武士は技能者です。芸能者でもある。特に個人技の教授を専門として生活する武士は、武芸者さらに芸者と言われました。宮本武蔵がその代表です。

所有

所有の肯定を土台として始めて一人前の武士が歴史に登場します。武士と兵士は違う。兵士は歴史的に見れば、共同体皆兵か、中央権力による徴兵か、個人による戦闘請負か、のどれかの範疇に属します。三番目の項目には傭兵も入りますが、我国では諸々の事情で傭兵制は発達しません。個人的戦闘請負人から傭兵を差し引いたものが武士です。厳密な意味での武士は、我国と西欧においてのみ出現しました。三つのグループの中で、徴兵された兵士が一番弱い。銃砲が未発達な段階では、武器はせいぜい弓槍刀だから、相手を倒すには熟練が要る。無理やり徴兵された農民出身の兵士にやる気が出るはずがない。金ばかりかかり不能率な徴兵制に代わり、ほぼ自然的に出現したのが武士という存在です。

武士は個人による戦闘請負人だから、体力技能武装兵站すべてを自弁しなければなりません。体力技能の維持には費用と時間がかかります。常に訓練しなければならない。装備にも費用が要ります。王朝時代の武士を例にとると、馬と鞍、太刀と小刀、鎧と兜、弓と矢は必需品です。高価なものばかり。武士の兵站補給は個人負担だから、予備の装備や人馬の食料を準備せねばならないし、武士の世話をする下人所従等の非戦闘員も必要です。これらすべてを整えるためにはそれなりの財産が必要です。武士は戦闘のプロだから、農耕等の生産活動、直接資産を稼ぎ出す労働に従事している閑はない。田地を所有し、そこから上がる年貢や地代のようなもので生活します。普通の農民と同様の租税を負担させられていては、武士としての活動に差し支えます。熊谷直実が一の谷の戦に参加した時、戦闘者は子と郎党合わせて三人でした。武士団の最小単位と言えるこれくらいの人数を養うにも、田畑の一〇町から二〇町は必要です。

だから武士が自らの行動を保証するためには、公権力の及びにくい、収入が自分で自由に裁量できる土地が必要になる。武士が武士たるためには、生産手段である土地の私的所有は必須の条件です。私的所有が完全に公認されれば、自分の所有を自分で護る必要はないから地主ですみますが、武士が出現した平安時代はそんな時代ではないので、武士は自分の土地を自らの武力で護ります。武士は同時に領主です。厳密に言うと武士は土地を所有したのではなく、占有したのです。

衆議

武士団は重要事項を衆議（話し合い）で決めます。一族や幹部郎党の話し合いの結果に基づき最後の決断を下すのが武士団の長の役割です。江戸幕府を開いた徳川家康の家臣団統制は徹底した衆議制によります。封建制度下では独裁者は出ません。元来武士は中産階級だから、中産階級が主導権を握る体制下では独裁者は出現しえない。源頼朝、足利義満、織田信長、豊臣秀吉は日本的次元では独裁者でしょうが、他の国に比べたらかわいいものです。彼らは独裁者になろうとした挙句、ろくな死に方はしていない。独裁者とは、秦の始皇帝、オスマントルコのスレイマン一世、ボルシェビキ体制下のスターリンのような人を言います。

契約

武士は任務遂行のために、財産装備訓練心情によりがっちり形成された存在だから、簡単に取替え可能ではない。武士は本来個人的戦闘請負業者です。地縁血縁という強い絆に結びつけられていても、専門家であり請負人である点では極めて個人主義的であり、プライドや意地やわがままさを充分に持ちます。戦闘に参加してもらうためには交換条件が必要です。戦闘は契約に基づいて行われます。

技能、所有、衆議、契約について概観しました。こう考えると、武士、とは極めて世俗的な存在です。眼に見える技能の行使、物欲、話し合い、約束等はこの世ではどこにもある、どこからでも見える、だれもがする、至って日常的市民的営為です。ただ武士の行為の最終目的が、殺し、という日常性を超えたところにある点だけが違います。ここに武士の存在の特徴があり、ここに武士の内面的な心情倫理が胚胎する背景があります。武士が世俗的存在でありえたことは、武士の君主神権説からの解放を意味します。

忠誠と反逆

武士の心情倫理の第一は忠誠です。仕事が仕事だから、主君や指揮官あるいは自分が属する集団に、たとえ一時的でも忠実でなければ仕事ができない。忠誠心にはそれを維持涵養しなければならない事情があります。忠誠は服従、力のある者への服従です。戦闘は集団で行われるから、集団の指導者である主君への服従は絶対です。服従は契約により生じます。契約が守られない時、武士は忠誠を解除しても構わない。忠誠の裏面は反逆の権利です。

戦士は平等　エロスとしての忠誠心

忠誠が力への服従だけによるなら、武士あるいは武士道は成立しない。武士は主君といえども、究極では部下の戦士と共通の地平に立ちます。戦闘者である限り死の可能性は常にある。自分自身が死ぬかもしれない。相手を殺すのが仕事だから、自分の死に文句は言えない。だから武士という戦闘者にとって死は極めて近い事象です。主君も臣下も死を共有します。死という無明無差別な世界がこちらを常に照射している限り、戦闘者は平等な立場にある。戦士の休息は限りなく浅く、戦士は常に死の影を背負います。この幽明定かならざる境地を戦士は共有します。体のすべてを極限まで使って課題遂行すること、究極において死を共有すること、により戦士は一つに結ばれます。忠誠心が発生するもう一つの可能性はここにある。力、体、死、一体化を忠誠心の主要な契機とするなら、忠誠心はエロスです。死をもって忠誠を誓うことは、自他の一体化であり、自己の放棄です。自己放棄は精神性の極であり、戦士はおのれの救済を絶対的世界に求めます。キリスト教にせよ、イスラム教にせよ、仏教にせよ、それを最も真摯に求めた者は、その社会に属する戦士達でした。武士の心情は、旺盛な世俗性と深刻な自己放棄、の矛盾する二面から成り立ちます。

律令制

武士が職業戦士として歴史に登場するのは、平安時代の前半です。以下の記述を通して、武士が出現する政治経済的背景、武士が単なる戦士から中央政界の勢力に成長する過程、そして武士の具体的な在り方、を解説します。

我国の政治体制は律令の制定でもって古代中央集権制として一応完成されます。七〇一年大宝律令制定。律は刑法、令は行政法に近いものです。律令の制定により、日本の国は、一応中央の権力である天皇を中心とする一団の為政者により、一元的に統治されることになりました。律令の根幹は公地公民です。全国の人民と土地は、少なくとも建前としては国家の物です。租税はすべて国が徴収し国の裁量で使われます。六年ごとに戸籍が編纂され、土地が調査され、納税者が把握されます。この原則に基づいて生産物は均等に分配されることになります。公地公民の原則です。人民の生産物は人民が自己の労働力を再生産する分を除いて、国がみな取り上げます。政治とは、富すなわち租税と予算を握ることです。正一位から大初位までのおよそ三〇の位階が定められ、それに応じて役職に就きます。位階の制定は官吏の登用と統制の手段です。たとえば台閣の首班である左大臣は従一位、八省の長官である卿なら四位、地方長官である守は五位、宮城の警衛にあたる衛門府の三等官左衛門尉は六位です。強制力を最終的に保証する軍団の建設も必要です。兵士は地方の農民から徴兵されました。税制が定められます。租（田稲）、庸（労役）、調（地方特産物）、に加えて雑徭《ぞうよう》（国司が自分の判断で農民を使用すること）、出挙《すいこ》（政府の半強制的な稲の貸付による利子徴収）等があります。最も嫌がられたのは雑徭と兵役でした。税の取立ては地方官の任務です。地方官は上から守介掾目の四段階がありました。法の制定、公地公民、戸籍編纂、官位の整備、税制の確立、軍団の建設、等が律令制の基軸です。

土地はすべてお上のもの？

問題は公地公民です。政府は全国の土地をすべて公有とし、人民の性別年齢に応じて均等に分配し、そこから税を完全に徴収しようとしました。制度が理想的に運営されれば貧富の差はなくなり、富者有力者が国家と人民の間に介在して、余分な利得を取る機会はなくなります。しかし律令制はなんにもないところに天から降ってきたものではない。律令制定以前から豪族は存在し、彼らは自分の私有地私有民を持ち、税を徴取していました。大陸の動向が激しくなり隋や唐という大帝国の出現に抗してゆくため、やむなく豪族が連合して統一国家を作ったのです。彼らは律令制の意義は理解しつつも、自分たちの特権は頑として主張します。彼らには政界における彼らの官職と位階に応じて、彼らの自由になる（課税されない）土地や自由に使える人員（給与は国家持ち）が与えられます。自分達の子孫がより有利な官職を得るために、親の生前の官位に応じて優位な位階から官僚人生を出発できるように取り計らいます。貴族豪族の特権は再生産されます。貴族間での競争から脱落することはあるが、普通の人民から貴族の世界に這い登ることはほぼ不可能です。二つ例外があります。僧侶と武士です。事態はそう単純ではないが、短期的視野で見ると僧侶が、長期的には武士がこの位階制度を打ち破ります。

生産手段をすべて公有にし国家で管理することは言うは易く実行は不可能です。失敗の例は前世紀の共産主義を見れば解ります。日本古代の律令制も同様。富者や有力者でなくても、自分で稼いだ物は自分の子孫に伝えたい、でなければあまり働いても無駄、これは人情です。政府は人民の労働意欲を向上させるために土地の私有を認め、墾田永世私有法を制定します。が、税金はちゃんと取ります。これが問題の焦点です。

田堵名主

どの時代どの世界でも貧富能力勢力の差はある。富者有力者努力家は田地を増やし、生産性を上げ富を蓄積します。貧者や愚者は土地を失い税金を納められなくなります。後者は前者の庇護下に入り、彼らが新たに開いた墾田で使役されます。私有地を拡大した現地の有力者を田堵《たと》と言います。こうなると地方官は古びた戸籍に従って班田農民一人一人に課税するより、田堵が所有する田地全体を課税単位とみなし、その田に田堵の名前を冠して田堵各々に納税の責任を負わせます。名を冠せられた土地を名田《みょうでん》、名田の主である田堵を納税の責任者として登録する制度を負名制《ふみょうせい》と言います。名田の主ということから、田堵を名主《みょうしゅ》とも呼びます。多くの名田の持ち主は大名田堵、後世殿様の代名詞となる大名の語源です。

田堵の出自はいろいろです。律令制解体とともに氏族共同体から解放され農事に精励する篤農家もあれば、郡司の家系に連なる有力者、また地方官で任果てて後現地に土着する者もいます。この上に中央政府の権力者がかぶさります。院宮王臣家と言われる勢力です。院は引退した天皇の家、宮は親王、王は親王以外の皇族、臣は大臣です。彼らも中央政界の影響力に任せて墾田を拡げます。もっとも彼らが直接開墾するより、現地の田堵と提携する方が両者にとって有利です。中央の権力者は地方の実態に暗いし、田堵は現地に勢力を持つといっても限界がある。そこで田堵は田地を中央政界の有力者の所有とし、田地から上がる利益の一部を彼らに上納し彼らの保護を受けて、課税の一部または全部を免れようとします。田堵にしてもまじめに納税するために汗水たらして墾田を増やしたのではない。まともに払っていたら律令制下の税は過酷です。なんのために墾田を増やしたのか解らなくなる。租税は負担する方が抵抗しないと自然に増加します。政府は政府自身を養うために徴税する、は政治学の常識です。

墾田そして荘園

中央の権力者も田堵と提携する必要があります。濡れ手に粟の利益を好まない人は少ないものです。しかし彼らにはこの時代特有の事情があります。律令制は解体に向かい、彼らの権力の基盤が揺らぎます。権力者には新たな基盤、権力を維持育成するための土地財産が必要になります。だから彼らは田堵層が開拓した墾田に眼をつけ、それを保護し利益の上前をはねます。このようにして中央と現地の有力者が提携し、公権力から課税を逃れることができた田地を、後に荘園と呼びます。典型的な荘園とされる寄進地系荘園が現れるのは一一〇〇年頃です。荘園出現の原動力は中央と現地の有力者による納税回避です。荘園も成長すると王臣家の権威を背景として役人を中に入れず、公然と免税を宣言します。荘園の特権と言われる不輸不入権です。

半合法的土地占有者　武装する開発領主　そして武士

武士の発生基盤は以上の意味での土地の開拓占有、厳密には土地の非合法的ないし半合法的な土地占有です。武士＝開発領主、ではないが、少なくとも土地領主でなければ武士ではない。当時の現地の土地私有者である田堵（名主）の地位は不安定です。土地占有が公権力により承認されていないので、国司との対立は必至です。国司（受領）は隙あらば、没収して公領に、とねらいます。田堵と中央権門の関係も頼りない。権門の利害と勢力次第でどうころぶか解らない。田堵間でも土地を取ったり取られたりするのは日常茶飯です。治安は良くない。国司の役人や他の豪族あるいは盗賊（この三つの区別も曖昧です）が押し込んできた時、武装して一時的にでもそれを撃退しないと、どんな目にあうか解りません。平安時代と言えばその名のようにのんびりした時代に聞こえるし、事実そういう面もあったのですが、地方へ行くと案外以上の実力社会でした。武装した土地開発領主が武士出現の社会的基盤です。

蝦夷人との戦闘

律令の軍制と武士の戦闘習慣は全く違います。律令の兵制は歩兵中心です。農民から徴兵して鍛えます。しかし無理矢理に兵隊にされるから、戦意は乏しく強くない。数のみ多い。欠点は蝦夷との戦いでいやというほど体験させられます。蝦夷人は騎兵を駆使します。武士の戦闘技術は彼らから学ばされました。頭数のみ多い軍団制に代わり、地方の有力者である郡司の子弟を中心に少数精鋭の部隊が作られます。郡司は富裕だから、訓練に専念でき装備の心配はない。しかし数が少ない。一国でせいぜい一〇〇から二〇〇の人数を揃えられるという程度です。彼らは富裕だから馬を飼えます。騎兵になる資格は充分あります。七三九年の藤原広嗣の乱では、西国の郡司子弟からなる騎兵集団が勝敗を決めました。

日本の国の版図が津軽海峡まで進出したのは、十二世紀末源頼朝が奥州藤原氏を滅ぼした時です。それまで奥州、白川関以北の地は半分以上外国でした。律令政府は七世紀中頃の阿倍比羅夫をかわきりとし、何度も蝦夷へ征討軍を派遣します。七〇九年巨勢麻呂、七二〇年多治比県守、七二四年藤原宇合、七三七年藤原麻呂を奥州に征討使として送ります。特に八世紀後半から九世紀前半の光仁桓武朝は危機的状況で、七八〇年藤原継縄、七八二年大伴家持、七八八年紀古佐美、七九一年と七九四年には大伴弟麻呂、八〇一年坂上田村麻呂、八一一年文屋綿麻呂、と三〇年間に六人の大将軍が七回派遣されています。すべて苦戦難戦でした。従軍の主力は奥州に隣接する関東地方の兵士です。彼ら特に指揮官クラスの郡司層は、蝦夷人との戦いで多くの戦術を学びます。ところで我々は蝦夷蝦夷と言いますが、蝦夷人は当時の畿内西国の人間と同じ人種なのか、全く別のたとえばアイヌ人のような人種なのかは不明です。律令体制から逃げ出して現地に土着した連中も多かったようです。

騎射戦術

日本人が蝦夷人から学んだ最も重要な戦術は騎射です。馬に乗るだけなら少しの練習でなんとかなる。馬上太刀を振りまわすのもやればできる。しかし馬に乗り走りまわりながら矢を放つとなれば、これは難しい。目標に命中させるのは非常に難しい。逆にこの戦術をマスターすると敵には非常な脅威になる。馬は人の三倍以上の速度で走ります。弓矢の射程は一〇—二〇メートル。歩兵は刀槍を持って接近する間に射殺されます。騎馬は走りまわるから相手からは狙いにくい。側面や背後に廻り込み、近づいたり遠のいたりも自由自在。騎兵は移動能力が高く、好きな地点に部隊を集結でき、騎馬の突進力を利しての密集突撃も可能です。軍の機動力が飛躍的に増加するこの戦術に、朝廷の軍隊は翻弄されます。騎兵を大規模に駆使してユーラシア大陸を制覇したのがジンギスカン率いる蒙古軍でした。古代日本には騎兵はない。五世紀半ば倭国の軍隊は朝鮮半島の北部にまで進攻し、高句麗の広開土王の率いる騎馬軍に大敗を喫します。

騎馬と封建制

朝廷は服属した蝦夷人を内地（白河関以南）に集住させました。現地での叛乱を防ぐためです。彼らを俘囚と言います。俘囚もよく反乱を起こしましたが、内地の日本人は彼らから騎射を習いました。なぜ日本で騎兵あるいは騎馬武者が兵制として発達したのかは一考を要します。同じ農耕民族で北方の遊牧民族に散々やられ何度も侵入占領された、漢民族ではそういうことは起こっていない。中国の地形の方が騎馬に向いているのですが。日本で騎兵が主力となったことは、武士の成長による封建体制と密接なかかわりがあります。

律令制が崩れると、地方には実力で半合法的な土地占有者が現れます。彼らが現地の有力者としてのしてくると、自分の土地をいろいろな勢力から護らなければならない。土地占有者と言っても基礎的単位はせいぜい一〇町程度ですから、このくらいの土地を護るのに、配下の農民をむりやり武装させるより、自分自身が武器使用の専門家になり、一族と郎党数人を従えてにらみを効かす方が能率的です。どうしてもという時に農民を動員すればいい。少数精鋭の騎馬武者が誕生します。

騎乗は地位のシンボルです。馬に乗り背を正し見下す姿勢は支配のイメージにぴったりです。騎乗することは世界のいたるところで同じ意味を持ちます。古代ギリシャは重装歩兵で有名ですが、貴族が幅をきかせていた頃、彼らは形だけでも騎兵の姿をしました。もっとも馬で運んでもらうだけで、実際の戦闘は歩兵として戦います。ローマ軍も主力は歩兵ですが、地位のシンボルとして貴族は騎兵になりました。サハラ砂漠の黒人回教徒の有力者は馬に乗ります。馬にとってあんなところは一番生存に不適なのですが。旧日本軍の歩兵中隊長は馬上で進みました。馬を買うには費用がかかる。飼育も同様。騎乗は富の所有を意味します。日本で騎馬武者が出現する背景にはこんな事情も考慮されます。農民としても喧嘩戦闘の類は、上の少数で片づけてくれる方が気楽です。

武装の変化

騎馬が兵制の中心になると武装全体が変化する。馬を飼うために広い牧草地が必要です。畿内にも牧はあるが、本場は関東から奥州です。馬は地方からの調《みつぎ》の重要な物件でした。馬一頭の値段は戦国時代の山内一豊の話などを引き合わせて考えると、名馬なら一頭は米にして一〇〇石以上（一石は一五〇キログラム）に相当したようです。

鎧が変化します。歩兵なら少し窮屈な鎧でも活動できるし、刀剣や矛の攻撃に備えるので防備が固くなります。しかし騎乗で弓を射るとなると、柔軟な運動に適した鎧が必要です。手の込んだ作りになります。頭と胸のみを固定した装備で厳重に守り、手足の防備には、さね、を使います。牛か羊の皮を小さく方形に切り、にかわで固めてそれを干し上げ、作業を何度も繰り返して、かちんかちんになった物か小鉄片に（この小さい方形の板をさねと言います）穴をあけ、糸を通し縦横に連ねた物で肩、両腕、後頭部と頸、背部、下腹部から大腿上部を覆います。こうして作られた鎧はあまり重くなく運動性能に優れます。矢による襲撃はさねの間を射通されるか、極めて近い距離から直撃されない限り防衛できます。騎馬武者が活躍するようになるに従い、自己宣伝と功名確認のために、さねをおどす（通す）糸を派手な色にします。緋、赤、黒、萌黄、黄、青、紫、等の糸でおどされた華麗な鎧が出現します。鎧の下に着る直垂《ひたたれ》も華麗になる。こうして発達した鎧の形式を大鎧と言い平安時代末に完成しました。大鎧の重量を馬の鞍に移して身を軽くして戦闘します。

刀剣も変化します。古代の歩兵の持つ剣は直刀でまっすぐです。この方が相手の頭部への斬撃には効果的です。馬に乗ると歩兵を上から下に斬らねばなりません。そうなると剣に少し反りのある湾刀の方がいい。騎兵は片手で剣を使うので、剣身は細くなる。折れやすくなる分、製鋼技術の進歩によりカヴァーします。日宋貿易で日本の輸出品のトップは日本刀です。刀剣の変化も蝦夷人の蕨《わらびて》手刀《とう》を起源とします。なお刀剣は南北朝期から戦国時代にかけ、歩兵が戦闘の主力になるにつれ、再び太い直刀になります。

都の武者

騎馬武者の登場による主な武装の変化は馬鎧太刀です。完全な装備は大層な物要りです。馬は非常に高価で乗換え馬も必要です。鎧は手の込んだ作りなので大量生産はできない。刀も良い物は値が高い。鞍に弓矢、それに従者の装備まで入れると、戦力を保持するコストは大変です。これだけの物がすぐ手に入る場所は商工業の中心地である都以外にない。戦闘技術とそれに関する情報も都に集積されます。騎馬武者の戦闘技術は一朝一夕に習得できません。片田舎でただ馬を乗り廻しているだけではだめです。技術を持った父兄先輩部下や他の武者達と近い所で生活する必要があります。軍事技術の専門家は都に出現します。彼らが地方に進出するに従い技術も伝播しました。

群盗蜂起

九世紀後半から十世紀前半にかけての一世紀は群盗蜂起の時代です。地方には半合法的土地占有者がたくさんいて喧嘩騒乱が絶えない。郡司の系譜を引く地方豪族、有力農民、前任国司で土着した者達がそれぞれ土地を占拠してがんばるから、トラブルを起こすなと言う方が無理です。租税の運搬を郡司に請け負わせます。それが盗賊に奪われます。盗賊の襲撃に備えて護衛をつけます。護衛が盗賊に早変わりします。現地の官人有力者と群盗の区別がつかない。郡司の館で突然神火と称する火災が起こり、保管されていた貢納物が消失する。これではいけないと政府は国司の権限を強化します。長官である守に権限を集中させ、守は直属の部下を率いて赴任します。要は何が何でも中央への貢納だけは確保せよという次第です。逆に言えば他事は後回し、どうでもいいのです。中央への納付の責任さえ果たせば、守がそれ以上取って懐に入れても構わない。こういう国司の在り方を受領《ずりょう》と言います。受領は徴税請負人です。かくして地方では受領と現地の豪族、それに農民自身も加わって三つどもえ四つどもえのトラブルが頻発します。農民もぼんやりしていると負担は全部自分にかかります。この種の動乱、群盗蜂起は、蝦夷征討の基地とされた関東地方で最も顕著ですが、全国的現象でした。瀬戸内海には海賊が跳梁していました。武装しないと生きていけない時代です。

兵《つわもの》、平将門

専門の戦闘技術者はこの状況の中から成長してきます。彼らは田堵ですが、特に前任受領で現地に土着した者を核とし、縁戚を結び服属関係を作り、巨大な集団に成長します。集団の長を大名田堵と言います。代表が平将門です。彼は桓武天皇の孫である高望王の孫にあたります。高望王の時、平、の姓を下賜され、王は臣籍に下ります。高望は上総介に任命され、受領として赴任しますが、任期が終っても都に帰らず、現地に土着します。彼の子供は解っているだけで七人。すべて土着して現地の有力者と婚姻関係を結び勢力を拡げます。将門は一時都に出て藤原良房に仕えます。宮仕えは性にあわなかったようで上総に帰ります。叔父国香と所領争いを起こし、国香に味方する源護や他の一族と戦います。双方数千人の人数を集め大規模の騒乱になります。政府はこれを私闘とみなし将門は処罰を免れます。

しばらくして彼は武蔵国のトラブルに巻き込まれます。武蔵権守として赴任してきた興世王が郡司竹芝と納税の件で争います。興世王の方が無茶ですが、将門はこれに介入して事態をなんとか解決します。やくざの手打ちです。中央政府にはこのトラブルを解決する能力も意志もない。この時将門は、事態を放棄して現場から逃走した源経基に謀反と訴えられます。行き場のなくなった興世王を将門は自宅に保護します。常陸国でも騒動が持ち上がります。国の有力田堵藤原玄明が国司に租税を納めないので、国司は玄明を逮捕しようとします。豪族間の所領争い、受領の横暴、田堵の納税拒否なぞ、関東では日常茶飯事でした。玄明も将門のところに逃げ込みます。常陸の国司と将門は対立します。

将門は一族の多くとつまり豪族の多くと何度も大規模な喧嘩をし、受領と有力者との争いに介入し、その結果はじき出されたお尋ね者をかくまい、国司とぬきさしならぬ対立に陥りました。そして玄明の立場に同情して常陸国府を襲撃します。さらに興世王の、一国を奪うも全国を奪うも同じ、という示唆に従い坂東八ヵ国の国府を次々に襲い、坂東を中央政府から切り離し、自らは、坂東の新皇、と名乗ります。臣下であって反逆し自ら皇（帝）と称したのは将門一人です。彼の反乱（承平の乱）は極めて短期間に鎮定されます。政府はもたつきますが、国香の子で将門の従弟になる貞盛や勢田の百足退治伝説で有名な藤原秀郷達、現地の豪族が連合して将門を討ち取ります。将門がしたことは局部的には日常的事件でした。秀郷自身数年前政府から処罰されています。将門の人格ゆえにこの種の事件が彼に集中し、彼の人柄ゆえに人に担がれ、事件が爆発します。他の有力者は逆にこれ幸いと、将門を標的にして彼を討ち取り恩賞に預かります。以後坂東の地で威をふるう者は、将門の乱の功労者の子孫のみになります。

承平の乱以後戦闘技術者の生き方が変ります。彼らは地方で土地を集積し、受領に任じられて実力を貯えるとともに、都に上り権門の武力として積極的に奉仕するようになります。乱が都の貴族に与えた衝撃は激甚でした。政府自身では解決できず、現地の豪族の力に頼らなければならなかった分、豪族の株は上がります。彼らは諸国の受領やそれに相当する官職に任命されます。将門の乱以後、戦闘技術者に与えられる官職は違ってきます。この乱以後戦闘技術者は武士として認知されます。それまで彼らは単なるアウトローと見られていました。将門や貞盛秀郷達が率いた軍勢の構成は従類と伴類からなります。前者は豪族の一族と郎党で固い結束を誇り、軍の主力です。多くは騎兵で数は数十からせいぜい数百。後者は豪族支配下の駆り出された農民が作る歩兵集団で、数は数千に及ぶこともあります。では将門の乱が意味するものは何でしょうか？

将門の乱は内戦

将門の乱は内戦です。一地方の局部的事件ではない。当時の坂東の情勢は群盗蜂起と言われる状態で、地方官豪族農民達が入り乱れて争い、どれが盗賊やらないやら解らない状況でした。治安は悪い。そういう時乱が起こります。将門と時の帝である朱雀天皇は、継体天皇と武烈天皇より、近い血縁関係にあります。六世紀の内乱では継体天皇が即位して一応万世一系の皇統は保たれたかに見えます。しかし継体天皇は全国的内乱の勝者であり、簒奪者の性格も持ちます。この乱と将門の乱の違いは外圧の有無だけです。もし状況が違っていたら日本の国制はどうなっていたか解りません。外圧の震源地の一つである蝦夷地に大反乱が起こって統一政権に近いものができていたら、将門は関東以東の地に新政権を確立したかも知れない。朝鮮半島に強力な政権が出現して南下の機会を窺う、あるいは半島が南北に割れたとかすれば、瀬戸内の海賊を率いた藤原純友は、半島の動きに連動して西国を中央政府から切り離したかも知れません。

貴族の傭兵

将門は始めて私兵を率いた武人です。彼はしかるべき官位もなく、一介の大名田堵として数千の兵士を掌握し、武力を行使します。こんなことができたのは将門の人格と能力によります。義侠心に富み、武技に長じ、戦いに臨んでは真先駆ける彼の性格は、後世にも人気がありました。東京の神田明神の主神は将門です。義侠の人、豪傑、私兵の長、反乱の主である将門を、中央政府は恐れました。だから武士という存在が否でも応でも認知されずにはすまなくなります。将門によって武士の基本的イメージが作られたと言えましょう。彼が武士の第一号です。

将門を倒した彼の同僚達は政府の恩賞に預かります。政府としても彼らを従来同様に扱うわけにはゆかない。彼らを積極的に権門の私兵として登用します。代表が摂関家と密着した清和源氏と、院政に取り入った伊勢平氏です。彼らは国家というより、権門のボディガード、傭兵隊長の道を選びます。十一世紀初頭の平忠常の乱、同世紀後半の前九年後三年の役、十二世紀中葉の保元平治の乱を経て、彼らは力をつけ歴史の主役に躍り出ます。平治の乱後、平清盛は武士として始めて太政大臣という律令制下の最高官に就きます。平氏を倒した源頼朝は征夷大将軍として武家政治を開始します。

内廷政治

武士は地方の半合法的土地占有者であることを社会的基盤として出現しました。だから彼らは自動的に武装集団になります。彼らを兵《つわもの》とか猛者《もさ》とも言います。まだ彼ら相互の団結が充分でなく、彼らが個々に存在していた頃の呼称です。兵は武器、転じて武器を扱う者。猛者とは文字通りたけだけしい強者です。同時にこの言葉にはむちゃくちゃもしかねない・横車をおしかねない者という意味もあります。彼らは乱以後中央政界へ進出します。

中央の方でも彼らを必要とする事情があります。律令制は崩壊し政治は天皇の内廷（私生活の場）を中心に展開される、儀礼行為になります。政治らしい政治といえば徴税と官職配分のみ。中央政界を牛耳る少なく見て二〇―三〇人、多くても一〇〇人内外の廷臣とその一族は遊び暮らしていました。彼らの自覚はそうでないのでしょうが。彼らが彼らの生活を維持するためには徴税と荘園からの貢納が必要です。律令に基づく徴税と荘園の年貢は本来矛盾するのですが、彼らが彼らの生活様式を持続しようとする限り、建前としての律令制も荘園の存在も必要です。中央の貴族に武力はない。軍団、健児、六衛府はとうの昔に形式的存在になりました。権門はボディガードとしての武士を必要とします。

矛盾の激化

十一世紀に入り、望月の欠けることなし、と豪語した藤原道長の死後あたりから情勢は緊迫します。律令制の遺物である公領と荘園の矛盾が露になり、受領と荘園領主の対立は流血を伴います。最も典型的で危険な事件が寺社の強訴です。寺社、寺院と神社は宗教組織ですが同時に荘園領主です。荘園の半分以上は寺社の所有と見てさしつかえない。公領と荘園の対立はまず寺社の強訴として尖鋭になります。寺社の代表が比叡山延暦寺と奈良の興福寺です。両寺院はいざとなると数千の僧兵を動員できます。政府にとって遠い関東や奥州どころではない。新興の武士階層は僧兵対策に使用されます。同時に中央政府は摂関政治という曖昧なものから、院政という独裁的な権力に変貌します。

清和源氏と摂関家

武士が中央に進出します。将門討伐で功のあった関東の豪族、特に貞盛流と良文流の平氏、秀郷流の藤原氏が関東から奥州にかけて割拠し支配を拡げます。三浦、千葉、足利、上総、畠山、小山等の諸氏です。彼らは勢力の大小と嫡庶に従い官職を与えられます。受領、鎮守府将軍や秋田城介、押領使追捕使、あるいは国司の下級官人等の役職です。彼らのうちの大物は京都に拠を構え中央政府に武力を提供します。しかし彼ら桓武平氏を主流とする関東の豪族は現地に土着する傾向が強く、彼らと中央政府の関係はもう一つでした。中央に影響を与えるためには本拠が都に近くなくてはなりません。

清和源氏が台頭します。清和天皇の曾孫経基は将門の時には失態を演じますが、純友の討伐に手柄を立てます。彼の本拠は摂津国の多田にあります。現在の兵庫県川西市だから都には近い。彼の子の満仲の時この一族に活躍の場が与えられます。将門の乱の三〇年後の九六九年、安和の変が起こり、左大臣源高明が大宰府に流されます。藤原氏による他氏追放の最後の事件です。藤原氏は古代豪族の系譜を引く有力氏族を中央政界から排除してきましたが、最後の標的が賜姓源氏である高明です。この変で密告役を務めクーデタ遂行のための武力を提供したのが源満仲です。九八六年花山天皇退位事件というこれも一種のクーデタが起こります。この時も多田源氏の武力が背景にあります。清和源氏は摂関家に食い込みます。

一〇二八年関東で平忠常の乱が起こります。現地の豪族同志の衝突です。討伐に失敗した平直文に代り、登用されたのが満仲の子頼信です。彼は忠常を降伏させ功を立てます。頼信の長兄が大江山の酒呑童子退治の説話で有名な頼光です。頼光は道長の家司であり腹心であり裕福な受領でした。彼は摂津多田を本拠とします。この子孫から以仁王挙兵の主役源頼政が出ます。頼信の子頼義は河内国に拠を構えます。彼は一〇五一年奥州の安部頼時の叛乱に際して功をあげます（前九年の役）。一〇八三年安部氏に代わった清原氏のお家騒動に頼義の長男義家が介入します（後三年の役）。頼義や義家に従った関東の豪族は彼らを主君とみなすようになります。清和源氏は台頭します。

要約すれば清和源氏は都の近くに本拠を置き、宮廷クーデタで摂関家の護衛隊長を引き受け、それを機として関東奥州の騒乱討伐の軍事指揮官に任じられ、戦功を立てると同時に坂東平氏を主とする豪族を臣従させることに成功しました。彼らの一族は畿内や美濃尾張あたりに拠を構え、中央政府に武力を提供します。義家の名望は上がります。上がり過ぎました。全国の武士が彼に土地を寄進しようとします。土地を寄進されて荘園領主となれるのは、都の公家か皇族と決まっていました。危険を感じた政府は、義家への土地寄進を禁じます。

清和源氏は摂関家と密着して勢力を伸ばしました。摂関政治に代わって院政を行った白河上皇は清和源氏を遠ざけます。院政には院政用の武力が必要です。こうして源氏に代わって武家の主流となるのが、桓武平氏の一流で伊勢国に本拠を持つ伊勢平氏です。ここで源氏という姓について若干の説明をします。源氏とは嵯峨天皇以後、皇族の一部に与えられた姓です。姓を与えられた皇族は臣籍に降下されます。皇位継承の資格は失いますが、代わりに政権の中枢に参加できる。菅原道真失脚以後の台閣で大臣になった者は平清盛まで、藤原北家か賜姓源氏のみです。遠祖の天皇の名を取って、嵯峨源氏、清和源氏、醍醐源氏、村上源氏と呼ばれます。源高明は醍醐源氏、源満仲は清和源氏です。源氏で武家となったのは清和源氏のみ、他はすべて公家です。平氏は桓武天皇の系統しかないので簡単です。清和源氏は陽成天皇を祖とするらしいのですが、この天皇は狂騒の人で、藤原基経により廃位され体裁が悪く、系図を父親の清和天皇の方に付け替えたとかも言われます。清和源氏にせよ桓武平氏にせよ、それぞれの子孫達は本拠を構えた所の地名も呼称に組み込みます。伊勢平氏、坂東平氏とか、摂津源氏、河内源氏、美濃源氏等と呼ばれます。

伊勢平氏と院政

伊勢平氏の祖雅衡は関東から伊勢国に移住します。彼の孫が正盛です。それまで彼の祖先達の官職はせいぜい受領どまりでした。受領はその国では権力者で皆あくどく徴税します。中央に上納した余りは自分の懐に入れるので裕福です。しかし中央の政治には参加できません。白河法皇最愛の内親王が死去した時、隠岐守であった正盛は所領の一部を、法王が彼女を偲んで建てた六条院に寄進します。功により正盛は若狭守に栄転します。隠岐は海中の孤島で貧国、若狭は富国で収入も良い。独裁者の心中をねらった作戦は成功します。彼はさらに因幡守になります。この時源義親事件が持ち上がります。義親は義家の長男で剛勇の誉れ高かったのですが、諸国で国司に反抗し乱暴を働いてお尋ね者になっていました。法王は正盛に義親追討を命じます。短期間で正盛は義親を討ち武名を挙げます。あまりにも早く鮮やかだったので義親追討はインチキではないのかとも言われました。平正盛は従四位に昇進し清和源氏と並びます。白河法皇が必要とする、源氏に代わる武力になりました。

正盛の子忠盛は白河法皇と鳥羽上皇の確執をうまく乗り切り、伯耆、越中、備前、播磨、と富国の受領を務め、瀬戸内海や九州の海賊を討って戦功を立てます。領地である肥前国神崎荘では大宰府の干渉を排し、宋船と私貿易を行い富を貯えます。さらに鳥羽上皇が建立した得長寿院の観音堂の建築を引き受けます。院政の主に取り入り、諸国の受領から中務大輔さらに院の厩の別当や内蔵頭を務め、正四位下刑部卿まで昇進し、内の昇殿を許されます。殿上人になりました。殿上人は、天皇の私室である清涼殿ひさしの間に伺候する資格を持つ官人です。資格は時の天皇により決められますが、政治が内廷化し天皇との個人的関係が重要になると、この資格は中央の政治に参加するための絶対条件になります。逆に殿上に伺候する資格のない人は地下《ぢげ》と言われます。忠盛が死去した時左大臣藤原頼長は日記に、数国の吏を経て富は巨万を累ねたり、奴僕国に満ち武威人に優る、然れども人となり恭倹にして未だかって奢侈の行あらず、時人惜之、と書いています。

忠盛の長男清盛は父親の遺産の上に、保元平治の乱を機として、中央政界に躍り出ます。この時点で清和源氏はめろめろでした。義家の兄弟はみな仲が悪く殺し合いのような関係になり、義家の長男義親は討伐され、落ち目もいいところでした。窮状を打開すべく、義家の曾孫義朝は関東に入り、土地の豪族の内紛に介入し彼らを家人化して、頽勢を立て直します。かなりあこぎなこともしていたようです。

武家の棟梁

清和源氏と伊勢平氏の台頭の過程を略述しました。源義家義朝や平忠盛清盛のように、武威人望と富そして中央政界への影響力でもって、全国の武士を統率できそうなボスを武家の棟梁と言います。彼らが権力者に取り入る動機あるいは手段は、権力者が権力を維持するための暴力装置としての能力にあります。源満仲がよい例です。白河法皇は即位の事情ゆえに常にクーデタに怯えていました。そこで自分の意に沿う武力が必要だったのです。満仲にせよ正盛にせよ、権力者の泣き所はちゃんとつかんでいます。正盛が六条院観音堂の建築を請け負ったのは典型です。彼らは必ず地方へ出征し、武名を挙げ、武士としての昇進をねらいます。もちろん関東、奥州、瀬戸内から西国の騒乱はほってておけない。しかし当時の政府は地方の状態には二次的関心しか示しません。大きな騒乱がなくて租税がちゃんと入ってくれれば、少しくらいの騒動は日常茶飯、が彼らの本音です。院政になっても上級貴族は遊び人です。前九年後三年の騒乱も、頼義や義家の方から騒動をふっかけた節があります。平忠常の乱の平定も出来レース臭い。頼信が行ったら簡単に忠常は降参です。義親追討については数十年後まで真偽が問われました。忠盛の海賊討伐の目的は、瀬戸内一帯の海賊を自分の家人にすることにあります。一概にそうと断言できないが、武家の棟梁の戦功にはどうもこの種の臭いがつきまとう。彼らは確かに強い。しかし自らの武名を喧伝するために、犠牲者を作ったことは否定できません。前九年の敗者安部氏はその典型です。

僧兵対策

当時の政府が一番心配したのは寺社の僧兵への対処です。寺社は大荘園領主です。全国の半分以上の荘園は寺社所有です。これは日本に限られたことではなく、西欧中世も同じです。僧兵は立派な戦闘技術者です。武士と言ってもいいでしょう。ただ武家社会よりその運営がより民主的である点が違うだけです。

寺院の構成はややこしい。延暦寺を例にとると、まず受戒得度を受けた正規の僧侶がいます。これを大衆と言い、彼らが上層部を形成します。その下にかっこうだけ坊さんの堂衆がいます。彼らは大衆《だいしゅう》の世話や寺院の雑用に従事します。さらにその下や周辺に俗人がいます。彼らは使用人であったり荘園の農民であったりいろいろです。大衆も貴族出身者やそうでない者等さまざまです。寺院に入る時それなりの資産を持ってくれれば内部で優遇され、寺院内部での地位も昇進しやすい。学問専一の僧侶もいれば、荘園経営に辣腕を振るう坊さんもいます。大寺院になると所属は各建物ごとに分かれます。寺院は金持ちだから金融業も営みます。外部とつるんで商業にも手を出します。加えて日本の仏教は天台本覚思想の影響で、俗世と成道をごちゃまぜにする傾向があり、戒律はゆるく行動は比較的自由です。平安末鎌倉初期に清僧（生涯不犯）の僧侶なんて一〇〇〇人に二、三人くらいのものです。延暦寺には女性も住んでいました。

寺院とはそういうものです。世俗化は寺院の宿命です。もちろん革新運動もしょっちゅう起こりますが、それはこの本の主題ではない。そういう大寺院に数千人以上の人間が住みます。彼らにも生活があります。その支えが荘園ですが、これは力で護らないとすぐ誰かに横領されます。だから彼らも武装します。するなという方が無茶です。延暦寺なんかはいざとなると三〇〇〇人の武装兵つまり僧兵を動員できました。興福寺も同じ。そして大領主であるだけに他の領主や受領や農民と始終もめます。こういうぶっそうな団体が都の周辺を取り巻いているから、政府は安心できません。院政の主が本当に必要としたのは僧兵対策用の武力です。平安中期から南北朝時代にかけて百数十回の強訴があります。記録に残る大事件のみでこの数です。強訴の始まりは、一〇三九年延暦寺僧徒関白頼道邸に押しかけ訴う、あたりですから、平均三年に一回襲来があったことになります。坊さんの集団をなめてはいけない。平氏が都落ちして滅んだのも、源氏の武力によるよりも、むしろ寺院対策を誤ったためです。織田信長が叡山を焼き討ちするまで、僧兵達は俗世の権力者を悩ませ続けます。

寺院が抱え訴える問題と地方のトラブルは同質です。公領対荘園の対立矛盾です。寺社による強訴は日本全国で抱える問題の集約です。そもそも荘園制自体が律令制という無理に対する反動です。律令制を奥州の蝦夷人にまで及ぼそうとして幾多の叛乱を招き、その余波余燼が中央政府の目の届きにくい坂東に波及して将門の乱を引き起こしました。この乱は典型的な大名田堵同志の、また彼らと中央政府の間の紛争です。以後対立はエスカレートして全国に及びます。寺社による強訴も奥州の乱の影響浅からず、根は同じです。奥州の叛乱も山法師の強訴も、喧嘩騒乱という外観のみならず、反律令制という点で共通します。

院政の矛盾　源平の内乱

天皇が引退して上皇あるいは法皇となり、わが子を天皇の位に据えて天皇に国家儀礼を担当させ、自分は政治の実権を握るという政治形態が院政です。なぜ院政かと言うと、政治を行うには私領が必要だからです。律令制が崩壊する中、政治は制度自身よりもその外にある力、富と武力、を必要とします。天皇である限りこの制度外の機制を操作することはできない。だから院政の主（治天の君）は自ら大荘園領主にならなければなりません。院政は実力を背景に律令制を部分的に遂行しようとします。院政の主は自分の意に従って動く側近を集めます。院の近臣と言います。彼らは摂関政治の頃は傍流またはうだつの上がらない家柄の下級貴族でした。彼らは院政という、より独裁的権力の尖兵です。新興の武士も近臣層に属して出現します。近臣自身も荘園を所有します。律令制の最終形態である院政は、律令制が貫徹できないがゆえに必然として抱えざるをえない矛盾を体現するとともに、それを暴力的に解決する機構です。

矛盾は保元平治の乱で具体化されます。保元の乱は誰が天皇に即位するかではなく、誰が院政の主になるかで争われました。争いが激化したのは院政そのものが暴力的であると同時に、実力の基盤である膨大な所領の相続がからんでいたからです。平治の乱はもう少し事態が複雑ですが、保元の乱で実力を自覚した武士階級が積極的に争乱に関与してきます。勝者は伊勢平氏の棟梁平清盛です。清盛あるいは平氏政権も荘園と公領の矛盾、その具体的現象である寺社の強訴には悩みぬきます。矛盾を解決するためには公領の論理を否定し、荘園をその論理から解放し、荘園を私的所有として承認しなければなりません。そうなると荘園は下級領主である武士の管理へ解放解体されます。

彼らを直接掌握することにより、新しい政治形態を作ることが可能になる。平氏政権はこの作業に部分的に取り組みましたが失敗します。治承寿永の戦乱いわゆる源平の戦いを経て、鎌倉幕府が成立するという大事件により、作業は大きく押し進められます。武士は自分の所領の所有者ですが、半合法的所有者です。内乱の勝者として他の所領や公領は次第に彼らの物になってゆきます。所有移転を合理化する論理として管理者という発想が登場します。この論理は武士の性格に新たな刻印を押します。

ボディガード

武士が登場した平安時代の武士像を具体的に見てみましょう。挿話風に描写します。九八六年花山事件という宮廷クーデタが起こります。時の帝である花山天皇と政界の実力者藤原兼家は近い縁戚関係にはない。これを不利とした兼家は、自分の娘が産んだ皇子を即位させようと計ります。軽率な天皇が寵妃の死に取り乱しているのに乗じ、出家を勧めます。引退の勧めです。直には言いにくく、兼家の子道兼が天皇と幼なじみで親しいのを利用し道兼から言わせます。殺し文句が、私も出家してお供いたします、です。花山天皇は側近のいない隙に連れ出され某寺で頭を丸めます。道兼は直前、一度出家前の姿を父に見せたいので、と言い立ち去ります。事件の進行中兼家から意を受けた多田源氏の武士達は、天皇が連れ出されて行く道に沿い、人に見られないよう一行を護衛します。彼らは、道兼が出家させられそうなら構わない、無理にでも助けて連れ出せ、と兼家から厳しく言い含められていました。

花山事件から暫くして摂政兼家は関白職を長男の道隆に譲り死去します。おさまらないのが、花山事件の功労者と自認する道兼です。不満は彼のボディガードである多田源氏の連中に伝わります。この時頼信は、平忠常の乱に功のあった人物です、そんな面倒くさいことをごちゃごちゃ言っているより、俺が今から関白邸に押し込んで道隆の首を取ってきてやる、と放言し兄の頼光に止められます。暴力団の下っ端が言いそうな台詞です。当時の武士の実態はそんなものでした。

武士の暴力　義家と貞盛

武士の暴力は相当なものです。源義家は後三年の役で彼の悪口を大声で言った敵を捕らえ、彼の歯を鉄箸で打ち破り舌を切り取り木につるし、その下に彼の頭を置きました。後三年の役は義家が自分の勢力を奥州に扶植するために、言いがかりをつけて始めた戦です。当時の奥州の人達から義家は恐れられました。畏敬されたのではない。

将門の乱の勝者である平貞盛には次の逸話があります。彼が丹後守の時体に腫れ物ができます。治らないので有名な医師に相談すると、胎児の生き胆が必要とか。貞盛の子供の妻は妊娠中でした。彼は子供に妻の胎の子を差し出すように命じます。子供は仰天しますが、くだんの医師に相談してなんとか切り抜けます。貞盛は今度は医師を殺すべく当の子に命じます。理由はトリックがばれたからではない。陸奥は乱国、そこで聞こえたこの貞盛が誰かに射られて傷を負ったゆえに、腫れ物ができたと言われては名にかかわる、とか。今度は子の方が恩返しに医師を救います。この話は武士の暴力と同時に、武名への執着、逆に言えば武力で押さえつけなければならない事情も語っています。

武技

暴力行使のhow-toが武技武芸です。源頼信の馬が盗まれます。この馬を頼信の子頼義は欲しがっていました。馬が盗まれたことを気配で二人はほぼ同時に知り、相互に連絡もなく、馬盗人を追いかけます。二人とも知らせなくとも解っているはず、と思いあっていました。関山という所で二人は約束したように出会います。盗人は、大丈夫逃げおおせた、と一安心します。頼信は一言、射よ、と命じ、頼義は闇夜の中一矢で射止めます。

平貞盛が陸奥から帰って知人の僧侶の家に泊まろうとします。僧は前日、盗人が入る、と予言されているので仲の良い貞盛ですが、その旨言って断ります。貞盛は、それなら私が泊まる方がいい、と言い宿泊し盗人を待ち受けます。一〇人余りで侵入した賊は半数以上を貞盛に射殺されます。私は貞盛が一人で泊まるとは思えません。お話にはそう書いてあります。頼信にせよ貞盛にせよ、彼らの武技はたいしたものですが、盗人が同時に彼らの同類の武士またはそれに近い連中であることが問題です。武士はこの時代容易に盗賊に変身します。弓や刀も、それを使う技能が無ければ武器にはなりません。

源宛と平良文

源宛《あつる》と平良文は坂東で聞こえた豪族であり兵《つわもの》でした。彼らの高名を妬んだ者が中傷します。二人に、彼は自分の方が強いと言っています、と。合戦になります。双方ともに五〇〇—六〇〇人を引き連れます。戦の直前良文が、この合戦はお前と俺の武名をめぐる争いだから一騎打ちでゆこう、と提案します。宛も同意し、両者は部下を盾の後ろに控えさせ、前に出て戦います。当時の正規の戦法は、騎馬武者が馬を駆け違わせ振り向きざまに相手の後方から背中を射る、という様式でした。鎧はさねの繋ぎあわせでできているから、さねとさねの間に矢を射込むのが最も効果的な戦い方です。正面からでは射向けの袖と言って鎧の袖を前に出して防ぐし、頭は鉄製の鉢金で覆われますから防備が厳重です。宛と良文はルールを決めます。宛が駆け違いざまに射る時良文は防ぐだけ、次は攻守が逆と。何度繰り返しても勝負がつかない。急所を巧みに射たと思っても、二人は相手の矢をはずします。良文が言います。別に憎くて勝負しているわけでもない、全力を出しあい互いの手の内は見せあった、この辺で勝負なしにしよう、と。宛も同意して人数を引き上げます。以後二人は仲良くつきあったそうです。当時と言うと十世紀半ばですが、戦法にはきちんとしたルールがありました。馬を射殺してはいけない、馬上からの矢戦が正規の戦闘、すぐ太刀打ちや組討はしない、等です。しかしこのルールは時代とともに破られます。源平の戦はルール無視の連続です。宛と良文の逸話は、武士が名を惜しんだこと、名は武技の上手下手で決まること、そのためには合戦も厭わないこと、戦闘にはルールがあること、を物語ります。しかし面子のために一〇〇〇人以上の人数を駆り集めるとは、治安の上から言えば最悪です。現代に引きなおすと極道の出入りです。私はこの話を聞く度に、幕末利根の川原で対決した笹川権三と飯岡助五郎の喧嘩を思い出します。

余五将軍平維茂

名と武芸を大事にすると言えば、平維茂《これもち》の話があります。所領のことで彼は藤原諸任と争い、両者は数千の軍勢を率いて戦います。諸任の方が少数なので、彼は諦めて引き上げます。維茂は、どうだ見たことか、と得意になっていました。その夜維茂の館は、引き上げたかに見えた諸任の軍勢に襲われます。館は焼かれ人数はちりじりになります。奮戦していた維茂も戦闘を諦め、女の着物を被り太刀一つを抱えて脱出し、近くの河原の芦の中に身を伏せます。落ち合った郎党達は維茂に、逃げることを勧めます。維茂は、一度矢を射かけて負けるのは恥だ、まして敗北した自分の姿をお前達に見せるのはもっと恥だ、後からでは子々孫々取り返しがつかない、俺一人でも切り込む、と言います。郎党達も賛同します。維茂は油断していた諸任の陣に討ち込み、諸任の首を挙げます。陸奥国のお話です。維茂が名を挙げた理由の一つは、倒した諸任の妻子を保護し、実家まで送り届けたことです。この点は平将門も同様です。

屠膾の輩・殺人の上手

武技を磨き名を惜しみ所領をめぐっては眼の色を変えて争うから、この種の紛争は全国いたるところ絶えることがない。伊勢国に平雅衡と平致頼という二人の武士がいました。仲が悪く始終合戦します。周囲の農民は大迷惑。訴えられ二人は流罪になります。形式的な流罪ですが。

地方に所領を持つ者が即武士とは言えない。武士の武士たる由縁はその武技にあります。装備の費用を負担でき、日々訓練する時間を持てる一部の者達が本当の武士に成りえます。彼らは武具の調達、権門との連絡等のために、都に常駐できる態勢を持つ必要があります。都には専門家が集まるから武技も習い易いのです。こうして都で軍事技術を習得した専門家が地方に下り、技術を伝播させたと考えられます。平安末期地方の治安は悪く、いざという時押領使追捕使に協力する武技専門家のリストが地方官庁にありました。彼らを厳密な意味で武者あるいは武士と言います。しかし治安が悪い以上、所領を維持するためには誰もが武装を必要とします。農民も同様です。彼らの生産物をねらう連中はうようよいます。武士豪族も受領も中央政府も他の農民も同じ穴の狸《むじな》。この時代武士と農民の境は流動的です。身分の流動性は武士層の特徴です。江戸時代、農民は武器を持ってはいけないはずですが、彼らは鉄砲も刀剣も結構所持していました。

武技を専門とする武士達が他の階層から好かれていたとは思えません。武技は殺しの技術です。極めて非日常的行為です。彼らは訓練のために狩をします。争いが頻発するから合戦も多い。田畑は踏み荒らされます。農民や非武士的土地所有者からは、屠膾《とかい》の輩《やから》、と言われ公家からは、殺人の上手、と言われました。屠は屠殺の屠、膾はなます、の意です。武士は獣扱いされました。

六条顕季と源義光

武士に関して微妙なニュアンスを伝える二つの挿話を紹介します。白河法皇に仕えて院の近臣として辣腕を振るった六条顕季という人がいます。彼は源義光と所領争いをするはめになりました。義光、森羅三郎義光は甲斐源氏の祖、武田信玄の祖先です。顕季は自分の方に絶対理があるのに、法皇がなぜ裁可を下されないのか、不満に思いある夜法皇に訴えます。法皇が言われるには、お前の方に理があるのは解っている、しかしお前はまだいくつもの所領を持っているが、義光にはあの所領しかない、武士という者は乱暴で道理の解らない連中だから、お前の身を案じているのだ、と。顕季はすぐ義光を呼んで、所領を彼に譲ることを承諾します。義光は感激して顕季に名簿《みょうぶ》、彼の名を書いた符を捧げます。名簿奉呈は顕季に臣従する証です。その後一年義光からはなんの連絡もありません。ある夜顕季が夜遅く帰宅する途中、どこからともなく屈強な男達が現れ、彼の車を囲んで進みます。不安に思った顕季が頭風の男に理由を尋ねると、私どもは義光の殿からいつも貴方の警護を言いつけられております、普段は姿をお見せする必要もありませんが、今夜は特別そうなのでこうして車の周りを固めているのです、と男は言います。顕季は法皇の言葉を思い起こし、言われたことを聴いていて良かった、もしこれが逆だったら、と思いぞっとしたそうです。挿話は公家達が武士をどう見ているかということ、武士は敵にも味方にもなりうること、それは約束次第であること、約束を守るのが武士の武士たる由縁であること、を物語ります。

武士は魔よけ

白河法皇にまつわるもう一つの挿話。法皇は独裁者だから、政敵はいっぱいいます。怨霊にも悩まされます。そういう時源義家を呼んで話を聴きます。彼の弓を枕頭に置くこともあります。義家は正四位下まで昇進し院の昇殿を許されます。法皇は彼の存在を魔よけに使いました。義家の令名は全国に知れ渡っていました。義家は呪物視されています。尊重されたようにも見えますが、獣か魔物扱いとも言えます。魔を払うには魔に近い物が最も効果的というのは、魔術呪術の基本的思考です。

契約　団体の形成

六条顕季と源義光の関係は武士の主従関係は契約により成り立つことを示しています。忠誠と約束の媒体が利益の交換です。両者の関係は後に言う、御恩と奉公の関係に当たります。本来武士という存在は、田堵という半合法的土地占有者と国家権力を行使する上級貴族との約束から生じました。この機制は現地の土地占有者の間にも妥当します。小さい占有者は大きい占有者の保護下に入り、前者は後者に対して戦力や財物を適時提供する、関係の網目が張り巡らされて行きます。こうしてできた武装集団が武士団です。忠誠心は単に契約だけで保証されるものではなく、伝統の力も加わります。代々主家に服属するというだけで忠誠心は涵養されます。家代々の家来を譜代の郎党と言います。平家物語に殿上闇討のくだりがあります。平忠盛が武士として始めて内昇殿を許されます。それまで地下人《ぢげびと》とみなしてきた武士が自分達と並んだことに怒った公家達は、忠盛の闇討を企てます。伝え聞いた忠盛の郎党である、平家貞父子は主人が討たれそうな場所近くの庭に武装して侵入します。とがめた公家に対し家貞は、代々仕えてきた主人が討たれると聞いて参上しました、たとえ処罰されようとも動くものではありません、と宣言します。

命令に背けば

平忠盛の家来が朝廷の禁猟区に入って鳥を捕りました。役人がとがめても犯行を繰り返します。

郎党は、朝廷の命令に背けば処罰はたかだか入獄ですが、主人の言うことを聴かないと打首です、違反犯罪と言われても止めるわけには参りません、と答えます。忠誠心は強圧による服従によっても保たれます。武士は武技と勇気が売り物だから処罰は厳しい。公法より私法が重んじられます。

しかしこの時代の忠誠心は後世の武士のそれとは違い、ルーズで自由な面もあります。平家物語や吾妻鏡に出てくる、平貞能、熊谷直実、梶原景季の行為には自由さが目立ちます。平貞能は平家都落ちに際し平氏の長宗盛のやり方に不満で、一門から離脱します。熊谷直実は鎌倉幕府の裁判の進行に腹を立て、裁判を放棄して遁走し後出家します。梶原景季は宇治川先陣争いに必要な名馬を、頼朝がライヴァル佐々木高綱に与えたと知り、二人刺し違えて頼朝に大損をさせてやる、と思いつめます。彼らの行動から、主君がそれなりのことをしないのなら、こちらも去就は自由だ、という主張が明確に看取できます。

現地では裕福でも

武士それも大豪族となると現地では富裕でした。今昔物語で有名な利仁将軍のお話です。本拠地の越前では大豪族の藤原利仁も都では低い位でした。貴族の宴会に芋粥が出ます。家来達はお残りを頂戴します。利仁より高位の五位の家来がその残り少なさを嘆きます。一度でいいから心行くまで芋粥を食いたい、と。利仁は、それなら私の故郷へおいでなさいと、五位を越前へ連れて行き、たっぷり芋粥を食べさせます。たっぷり与えたのは芋粥だけではありません。五位と言えば官人としてそう低い位でもない。逆に言えば現地の豪族はいくら裕福でも、都では貴族やその家来にぺこぺこしなければならなかったのです。

千葉介常胤という武士がいます。平家物語や吾妻鏡に頻繁に登場します。挙兵して安房に上陸した頼朝のもとに三〇〇〇騎を率いて参上した人物です。関東で一、二を争うこの大豪族も、国司や他の豪族の侵害に対し充分に自分の所領を護ることができず、絶えず戦々恐々としていました。彼が頼朝のもとへ駆けつけたのは、頼朝にでもすがらないともうどうにもできない、と考えたからです。頼朝は彼の期待に充分答えたし、千葉介も頼朝を徳として終生忠誠を尽くします。当時の武士団豪族の地位はその程度のものでした。この事情は承久の乱で動揺する御家人に尼将軍政子が演説した内容に端的に示されています。

武士の官位

将門の乱以後地方の土地占有者達は叛乱より、中央権門の傭兵隊長の道を選びます。中央や地方の官職を手に入れ、それを権威として現地ににらみを効かします。効かす相手は支配下の農民、受領、同僚の豪族等いろいろです。彼らが願うことは上級貴族の家人になることでした。貴族の間でも政治体制の変化に伴い、階層分化は進みます。大雑把に言えば摂関クラスと受領クラスに分化します。受領《ずりょう》は律令の国司の変化したもので、徴税請負人です。現地から一定の租税を取れ、余分に取っても構わない、とされました。この職につくとぼろ稼ぎができます。受領クラスは上級貴族に家司《けいし》として仕え臣従します。臣従と言っても後世の武家におけるほど強固なものではない。武士は家司になります。院政になると院の近臣という立場です。源氏は摂関家の家人になって力を貯え、平氏は院の近臣として成功します。だから彼らがまず望んだ官職は受領《ずりょう》、地方の国の守の地位です。受領に任命されたからと言っても、現地に赴任するとは限らない。一族か家臣を派遣して仕事を代行させればいい。受領になって蓄積した資産が、部下の掌握、地位昇進のための資金になります。

受領以外で武士が任命される官職は地方の押領使追捕使です。国司の命令に従いあるいは協同して違反者を捜索逮捕する役目です。また豪族は地方官庁の下級職を欲しがりました。官庁に食い込んで官庁を自分達に有利に機能させるためです。彼らを在庁官人《ざいちょうのかんじん》と言います。中央で彼らが望みよく任命された官職は検非違使の尉です。検非違使は平安初期に都の治安警察として新設された令外官です。この職に着く者は六衛府特に左右衛門府の下級職に任命され、律令の官職を兼ねて検非違使の仕事を遂行します。主な仕事は警察業務ですが、検非違使の職務は非常に広かったようです。武士達は衛門府の三等官である衛門尉への任命を望みました。彼らは郎党を率いて職務に励みます。給料が払われたという話は聞かない。清盛以前、武士が昇進する限度は例外を除き、国守か衛門府あるいは兵衛府の佐（二等官）程度です。

アウトロー

武士の発生について考察しました。武士身分の特性の一つがアウトローです。武士は土地の半合法的占有者としてその社会的基盤を作ります。だから彼らの性格にはどこまでも法の境界性、アウトロー的なものが付いてまわります。土地を護るために武装は必至です。従って彼らの行為は常に暴力的です。しかし単なる暴力からは名誉の観念も専門家の意識も出てこない。

契約・団結・家職・名誉

名誉と専門家なる意識を得るために彼らは二つのことを成し遂げます。もっともこの達成は彼らの自覚とは別かも知れません。一つは彼ら相互の団結です。彼らは相互に争闘しつつも同業者意識を持ちあいます。もう一つは政府の下級官人としての地位を得ることです。二つの事象は相互に関連します。階層として団結するから一定の地位を得られます。権力の末端に連なるから団結し易くなります。紛争時の緩衝装置になるからです。彼らは政府の地位に無媒介に連なったのではない。土地を寄進したり、武力を提供したりして、地位を得ました。交換と契約です。このやり方は彼ら武士層の内部でも妥当します。果たして彼らの内部から契約精神が出てきたのか、上級貴族との契約ゆえにこの精神が武士層内部に及んだのかは解りませんが、武士団形成において契約精神の役割は重要です。契約と団結の精神は相補します。団結は団体の継続従って伝統を導き、伝統は団結を強化します。

契約と団結と伝統から、家の職・芸としての武技に伴う特権意識、名誉の観念が得られます。そこから出てくるものが忠誠と服従の習慣です。しかし武士団形成の契機が契約にあるとすれば、忠誠の義務の裏には反抗の権利が伏在します。平安時代末までに到達した武士のエトスとはこういうものでした。未だ潜在的であり武士個々人の自覚に乏しいこのエトスを合法化し明確にした機構が鎌倉幕府です。

今までの記述であまり言及していませんが武士の出現における外圧の動きと天皇の存在の意義は

無視できません。外圧とは蝦夷人との争闘です。この戦役と内地の争乱は深く関係します。武士は律令制の維持と否定の間にのみ存在し得る境界的性格の持ち主です。そして律令制を否定し、その裏面である荘園制をも蚕食し解体することにより、武士達はその階級的自立を達成しますが、律令制特にその背後にある天皇の存在は否定できたのでしょうか。否定は不可能です。ぎりぎりまで無化するが否定せず、あくまで財産や役職の管理者あるいは管理技術者に徹することによってのみ、武士という階層は存在しえました。

妹尾兼康

妹尾《せのお》兼康という武士がいます。彼は備中国を本拠とし早くから平氏に臣従します。保元平治の乱には清盛勢の中核として、難波経遠とともに活躍する平氏軍の侍大将です。平家物語の車争いで摂政基房を襲い乱暴する時の指揮官も彼、重盛とともに平家滅亡を予言する夢を見て嘆くのも彼、反抗する興福寺へ清盛の使者として赴き、僧兵に辱めを受け、南都焼亡のきっかけを作るのも妹尾兼康です。平家物語の要所要所に重要な脇役として登場し物語の進行を助けます。

源平の内乱が起こり、北陸道に依る木曾義仲への討伐軍が編成され、兼康も加わります。倶利伽羅峠で平軍は敗れ兼康は捕虜になります。彼はこの時義仲に降参し忠誠を誓います。同時に兼康は義仲を裏切る決心をします。平家の恩に報いるため、また惨めな負け方をした武者としての恥辱を雪ぐためです。義仲が西国の平家を攻めた時、兼康は預けられていた倉光成氏を誘います。自分の本拠備中妹尾荘に来て、そこを平家討伐の基地にしなさい、と持ちかけます。成氏とともに西国に行く途中の三石で、妹尾は成氏一行三〇余名を刺し殺し、本拠地に帰って義仲に戦いを宣言します。驚いて駆けつけた成氏の兄成澄を川の中で待ち伏せ、組み討って首を掻き取ります。兼康はこの倉光成澄に捕らえられたのでした。義仲は怒り大軍を差し向けます。兼康は踏みとどまり玉砕します。源氏は日の出の勢いにあり、平家は西海に追い詰められ、兼康にとって大勢は不利です。敗北必至と知りつつ彼はあえて戦います。戦うことは武士の宿命です。どんなことがあっても最後は戦わねばならない。どの時点で戦うかを決めるのは本人の判断ですが、いつかは戦わなければなりません。戦うことにより、自己と自己が所属する団体階層の存在意義を守らねばなりません。それが武士です。妹尾兼康の行為には武士の心情が鮮やかに示されています。平家物語にはこの種の逸話が多い。新中納言知盛、能登守教経、斉藤実盛、無官太夫敦盛、今井兼平等です。妹尾の首を見た義仲は言います。あっぱれ豪の者かな、これこそ一騎当千のつわものと言うべけれ、あったら者ども助けてみで、と。妹尾も武士、義仲も武士でした。

第三章　いざ鎌倉——身分の成立

平氏政権

保元平治の乱は公領と荘園という対立する体制の矛盾の爆発です。院政は矛盾を力で解決しようとし暴力装置として武士団を使用しました。保元の乱は院政の主（同時に最大の荘園領主である）の座を巡っての争いです。平治の乱は公領に政策の重点を置く天皇親政と院政の争いでもあります。争乱の手段として使われた武士階層は自らの実力に目覚め、やがて公領と荘園の両者を侵害し蚕食し、土地の管理者である武士自らが土地を支配する体制を成立させます。鎌倉幕府の成立です。院政と幕府の間に公武の中間的性格を持つ平氏政権が介在します。

平清盛という、父親は殿上の交わりさえ嫌われ賤視された、地下《ぢげ》の武士が太政大臣という律令制の最高官に就任します。彼は娘の徳子を高倉天皇の中宮に入れ、摂関家のお株を奪い皇室の外戚になります。一族も栄進します。大臣三人、納言参議五人。平家物語によると、公卿一六人・殿上人三〇人余・受領衛府諸司の役人六〇人余、とあります。公卿は参議以上で構成される台閣の議定官政策決定者、普通は一〇人内外多くても三〇人を越しません。殿上人はせいぜい一〇〇人くらいです。日本国は六〇余国、その半数が平氏一族の知行国です。保元以前には武士はせいぜい五位の衛府の次官か受領どまりでした。平氏はこの絶対乗り越えられないはずのハードルを簡単に打破します。平氏は都で公家化したと言われます。私はこの意見には賛同できないのですが、そうだとしても逆に言えば公家の世界は平氏に乗っ取られたと言えましょう。さらに一一七九年のクーデタにより清盛は後白河法皇を幽閉し、政権を自らの手に収めます。律令制へのとどめです。後は内乱。内乱の中で平氏は公領荘園の徴税権を奪います。この処置は次に続く鎌倉幕府による地頭設置のモデルになります。内乱において公家政権にできることは陰謀くらい。推移を見ていた諸国の武士達はどう思ったでしょうか。

鎌倉幕府

内乱の勝者頼朝は平氏政権のやり残した後を冷徹に掘り下げ仕上げます。彼は内乱で自分の支配下にある関東八ヶ国をはじめとする領域において、荘園領主への納税の保証と土地の管理権の交換、を提案します。年貢が途絶えて青息吐息の都の公家政権は提案に乗らざるをえません。地頭制の始まりです。翌年頼朝は家政機関として政所と門注所を設置し政府機構の足場を作ります。義経行家の捜索逮捕を理由として全国の総追捕使総地頭の職を朝廷に承認させます。守護地頭の設置です。最後に彼の支配から残った奥州藤原氏を討ち、都に上り近衛右大将に任官します。この職は律令制の武官としては最高の官職です。右大将就任により頼朝はそれまで彼がしてきたこと（朝廷の権限の横領）を朝廷に公認させます。仕上げが一一九二年征夷大将軍就任。以上の諸過程全般を鎌倉幕府の成立と呼びます。戦乱は一一八〇年から一一八九年の約一〇年に及びます。戦争で必要とされるものは武力です。武力の行使をもって頼朝は公家政権を嚇し全国の武士ににらみを効かします。

守護地頭

鎌倉幕府の制度で重要なものは守護と地頭です。守護は各国の軍事警察権を掌握します。地頭は管理職として各荘園に置かれます。それに伴う手数料が地頭である武士に保証されます。荘園の現地管理者であり下級領主である武士の権利が確立しました。守護と地頭のどちらが歴史において重要かと言えば、地頭です。後者があって前者がありえます。地頭が荘園領主から受け取る手数料は反別五升と決められました。当時は一反（一〇〇〇平方メートル）で一石（一五〇キログラム）の米が取れますから、地頭の取り分は、一石＝一〇〇升、五パーセントの手数料です。字面だけをみるとたいした収入ではないが、武士達はこれを足場に自分の取り分を増やします。幕府の保護の対象となるのは武士のすべてではない。幕府に忠誠を誓いそれを認められた武士を御家人と言います。御家人が幕府の構成分子です。重要なことは幕府という武家政治の基盤は、地頭という現地管理者が受け取る手数料にあることです。以後武士は非法を重ね、既成事実を事後承認させて取り分を増やしますが、それは本来の意味の所有ではありません。所有の形をしていますが、あくまで管理の手数料なのです。

承久の乱

鎌倉幕府は頼朝の外戚である北条氏に受け継がれます。二代義時の時、朝廷は最後の抵抗を試みます。一二二一年の承久の乱を収めた義時は、幕府の力を飛躍的に強化することに成功します。一二三二年幕府を運営するための独自の法律として、関東御成敗式目、通称貞永式目が制定されます。貞永式目を中心として新たにできた武家政権の性格を考察してみましょう。余談ですが清盛と頼朝は結果として見事な連携プレーをしました。清盛によってがたがたにされた公家政権をおどしすかして、そこから取るべき物を取り武家政権の土台を築いたのが頼朝です。清盛が粗暴犯なら頼朝は知能犯です。もし二人の歴史への登場が逆になっていれば武家政権はできたでしょうか？　愚管抄の中で慈円は、清盛が平治の乱で当然殺されるべき頼朝を伊豆に流したことを歴史の妙、と言います。私も同感です。

貞永式目

貞永式目は北条泰時により制定された初めての武家成文法です。それまでは律令かそれを補足再解釈して追加された格式のみが法律でした。制定者運営者は当然天皇を中心とする公家達です。武士のための武士による武士の法律が貞永式目です。法律の常として最初の制定以来、何度も追加訂正が加えられています。貞永式目は開幕以来四〇年頼朝時政義時泰時等の創設の雄達が、当時の武士社会の慣習に基づき、裁定し判断してきたことを基準とし、それを成文化したものです。これら基準となる判例は頼朝のカリスマに託され、右大将家御時之例、と言われます。内容の大部分は、御家人相互間および御家人と公家や非御家人である他の武士との間での、土地の所有管理をめぐる紛争処理とその手続きです。主たる特徴は次の点にあります。

・御家人の土地管理権が保証されます。その根拠は安堵、新恩給付および年来（二〇年以上）支配してきたという実績です。

・保護の対象は御家人のみです。彼らは武家政権の新しいエリートになります。

・上級荘園領主である公家は敬遠されます。武家政権の関与外にあるとされます。これは幕府が彼らを無視したからではなく、幕府の管轄の及ぶ範囲を限定して政権を安定させようとしたからです。武士のものは武士のもの、公家のものは公家のもの、というのがこの式目の言わんとするところです。

・だから荘園領主（本所領家）の権利も護られています。むしろ幕府は後半になると武士達が不法に公家の領地を侵害しないように公家よりの姿勢に転じます。

・幕府が一番警戒したのはそれ以外で実力のある連中、つまり非御家人の武士や山僧悪党といわれる階層です。彼らから大事な御家人の所領が侵害されないように配慮されています。

・総じて幕府は、土地の占有管理の経歴が明確でかつ幕府に忠誠を誓った、一部の武士達を御家人として登録し保護の対象にしました。

・至る所で土地支配の保証は将軍や幕府の御恩であるから忠誠を尽すようにと強調されます。しっかり奉公しなさいということです。

・奉公の主たるものは軍役です。幕府の命令に従って諸国の謀反人の討伐に従軍し、また都と鎌倉には人数を出して朝廷と幕府を警衛することです。直接の米穀金銭の提供はあまり言われません。幕府は幕府で別の収入源があります。
・武家社会内部の階層秩序が定められました。侍（御家人）と郎党と凡下の三階級です。

御恩と奉公

貞永式目は特定の武士の層を掌握し、彼らの土地支配を御恩として保証し、見返りに軍役奉仕を奉公と義務づけます。御恩と奉公の関係です。武士階層出現以来この社会に内在した契約関係を、貞永式目は新たに明文化しました。式目の制定者である北条泰時は契約関係を中心として展開する主従間のあるべき姿を道理と言います。武士社会の慣習とそこに内在する論理を道理として前面へ打ち出し、道理の体現者としての武士の姿を描くことにより、泰時は武士身分を経済的にも道徳的にも承認した、いや承認させました。

門月の出づるや五十一ヶ条（芭蕉）

同時期イングランドでマグナカルタ成立。

評定衆　衆議の制度化

鎌倉幕府体制において守護地頭制と並ぶ重要な機構に評定衆があります。これは承久の乱の三年後父親没後の一族の内紛を乗り切り、幕府の主催者となった泰時が幕府の意志の最高決定機関とした一三名による合議体制です。それまではその時々の実力者が周辺の意向を汲んで政策を決定してきました。頼朝政子義時が実際の実力者です。その間幕府は多くの内紛を経験します。最大の危機である承久の乱を入れると主なものだけで九つの事件があります。体制の不安を除く為に泰時は評定衆を作ります。評定衆一三名は北条一族と他氏の有力御家人と事務官僚である法律の専門家からなり、会議の主催者トップを執権、次席を連署と言います。さらに幕府の最大の任務である土地の訴訟事件を迅速に解決するために引付という機関を作りました。引付が個々の事件を審理して最後は評定衆の合議に任されます。どの社会にも実力者はいます。この場合は開幕以来の権力闘争の勝者である北条氏の嫡流が実力者です。しかし泰時はあえてこの機関を作りました。更に実朝暗殺以来空席であった将軍の座に摂関家また皇族の出身者を据え体裁を整えます。将軍も評定衆も作らざるを得なかったのです。幕府も時代と共に変化し評定衆の決定権は低下しますが、鎌倉幕府のみならず武家政権すべてにおいて、衆議制は重要な役割を荷います。

征夷大将軍

征夷大将軍という職は右大将とは異なる性格を持ちます。官位として前者は四位、後者は二位だから右大将の方が上です。しかし将軍職は独自の意味を持ちます。征夷大将軍は外征の指揮官です。遠くへ出かけて外敵を討つのだから、その間の軍事指揮権は委任されます。将士の処罰権も与えられます。天皇の大権の中で一番重要な権限を委ねられます。事が事だから無能な飾り物を派遣するわけにはゆかない。反乱をしようと思えば可能です。主権者にとっては一番危険な存在です。日本武尊が父親の景行天皇から危険視されたこと、藤原広継の乱、そして頼朝義経の不和等が例証になります。中国には前線の指揮官が反乱を起して政権を乗っ取ったという例はたくさんあります。それに比べれば近衛右大将なんか成立時の事情に鑑みても、たかだか天皇または藤原氏の親衛隊長でしかない。外敵と戦う征夷大将軍は、天皇の大権の重要な一部を一時委任される職です。軍事指揮権は軍政権そして戦地の徴税権までも含みえるから、こうなると大権のほとんどが委任されかねません。頼朝は全国の武士すなわち武力を掌握することにより、大将軍への一時的大権委任を半永久的なものにしました。

将軍職は借物　衆議による支持

しかし征夷大将軍の権限は委任されているだけで借り物です。借り物だからそれに実質を付与するものが要ります。それが衆議です。全国の武士の支持があるから大権を半永久的に借用できるのです。頼朝がこの職を獲得する一番大きな機会あるいは理由は奥州藤原氏という外敵討伐ですが、討伐の承認をしぶる朝廷の意向を無視して開戦できた理由は、御家人大庭景能が言った、軍中将軍の令を聞き天子の詔を聞かず、の一言です。この言葉が将軍職の本質を表しています。一つは軍事大権の委任、もう一つは将士の賛同です。だから形だけでも征夷大将軍はいてもらわなければなりません。でないと武士の存在意義がなくなります。また征夷大将軍が存在する限りそれを制度として支える衆議が必要です。天皇自らが軍事大権を常時行使する体制にあれば将軍職は要らないが、それは同時に中国のような皇帝独裁体制の招来を意味します。将軍職と評定衆は表裏の関係にあります。天皇と将軍の二元体制ができ上がります。

　ところでこの二元体制は決して天皇と幕府の関係に限定されるものではない。我国の太古の昔からの伝統です。他の国でもこういうことはあると思いますが権力の二元性がはっきりしているのは我国が典型でしょう。魏志倭人伝に出てくる卑弥呼は男弟と祭祀と政治を分担しました。男子の政治家だけになったら内乱になったそうです。雄略朝から継体欽明朝くらいまでは大臣大連《おおおみおおむらじ》の制度がありました。大連はともかくとして大臣は臣下を代表し、大王《おおきみ》より少し下の立場ですがほぼ同格でした。元来大王の政権は豪族の連合政権だから大王は衆議を必要とします。この衆議を大王へと媒介する装置が大臣です。大化の改新で大臣の制度は左右の大臣《だいじん》職へ解消されて大王に属する官僚になります。代ってあるいは併行して機能したのが大兄《おおえ》の制度です。大兄は皇太子、主権者の後継資格を有する人物です。天智天皇天武天皇のように有能ならその影に隠れて見えませんが、そうでないと必ずそういう存在が出現します。律令制が整うにつれ藤原氏が天皇の一格下の共同統治者の地位を固めます。その頂上が摂関政治です。摂関政治では天皇と摂関が権力を二分します。続く院政にあって天皇は彼の家長である上皇法皇とやはり権力を二分します。天皇はどちらかと言えば権力より権威を保持しますが、権力と権威の境界は明瞭なものではない。我国の律令制は基本的に合議制を前提とします。奈良平安時代を問わず議題はまず下級官庁で整理され文書化され、大臣納言参議からなる平均一〇数名の議定官により審議されて、天皇に上申され天皇はそれに諾否の回答を与えました。否なら審議やり直しです。極端に言えば天皇は拒否権のみを持っていたとも言えます。

テクノクラート、中間管理職としての武士階層

頼朝が獲得した征夷大将軍職は我国の政治的伝統の延長にあります。幕府体制は一一九二年から一八六七年まで約七〇〇年間持続し有効に機能しました。ではなぜこの二元体制は持続可能だったのか。私はその根拠を、武、に内在する契機に求めます。武は技術です。殺しの技術です。武士はその出現の当初から半合法的存在として戦わねばならない。生きるがために戦います。殺し殺されます。殺す、という非日常的な行為において武士は知ってか知らずか彼岸を望見します。殺すが故に生の地獄ものぞきます。こういう心理を常に予感あるいは自覚していなければならない。生と死の境を生きるのが武士です。そこに果てはない。

武は殺しの技術です。武は技術です。技術としては最高の精緻さと緊張を要します。技術にも果てはない。あると思った時は技能者自らが技能者であることを否定する時です。ここで武と技術は二重三重に重なります。武が技術であることにより、武の持つ虚無は技術の実に転化されます。逆に技術の持つ価値としての有限性は、武を背景とし武に投影されることにより、自らを普遍へ飛翔させえます。征夷大将軍から御家人の郎党に至るまでこの心情を共有します。武士であり殺人が使命のプロであるという自覚がある限り共有できます。だから幕府体制はその主となる氏は変わっても永続しました。権力を借り物とし、この借り物を武というチャネルを介して技術機能へ転化することにより、借り物の権力を実質化し、同時に権力の持つ破滅性あるいは直線性をより柔軟円滑なものへと転じえました。借り物だから権力は技術に転じます。そして技術であるが故にこの権力は緩やかな下克上を繰り返してゆきます。これが日本の歴史の特質です。権力を技術に媒介するもの

が武です。ではこの媒介をなし得た思想はどこからきているのか？　私はそれを仏教倫理に求めます。第五章で詳しく説明いたします。

合議制は武士社会の生理とも言うべきものです。本来武士は武士団として血縁地縁を介して縦横のネットワークを形成します。団体という性格自体が本質的に成員の平等性を前提としなければ成り立たない。この事実は我国の農村社会の風土に根ざすのですが、もう少し後の時代には、座、という組織として明瞭に立ち現れます。戦国そして徳川期の武士社会は、座の構造の洗礼を受けて形成されます。

加えて鎌倉幕府が誕生したいきさつがあります。頼朝は平治の乱の敗者の子で伊豆に流された罪人でした。挙兵時彼が直接掌握する人数は一〇人内外です。後は北条氏の提供する兵力に頼るしかない。石橋山の戦いで敗れ安房に上陸した所へ、関東の諸豪族がはせ参じて彼をかつぎ上げ、内乱に勝利しました。御家人にすれば幕府は我々が作ったものという意識があります。幕府は御家人あるいは豪族達の連合政権です。

地頭の非法

鎌倉幕府の法制上の基礎は貞永式目です。武士身分は公的に承認されました。しかしここで武士、特にその代表とも言うべき地頭に与えられた権益はつつましいものです。幕府としては荘園領主とこの線で妥協しようとします。しかし一度権益を公認されかつ現地の管理人として実行力を持つ武士達は、荘園領主の権益を侵害し収奪してゆきます。侵害されるのは荘園だけではない。公領と呼ばれる土地も蚕食されます。鎌倉時代末には地方支配において国司の裁量する余地はほとんどなくなりました。代って守護が地方支配の実力者になります。武士は荘園の地元管理者として領主に年貢の取り立てを請負いその手数料を取ります。それが武士本来の仕事です。しかし武士達は領主に年貢を完納しなくなる。時には全く収めません。理由はどうとでもつく。荘園領主は武士達と交渉して妥協を重ねますが、取り分はどんどん減少します。地頭の非法を幕府も取り締まろうとしますが効果はありません。

貨幣経済と悪党

非法は幕府の正式構成員である地頭御家人に限られず、非御家人の武士達も同様に行います。彼らは幕府の統制下にないだけやり方は大胆です。当時は貨幣経済の勃興期で宋銭が大量に輸入され、みながみな貨幣を使い始めた時です。貨幣経済が進展すると生活は派手になる。貨幣経済で富む者と破産する者が出現します。後者は農村経済を中心に生活を成り立たせている、幕府の御家人層が主でした。彼らは関東地方の居住者が多く、この地方では貨幣経済が発達していません。前者には非御家人の武士、新興の商人層（山僧といわれる叡山の僧侶で商業金融業に活躍した連中も入ります）等です。幕府の正式構成員は貨幣経済の被害者、そうでない者が受益者になります。非御家人や商人層は実力にものを言わせて荘園領主の権益を侵害し、御家人の土地を借金のかたに取り上げます。事態を苦慮した幕府は何度も徳政令を出し、御家人を救済しようとするがらちはあきません。地頭の非法と貨幣経済の発展を契機として社会は大きく変動し流動化します。荘園領主は没落します。

御家人（彼らは関東地方を中心とする出自で土地を支配し農村社会の経済によって生活しています。御家人のすべてがそうではありませんが多くはそうでした）も困窮します。

彼らに代って台頭するのが悪党と言われる連中です。悪党とは幕府から見た呼称で確かに彼らはあくどいこともしますが、基本的には幕府の定めた秩序に従わず、武力と財力にまかせて既存の体制下にある土地支配を侵害する新興階級です。十三世紀後半蒙古が襲来します。頑張って戦ったのは幕府とその傘下にある御家人です。戦費は膨大ですが恩賞は出しようがない。このことも幕府と御家人の没落に拍車をかけます。悪党の跳梁跋扈に最適の環境です。悪党は、幕府の意に従わない武士や商人それに富裕農民の一部など、構成は複雑です。後に南北朝の内乱で活躍した武力にはこの連中がたくさん参加しています。本来武士は官位によって規定される存在ではない。だから武器を持って戦い適当な戦歴を作ればみな武士です。このように鎌倉時代には武士階層が流動化しました。流動化はずっと後まで続きます。蒙古襲来を大きな転機とし南北朝時代、室町戦国時代と続きます。江戸幕府の創立を待って流動化は止まります。同時に武士は食えなくなります。

戦術の変化

階層の流動化に伴い戦術や武器も変化します。平安中期の戦術は騎射が中心でした。矢が尽きた時太刀打ちそして最後は組討になります。馬を射ることはタブーです。しかし武士の階層が流動化すると、正規の騎射のような長期間かけた訓練をする余裕はないから、騎射より太刀打ちが主になります。最初から組討にもって行く戦い方も出てきます。馬を射るなというタブーは破られます。

歩兵の占める比重が増加します。鎧も太刀打ちから腕や手を保護するための装備が必要になります。古典的な大鎧から腹巻という形の鎧に変化します。馬も鎧を着せられます。歩兵の武器として槍が用いられます。本来しかるべき土地を持ち、充分な武装と訓練に耐えられるだけの余裕を持った者が武士と呼ばれました。そういう階層における効果的な戦術が騎射でした。階層が流動化して武士層の社会的下限が下がると、必要とされる戦術は変化します。変化の背後には農業の発達による農民の力の台頭という事実がある。室町時代になると変化はより明白になります。

得宗専制

鎌倉幕府では権力闘争が絶えることがない。十年に一回は粛清事件が起こります。理由は実力者である北条氏特に執権という地位の曖昧さにあります。義時以来北条氏の代表が執権として幕府を事実上主催します。やがて執権は執権として機能させつつ、義時の嫡流（得宗嫡流　得宗は義時の法名）がその背後で実権を握る得宗専制体制に移行します。このことが可能になったのは武士層の新興勢力を北条氏が握ったからです。新興勢力の中には悪党的な分子も混ざります。執権あるいは得宗の上には形式的ながら征夷大将軍が控えています。摂関家や皇族から借りた文字通り借り物の将軍です。しかし借り物でも将軍は将軍です。これに北条氏以外の御家人、古くからの伝統ある御家人階層が結びつきます。北条一族の中の不満分子も将軍の周りに集ります。北条氏は統治能力の優秀さ（陰謀の才能も含まれる）と、頼朝の外戚であることと、一回の戦役の勝利だけで同格の御家人の上に立ちました。しかし元はと言えば地方豪族です。あまり大きな豪族でもない。伝統ある御家人は不満です。千葉氏や三浦氏あるいは小山足利氏等には、かつては目下にみていた伊豆の小豪族が、という気持ちがある。だから北条氏は征夷大将軍にはなれません。あるいはなりにくい。こういう地位の不安定さに武士階層の流動性が加わります。だから血腥い事件は多発します。しかし評定衆から得宗体制に移行しても合議制は変わりません。得宗の家で身内の家臣を中心としそれに、信頼できる一族と御家人を加えて合議は行われます。合議を無視しては将軍も執権も得宗も自分の意志を遂行はできない。頼朝死後、二代目将軍頼家は御家人の総意で、幕府の主権者の座を降ろされました。頼家は殺されます。北条氏によるこの非情な措置を非難する御家人はいない。御家人にとっては自分の土地を安堵してくれる有能で強力な指導者が欲しいだけなのです。

武士層の拡大

前章で私は武士の特質として技能、所有、契約、衆議、世俗の五つを挙げました。この章では契約精神と衆議性を中心に解説しました。世俗性に関して異論ないと思います。武士は将軍を神様とは思いません。将軍は天皇のように自分のための神話を作り自らを神の子孫と称することもしない。武士という階層は限りなく自らを変容流動させてゆきます。変容流動とは同時にその成員の増加です。詳しくは次章を見て頂きたいのですが、階層の流動性ということも五つの特質から理解されます。逆に公家は自らの階層を縮小してしまいました。江戸時代になると正式の公家の家は摂関・清華・大臣・名家・羽林の五つに分類されすべてで一五〇家くらいに固定されます。

衆議と叛乱

上総介広常という武士がいます。頼朝の挙兵に二万人の軍勢を連れて参加した大豪族です。頼朝が率いていた軍勢よりはるかに多数です。彼の先祖平忠常は十一世紀初頭関東で反乱を起こしました。広常と頼朝の間に多くの逸話があります。富士川の戦いで撤退する平軍を追撃しようとした頼朝に、広常が真先に反対します。まず関東の地を安全な基地にすべきだ、が彼の持論です。関東で我々の所領を確実に安堵してもらうために我々は貴方を担いだのだよ、源平の確執よりもそっちの方が先、肝心なことを忘れられては困るよ、が広常の本音です。多分ずけずけと言ったのでしょう。彼は頼朝に出会っても下馬せず軽く会釈するだけで目立つほどの臣礼は取りません。頼朝がある武士の戦功を褒めたところ彼は、小身者は所詮わが身で働かないと戦功は立てられません、私のような大身者にはあの程度の戦功を挙げるくらいの郎党は掃いて捨てるほどいます、私はこうして君にお仕えしています、と言い放ちます。三つの逸話は、広常が頼朝と対等という意識を持っていたこと、土地支配の承認と引き換えに軍事行動に参加していること、を物語ります。広常は、幕府は将軍と御家人両者の契約に基づく豪族の連合政権だ、と主張したいのです。広常のみならず多くの御家人は同じ気持を持っていました。代表が広常です。頼朝にとって広常は目の上のこぶです。彼は頼朝の命を受けた梶原景時により謀殺されます。頼朝にとって景時は一の郎党つまり第一の子分です。景時はこうして頼朝の忠実な意志の執行者の役目を引き受けました。

しかし他の御家人は頼朝の死後、和田義盛以下六六名の署名をもって、二代目将軍の頼家に景時の追放を迫り実現させます。彼のような者が偉大な鎌倉殿頼朝の下ならともかく、二代目にまでもくっつかれてはかなわないというのが御家人の本音です。頼家の将軍職は一三名の重臣の合議制により有名無実にされます。以上のことは鎌倉幕府が時の力関係はともかく、基本的には合議制で動いていたことを明示します。一二二五年評定衆が正式に設けられます。泰時の死後、孫の時頼を除こうとする計画がありました。陰謀の賛同者の中には評定衆のメンバーもかなりいました。上総介広常事件を裏から眺めたような事件です。

源義経は兄頼朝と不仲になった時、鎌倉殿に不満な奴は俺について来い、と放言して関東を立ち去ります。俺が面倒を見てやるから俺の傘下に入れ、頼朝との契約を解除して俺と新しい契約を結ぼう、と言っているのです。畠山重忠は謀反のうわさを立てられた時、武士として名誉なことだ、と言います。これも同じことを意味します。鎌倉幕府はこんな連中をごろごろ抱えていました。石橋山の戦で頼朝を阻んだ大庭景親が、平治の乱では源氏について戦った景親が平氏の側で参戦しているのを非難されると、景親は、昔の恩は昔の恩、景親はこの二〇年来平氏の恩を蒙って今に至っているんだ、文句はあるまい、と言い返しました。斎藤実盛は平氏軍に加わり倶梨伽羅峠で討ち死にします。彼も同様の心境だったのでしょう。

一所懸命①　曽我兄弟

曽我兄弟は日本三大仇討ち事件の一つとして有名です。敵役は工藤祐経。しかし祐経の側にも充分に言い分はあります。話は両者の三代前まで遡ります。曽我兄弟の祖父伊東祐親と祐経の父親は異腹の兄弟でした。祐経の父親が早死したので祐親が祐経の後見となり領地を一時預かります。

元々祐親は領地の相続に不満でした。そこでこれ幸いと祐経が成人しても領地を返しません。祐親の背後には時の権力である平氏がついています。どうにもならない祐経は、祐親を暗殺しようとして部下に弓で射殺すべく命じます。部下は祐親とその子祐泰をまちがえ祐泰を射殺します。祐泰の子が曽我祐成・時致の兄弟です。源平の内乱で伊東祐親は平氏に、祐経は源氏について戦い前者は敗北して斬られ、後者は戦功として前者の所領を受け継ぎます。孤児となった兄弟は母親が再婚した曽我氏の姓を名乗ります。こういう連綿としたいきさつがありどちらにも言い分があり、どちらが善い悪いのとは言えない。ただこの逸話は当時の武士の所領にまつわる執念の深さを露骨なほど示しています。一所の領地に賭ける執念を一所懸命と言います。現在では一生懸命と字が変わっていますが、命がけという点では同じです。頼朝の傘下に入った武士達はすべてがすべて一所懸命だった。この欲望をかなえるのが鎌倉殿の役割であり、そのために一生懸命に武士達は戦いました。武士のこの心情を源氏は平氏より深く理解しえていたから、源平の内乱の勝者になれたのです。

一所懸命② 竹崎季長

一所懸命すなわち、自分が所有する領地を維持するために、また新たに所領を頂くために命を懸ける、という武士の態度を率直明快に示すのが竹崎李長絵詞です。肥後の御家人竹崎李長は文永の役の時博多の浜で戦闘します。どこで敵に遭いどう戦い敵にどんな損害を与え、自分の方は郎党ともにいかなる損害を蒙ったかを、丹念に現地軍の指揮官である少弐景資に報告します。文永の役は終ります。恩賞の沙汰がない。不審に思った季長ははるばる鎌倉に行き、恩沢奉行である安達泰盛に詳しく報告します。泰盛は地方の一御家人の些細な報告を傾聴します。蒙古相手の戦では勝って元々、負けたら日本国すべてがぱーになる戦だから、幕府もない袖は振れず思うような恩賞は出せません。季長の熱心さにほだされた泰盛は肥後国の土地を恩賞として与えます。地方の守護を介してではなく、恩沢奉行じきじきに恩賞の通知を受けたのは季長一人です。処遇に感激し、季長は安達泰盛はじめ関係者三人の肖像画とともに、自分が文永の役でいかに奮戦したかを絵と言葉で表して絵巻物を作り、新恩給地海東郡の甲佐大明神へ奉納します。竹崎季長絵詞として有名な絵巻です。蒙古襲来といえばこの人の名とこの絵は必ず出てきます。

問題になるのは竹崎季長の態度です。国難だから恩賞は控えようという態度は全くない。戦ったのだから恩賞は当然という態度一点張りです。無邪気なほどに率直です。安達泰盛も彼の態度を否定しない。無邪気云々は現在の私達から見てそう思えるのであって、当時の武士達にとっては、命を懸けた戦いに恩賞が出るのは当然でした。御恩と奉公の契約なのです。幕府は蒙古襲来の後この原則を守ることができず御家人達の信頼を失います。蒙古襲来のみが原因ではないが、鎌倉幕府は戦役の六〇年後滅亡します。

尼将軍の演説

衆議制と御恩と奉公、といえば言及せざるをえない場面があります。一二二一年の承久の乱に際し、動揺する関東の御家人を前に尼将軍政子が声涙下る名演説をしました。聴け、侍ども、で始まります。政子は幕府創立以前の武士達がいかに惨めであったか、武士達の土地に対する権限を頼朝がいかにして獲得し保護したか等、幕府が武士達にとって持つ意味を噛んで含めるように、教え諭し思い出させます。最後にどうしても京方に付きたいのなら私政子を殺してから行け、と啖呵を切ります。この時北条氏を除いては関東最大の豪族である三浦義村が立ち上がり、全員一致協力して京方と戦おう、と誓い全員が賛同します。三浦義村は最大の豪族であるだけでなく、最も京方へ味方する可能性が高いと見られていた人物です。これもやはり衆議制の現れです。根回しはされていたのでしょうし、政子も可能性があると見たから啖呵を切ったのですが、衆議の一致を得なければ真の戦いにはならない。さらに東海道方面軍の総大将泰時は、大江広元の進言に従い、一〇数騎で出陣します。ぐずぐずしていると心変わりの連中が出てくるかも知れないと言うのです。指揮官が率先し、後は全国の武士達の自由意志に任せます。形を変えていますが衆議の一致を求めているのです。なんのかんのと言っても一天万乗の君との戦いです。将門の末路も頭に浮かんだと思います。承久の乱は幕府の勝利に終わります。三年後この乱の幕府方の指導者である義時が死去し、翌一二二五年に評定衆の制度が定められます。

いざ鎌倉

御恩に対する奉公を常に心がけて忠誠心を持ち続けることを示すのが、謡曲「鉢の木」の佐野常世にまつわる逸話です。北条氏五代目の当主時頼は名執権として後世まで評判の良い人です。彼には伝説があります。秘かに全国を行脚して世情を見て歩いたとか。ある夜上野国佐野で貧しい家に泊めてもらいます。主人は御家人ですが領地をかすめ取られて今は貧窮にあえいでいます。何ももてなす物がないので、日頃大切に育てていた鉢植の松竹梅を切って燃やし、暖を取って頂こうと言います。見れば側に鎧と薙刀がある。時頼が聞くと、今は貧しくしているが、鎌倉から緊急のお召しがある時は誰よりも先に駆けつけようと思っています、と答えます。時頼は鎌倉に帰り暫くして、御家人に非常招集をかけます。一番乗りしたのが、錆びた薙刀を持ちやせ馬に乗った佐野常世でした。時頼は身分を明かし、常世の忠誠心を褒め、松竹梅にちなんだ名の三箇所の荘園を与えます。いざ鎌倉、の語源を物語る話でしょうか。

源平の争乱から鎌倉時代を通して主君への忠誠心を物語る話はたくさんあります。木曾義仲に殉じて近江で戦死した今井兼平、前章の最後で述べた妹尾兼康、伝承の世界に入りますが、義経の身代わりとなった佐藤継信忠信兄弟、そして弁慶の立往生のお話等です。

青砥藤綱　鎌倉武士の合理性

青砥藤綱という御家人がいました。彼は川の中で一〇文の銭を落とします。それを探すために人を雇い一〇〇文を支払います。人が笑うと、藤綱は、人に与えた一〇〇文は世の中を廻り廻って役に立ち生きてくる、川の中の金はなんの役にも立たない、と答えます。貨幣経済が勃興しつつある世相を反映したお話です。経済学で言う有効需要とか貨幣供給という考え方に相当します。

これも藤綱の話だったと思います。主君が夢で、恩賞を与えよ、とお告げがあったので与えると言うと、藤綱は、夢で与えられるものなら夢で取り返されます、そんなあやふやな恩賞は結構です、と断りました。恩賞はしかるべき理由、皆が納得する理由、つまり奉公の証がありそれを主君が認めてはっきりと言葉に出したものでなければ意味がない、と言うのです。契約精神の現れです。

第四章　明日は明日の風が吹く──叛覆常なし、流動する階層

室町幕府　守護連合政権

第四章では蒙古襲来から徳川幕府成立までの約三五〇年間を取り扱います。文永弘安の役以後鎌倉幕府は衰亡します。幕府が無為無策であったとは言えない。対蒙古戦の恩賞への武士達の不満、商工業の発達による御家人層の窮乏、御家人内部での階層分化（守護クラスの御家人の勢力台頭）、幕府が掌握しきれない武力の伸長（悪党の跳梁）、等を背景とし、それに持明院大覚寺両統の確執に巻き込まれたことも加わり、一三三三年幕府は滅びます。代わった後醍醐天皇の新政は武士達の信望を得られず、一三三六年足利尊氏が京都に新しい幕府を創設します。後醍醐天皇は吉野の山中に入り抵抗を続け、幕府に支持された持明院統の天皇と対立します。常に北朝、足利氏の主催する幕府が優勢ですが、幕府は全国の守護大名を掌握できず、また当時進行していた武士階層の本家分家の抗争に乗じる南朝の巧みな戦略も絡み、六〇年に及ぶ内乱の時代を迎えます。太平記で語られている時代です。一三六八年、十歳で将軍職を継いだ義満は成人するに及び、土岐山名ついで大内氏

の反抗を粉砕し、一三九九年幕府の覇権を確立します。この間一三九二年南北朝の和議も成立し、両朝は統合されます。

室町幕府は有力守護大名の連合政権です。三管四職と言われる、幕府創設に功のあった守護大名の合議により重要事項は決定されます。初代尊氏と二代義詮は守護大名の統制に苦しみました。三代義満も幼少期は細川頼之の庇護と支持の元に将軍職を保ちました。不安定な将軍の座を安定させるために、彼は巧みに守護勢力を分断し、有力守護を倒し、明国から日本国王の称号を下賜され、天皇家の簒奪を策します。が、権力の絶頂期に急死します。後継の義持は父親の事蹟をすべて否定し、幕府政権の骨旨である守護大名の合議制を復活させます。自分の死後の後継者の選択も彼らに委ねます。将軍は籤で選ばれました。選ばれた六代義教は大名を圧迫します。しかし彼は赤松満祐に殺害され、幕府の権威は低下します。政治を投げ出した八代義政の治下、守護大名同志の勢力争いは激化し、将軍大名家のお家騒動を機として戦乱が勃発します。応仁の乱です。乱以後を戦国時代と呼びます。室町将軍の威令は都周辺にしか及びません。守護大名、さらに台頭してきた国人被官《こくじんひかん》という地方の豪族も加わり争乱は広がり、全国的な内乱そして群雄割拠の時代に突入します。

守護大名と戦国大名

時代は守護大名、国人被官、さらに一味同心して一揆を頻繁に起こす農民層を巻き込み、複雑な様相を呈します。この中から地方地方に支配を確立した大名が、新たな権力構造を持って出現します。戦国大名の登場です。関東の北条、甲斐の武田、越後の上杉、駿河の今川、越前の朝倉、近江の浅井、安芸の毛利、薩摩の島津、土佐の長曽我部、奥州の伊達、そして東海の織田徳川等です。彼らはかっての山名氏や細川氏大内氏等の守護大名よりは、はるかに小さい領域しか支配しません。しかしその領国は、配下の武士そして農民、さらに農民が耕作する土地に至るまで、しっかりと把握されていました。守護大名支配下の国人層の向背は相当以上に自由でしたが、戦国大名の部下は大名の命令にきっちり服さなければならない。戦国大名相互間の抗争の結果、尾張美濃を根拠地として出発し京畿内という最も豊かな先進地帯を押さえ、将軍と天皇という形式化した権力をうまく利用した織田信長が、彼の没後は部将であった豊臣秀吉が、各地の大名を滅ぼし服属させ、一五八九年全国を統一します。

秀吉は検地を行い全国の耕地を中央権力として直接把握し、刀狩をしてそれまで曖昧だった武士と農民をきっちり区別します。朝鮮への侵略戦で疲弊した豊臣氏は秀吉の死後、徳川家康にとって代わられます。征夷大将軍に任じられた家康及び彼の後継者は、基本的には秀吉が敷いた路線をより巧妙に推し進めます。一六一五年の大阪夏の陣で豊臣氏を滅ぼした徳川幕府は、同時に武家諸法度等の諸制度を確立し、全国の大名と武士を統制することに成功し、以後の二五〇年にわたる江戸時代の基礎を固めます。この二五〇年間は、戦争と言える程の争乱が全く無かった、世界史でも珍しい時代です。歴史家はこの時期を PAX ROMANA になぞらえ、PAX TOKUGAWANA と呼びますが、現実には古代ローマよりはるかに平和な時代でした。PAX とは PEACE の意です。

郷村、座、一揆

鎌倉時代後半から室町戦国時代と言われるこの時代の特徴は、下克上、流動する階層の時代です。一見したところ混乱し危険な社会ですが、反面活力に富む時代でもあります。日本文化の原型はこの頃形成されます。社会の特質は農村を基礎的範例とすれば、郷村、座、一揆、という三つの言葉に要約されます。

郷村は、領主の利害により人為的に編成されていた荘園の農地が、働く農民の現実の利害に従って再編された、新しい農村社会のあり方です。四方山に囲まれた小さな盆地があり、真中に直線を引いて、東西を別々の領主が支配していたとします。現地の農民にはこの人為的な線引きは非常に迷惑です。そこで農民達は、彼らの作業が便利なように、領主の意向とは別に、共同体を作ります。こうして郷村ができます。彼らは自治組織を作ります。併行して農民の耕作権、作人職、も確立します。作人職を持つ農民が郷村の正式成員です。彼らは村の神社を中心に団結します。同じ土地に生まれ同じ土地に住む者という共同体意識を、同じ神社の氏子であることをシンボルとして自覚します。神社の神水をくみ交わし、一味同心を誓います。村の重要事項はすべて神社の中、神のみそなわし給う前で、合議して決められます。

お宮さんの中に座を占めるところから、合議あるいは合議する場を宮座と呼びます。共同体成員が平等に神の前に座して衆議するわけです。村のメンバーは年齢に従い、老衆《おとな》、中老、若衆、に分けられ、作業が分担されます。老衆が指導層です。組織を運営するための規律である村法も作られます。土地の耕作権の尊重、共同労働に際しての規則（田植時の労働と水の配分・山野等の入会地の利用）、犯罪者への村独自の対処、荘園領主に納める年貢の額と交渉の仕方、等が定められます。時として領主の法より厳しい場合がありました。和泉国のある村で寡婦が米を少々盗みました。領主は死罪にまでは値しないと判断しますが、村民は聞き入れず寡婦とその子供達まで殺してしまいます。

郷村は領主の要求が不当と思えばはねつけます。反抗する郷村が郡や国ごとにまとまれば一揆を起こします。商業は村内部にも浸透します。借金を払えず、土地や財産が、酒屋土倉といわれる金融業者に差し押さえられることもあります。農民がこの措置を不当と思い不満が拡がれば、金貸し相手の一揆が起こります。借金を棒引きさせよと言って金貸しの家を襲います。あるいは臨時の特例を作れと幕府に圧力をかけます。領主や金融業者や幕府に対して行われる一揆を徳政一揆とか土一揆と言います。一四二八年都を中心に起こった正長の土一揆が有名です。一揆が国単位にまとまれば国一揆になります。一四八九年の山城国一揆は、応仁の乱後いつまでも争いを止めない両畠山氏に、迷惑だから国から出て行ってくれ、という農民の要求に基づいて組織されました。信仰が結びつくと法華一揆や一向一揆になります。

この種の一揆に戦国大名達は泣かされます。戦乱期の農村とはこんなものです。いつも武装しています。それも鋤鍬やむしろ旗等のかわいらしいものではなく、刀槍弓等れっきとした武器で武装します。敗北した軍勢が落ちのびる時、農民が彼らを襲うなんか簡単です。郷村、座、一揆という三つの言葉はすべて同じ意味を持ちます。武装した農村自治組織という意味です。戦国期と言うと農民は戦争に泣かされ逃げまどう、被害者弱者のイメージで描かれますが、現実にはどう見てもそんなやわなものではない。郷村の発展を基盤にして時代と社会は動きます。現在毎年六回大相撲が興行されます。行司の判定に不服があれば五人の審判員が土俵上で協議して最終決定を下します。

ちょんまげを結って行う古風なこのスポーツは、十三世紀末から発展してきた郷村の宮座に起源を持ちます。力士は力水を受け取り、口を漱ぎ、腕を拡げ、四股を踏んで、神に真正な勝負を誓います。

名主と作人

郷村内部にも階級分化はあります。平均的には作人を中心としますが、その上に数町か十数町の田畑を持ち、一部を他の農民に小作させる富裕な者もいました。彼らは名主《みょうしゅ》と言われます。余談ですが、名主という名称は時代により違った意味を持ちます。平安時代の千葉常胤や上総介広常等は大名田堵と言われ、数千町の大きな土地を持つ武士団のボスです。彼らも名主です。田堵は平安初期から土地を開拓占有し、その上に自分の名を冠します。納税の責任と同時に自己の所有をはっきりさせるためです。その名《みょう》の主ということで名主と言われました。後に殿様の代名詞になる大名という語も、大きな名を持つ者、という意味です。しかし名主という語は室町戦国期になると、郷村の中の有力者というくらいの意味になります。これが江戸時代に入ると、村または町の自治責任者として名主《なぬし》と言われます。ちなみに関東では名主、関西では庄屋と呼びます。いずれにせよこれらの呼称は荘園制度ゆかりのものです。

名主階層の武装は充実しています。武装が常備的になると地侍と呼ばれます。あるいは土豪とも言われます。地侍と土豪では規模が違うように思われるが、はっきりした区別はない。土一揆のリーダーになるのはこの連中です。名主地侍は苗字を持ち、村内では殿と呼ばれる指導層です。

国人・豪族

郷村全体あるいは複数の郷村を支配するのが領主です。しかしこの領主という存在も構成がややこしい。元々郷村は荘園から出発しました。実際に開拓し管理する下級領主と、土地を寄進され保護と引き換えに一定の年貢を受け取る上級領主の、二種類の領主がいました。後者は本所領家《ほんじょりょうけ》と言われ、前者は下司《げす》預所《あずかりどころ》と呼ばれます。鎌倉幕府は下級領主の一部を保護しました。鎌倉時代の中期以後、下級領主は上級領主に年貢を滞（怠）納するようになります。戦国期になると年貢のほとんどは下級領主が独占します。上級領主から独立し土地を支配するようになった下級領主を豪族とか国人と言います。彼らは一群単位で土地を支配します。律令制で国の領土とされている公領においても事態は同じです。現地の豪族が租税を納めず、自分への年貢として徴収します。

現地では郷村を単位として農民は自治組織を作り、その上に国人豪族が領主として支配する構造ができ上がります。名主地侍と国人豪族の関係も微妙です。後者は前者を自分の武力に組み入れようとし、前者は一定の保護を期待しつつも現地での独立性は保持しようとします。数町の農地を所有する名主が、領主である豪族の家臣団に組み込まれれば彼は武力を提供し、見返りに領主から扶持を給付されます。でなければ武力提供の義務はないが、領主に年貢を納めなければならない。いずれにせよ現地には、農民として耕作する名主から、領主の家臣として専属化した武士、さらに武力は持つが半独立的な地侍等、農民から領主に至るまで階層は非常に多彩で流動的でした。

国人豪族層の上に守護大名があり、守護大名の国人支配を保証する機関として幕府があったようなものです。国人層は守護大名に忠実ではなく、あくまで自己の勢力の伸展をねらいます。だから地方の現実は守護大名と国人層の協調服従確執対立の連続でした。用語上の問題ですが、同じ政治勢力が、何々の国に土着している勢力という観点から見れば国人と、守護大名に下属するという視点で捉えると被官と、単に実力ある階層という意味なら豪族と、異なる名称で呼ばれます。上があれば下もあります。作人職を持つ農民以外に、名主に人格的に隷属して労働する農民もいました。彼らは名子《なご》下人と呼ばれます。しかし時代が進むと下人層は減少します。名主が数町程度の所有者ならともかく、もっと大きい土地を持つと下人の労働は不能率になります。隷属していては労働意欲が出ません。当時の郷村の階層は次のように図示できます。

（国司・荘園領主）・守護大名――国人・豪族――土豪・地侍――名主――作人――下人

国司と荘園領主を括弧でくくったのはこれらの勢力が形骸化しているからです。守護大名というと大層に聞こえますが、彼らも元は開発領主に起源を持ちます。時運に乗って勢力を拡大しただけで、出自は時間差を無視すれば、図式上の名主と変わりありません。戦国大名の多くは国人層から出ます。

農村は武力の培養地

なぜこの時期に農村にこんな変化が起こったのか。いろいろ考えられます。鉄製農具が普及します。鋤鍬等がすべて鉄製になったのは鎌倉時代です。大陸からの新しい作物の渡来や二毛作の進展もあります。日宋貿易を通じて輸入された銅銭の威力もある。そして人間は本能として豊かな生活を求め、働く以上は富を蓄積します。しかし私はやはり社会の実力者が武士層に移行して行ったことが大きい要因だと考えます。武士はどこまで行っても開発領主という性格を捨て切れません。土地開拓者占有者が武装したら簡単に武士ができ上がります。体裁さえ構わなければ、朝廷から承認されて官位をもらう必要はない。武士の上層が将軍や大名になれば、下から耕作農民が武士化します。少なくとも江戸時代に入って強引に兵農分離を行うまでは、武士と農民の境は流動的でした。だから武士は自分達が生まれてきた土地を愛します。武士層が自らの階層を流動化しつつ、社会の実力者であるかぎり、なんらかの形で土地は開発され続け、そこから新たな武力が発生します。鎌倉時代後半から室町戦国時代とはこんな時代です。

商人職人は座に結集

農業生産が発展すると商工業も発達します。職人歌合には多くの職業が描かれています。当時は商人も職人も座に属していました。座に属さないと商人職人としての活動ができない。彼らは団結して相互に保護しあいます。郷村の宮座の都市版です。すべての職業は座に組織されます。油、染料、鋳物、鍛冶、大工、左官、運送業者等、もっともっとあります。座に属して連合し、座により保護され、座によって統制されます。西欧中世のギルドやツンフトに相当します。座はより上位の権力、多くの場合寺社権門の保護下に入ります。寺社権門は武家により侵害された権益をこういう形で取り返そうとしました。

酒屋土倉

室町時代の商業を語るに酒屋土倉《どそう》という金融業者を忘れてはいけない。酒を売って貯めた金を貸します。抵当に取った物を火事に強い土製の倉に保管します。武士も農民も彼らから金を借ります。借金が返せないと、抵当である武具道具はては土地まで取られます。放置できなくなると武士の元締である幕府は、徳政を出して貸借関係をちゃらにします。農民もこれを見て、一揆を起こし幕府に徳政を要求します。酒屋土倉も黙ってはいません。権力の要路に手をまわし一揆弾圧を頼む一方、裏証文や例外規定を設けて徳政が無効になるような契約をします。また幕府の徳政の程度を値切ります。全部ちゃらではなく、半分とか三分の一だけちゃらにしてくれとか。借る方も貸す方が丸損では、借れなくなる。必要だから金貸しが繁栄します。貸借双方と幕府の三者三様の駆け引きが展開されます。借る者がいるから貸す者が成り立つ、貸す者がいるから資金の融通ができて、農業も商工業も運営できる。互いに持ちつ持たれつです。利害が極端に対立すると喧嘩になりました。

寺院は銀行

酒屋土倉の保護者元締資金源は寺院です。特に比叡山延暦寺は代表です。彼らには膨大な武力がある。大荘園領主です。琵琶湖の水運を支配し、お布施も入ります。その上一番勉強していて読み書き算盤に強い種族です。だからお寺は金持ちでした。寺院は精神的権威を持ちます。お寺の金を返さないとばちが当たります。そういうわけで信用経済の発達していない時代、金融業を営むには寺院が最適でした。これは日本に限られたことではなく、全世界に共通する現象です。金融と淫売はすべて寺院起源。叡山の僧達は商工業や金融業に進出します。彼らは訴訟代行や債権取立ても行います。外国貿易にも手を出していたでしょう。鎌倉幕府が一番鎌倉に入って来て欲しくない人種は、山僧と呼ばれる叡山の僧達でした。別に叡山だけが特殊というわけではなく、他のお寺も同様です。相国寺という禅寺は室町幕府の大蔵省であり、事実上幕府の経理を掌握しました。なぜ私が山僧について話すかと言うと、中世の武士を語るに際しては欠かせないそして興味ある存在、悪党、という連中と深い関係があるからです。

再び悪党論

この時代の武力を語るためには、悪党と足軽、という二つの歴史学上の範疇に触れておく必要があります。悪党とは現代風に言えば悪い奴です。しかし悪という言葉にはどこか魅力がある。事実平安時代から、悪、には、強い、それも、度を過ぎて強い、という意味が込められていました。悪左府、悪源太、悪七兵衛等の仇名がいい例です。悪党という語は貞永式目が制定された頃から出てきます、悪党が最も跳梁跋扈したのは鎌倉時代後半から南北朝時代にかけてです。悪党は悪い奴です。庶民にとっても悪い奴なのですが、誰にとって一番悪いか言うと、それは時の権力者である鎌倉幕府にとってでした。彼らの行為で一番問題になるのは土地支配の横領です。土地そのものを奪うこともあるし、土地の生産物を持ち去ることもある。

元々正規の御家人自身が地頭の非法とかで、荘園領主から土地支配を蚕食し横領します。となると御家人以外の武士または武装者が同じことをしてもおかしくない。御家人自身も隠れて悪党行為をしでかします。悪党は単なる武装者ではない。勃興しつつある商工業者も土地支配には魅力を感じます。御家人が借金を返せなければ担保の土地は取り上げられます。金貸しも武装します。農民だっておとなしく年貢を取り上げられはしない。武装組織に属して恫喝し横領します。金貸しや商人の背後には宗教勢力が控えています。当時の宗教勢力はすべて重武装です。全国を旅から旅へ遊行して過ごす一所不住のやからもいました。彼らは巫祝芸能宗教行為さらには盗みから売春までなんでもします。彼ら遊行の徒も悪党勢力の一員になります。

悪党は複合的勢力です。盗賊―武士―農民―商人―金貸し―僧侶―流れ者、という当時のほぼすべての階層を横断し網羅する勢力です。彼らは相互に連絡し変身して活動します。僧が金貸しになり武器を持って跋扈し、農民が武装して他人の田稲を奪い、武士が土地を横領し金を貯え商人や金貸しになる、商人も一旦事あればいつでも武力に訴える等々、こんなことは常態でした。彼らの行動の中で幕府にとっては、土地支配に関することが一番こたえる。権力機構を直撃します。だから幕府は彼らを悪党と呼びました。

そもそもこの時代武士と農民の境界は曖昧です。商人や職人は農村から出現します。武士も御家人というきっちりした者だけが武士ではない。農民であれ商人であれ僧侶であれ、武器を持てば武士あるいは武士のような者です。階層が流動するこの状況の中で階層横断的に機能し、体制である幕府の秩序にことごとく逆らうやからの集団を、鎌倉幕府は憎しみをこめて悪党と言いました。しかし悪党達は鎌倉末期から南北朝時代にかけて重要な戦力になります。

足軽

足軽は応仁の乱から目立ってきた兵士です。足軽を当時の意味で翻訳すると軽兵です。正規の武士は重い鎧兜を着け馬に乗り、弓や太刀を持って戦います。足軽は兜もかぶらず、胸と胴を保護する簡単な鎧を着け、手足は裸同然でも戦います。市街戦や山岳戦ゲリラ戦にはうってつけの兵士です。沢山集められます。小回りがきき地形を利用しての進退がすばやく、工兵としての機能も充分持ちます。樹を切り家を壊して、簡単な要塞やバリケードを作るなどお手のもの。彼らは農村から借り集められて賃金で雇われます。当時の農村は武力の培養地でした。だから主人への忠誠心はない。家を壊すのも本当に作戦のためなのか、略奪が目的なのか解らない。応仁の乱で彼らの被害にあった公家達は、一様に足軽の使用禁止を訴えます。しかし戦争では数がものを言う。武将達も勝つためには彼らを雇わざるをえない。時代が進むと足軽は戦国大名に正式の武力として採用され、新たに主要な武器として登場してきた槍や鉄砲を持つ重要な歩兵戦力になります。戦国大名の兵力の半分以上は足軽です。足軽は徳川幕府が倒れる明治維新まで最下級の武士層として存続しました。

楠正成

南北朝時代の悪党的武士の代表、楠正成と高師直、を紹介します。正成は南朝の忠臣で武士の鑑、師直は賊軍(?)の主軸で憎まれ役。しかし両者は似ています。正成の戦法は歩兵中心のゲリラ戦です。赤坂千早の籠城戦は有名です。千早赤坂は低い山谷丘が複雑に入り交じり、騎馬武者が駆け回れるような場所はありません。正成はここで歩兵を中心に兵を配備し、神出鬼没の戦いを繰り拡げます。渡辺橋の戦いも有名です。橋のたもとに頼りなげな軍勢がちょろちょろしているのを見て、幕府軍は一気に蹴散らします。そのうちどこからともなく人数が出てきて橋を壊します。深追いした幕府軍はいつのまにか包囲され、真正面からは正規の騎馬武者の突撃。支離滅裂になった幕府軍は後退しますが、橋はなく川に追い落とされ死者多数。幕府軍が天王寺に宿営すると金剛山の峰々には松明の列。大軍の襲来を予想して眠れない。幕府軍が強兵で襲撃すると、楠勢はさっさと引き上げどこかに隠れます。隠れる場所はいくらでもある。山野、水沢、村や市の民家等。千早赤坂の籠城戦が可能になったのは、淀川水系を支配する運送業者や近隣の農村との連絡が密で、補給が容易だったからです。逆に言えば幕府軍は補給線をいつもおびやかされます。

高師直

足利家の譜代筆頭高氏の家柄は、尊氏が将軍になる前はせいぜい地方の土豪クラスです。尊氏が京都に幕府を開くと師直は執事になり、同時に将軍直属軍の指揮官になります。執事がのち管領に発展します。この軍は京都周辺および畿内の武士達に新恩給付し、彼らを配下として組織されました。畿内の領主は小規模で統制が取れず、悪党的武士がたくさんいました。幕府は彼らを戦力に繰り込みます。足利家譜代の武士よりこの連中の方が活躍します。

師直のやり方が独特です。部下が、恩賞が少ない、と不平を言うと、なにをぐずぐずしている、そんじょそこらの公家や寺院の荘園を勝手に切り取って使え、と答えます。武士達は師直の指示を忠実に実行します。師直は悪党のやり方をより徹底し公然と、時の権力を背景として強引に遂行します。だから彼の軍隊は強かった。彼の戦功は太平記には事務的にしか書かれてないが、楠木正行《まさゆき》も北畠顕家も師直や高一族の指揮する軍団には完敗です。都を奪回しようとして南朝軍が迫った時、まずその地の守護大名が防ぎ、その戦線が破られると高一族の出番です。将軍直属部隊である彼らが指揮するこの軍は百戦百勝でした。師直以下高一族の素行も悪党的です。彼は都の公家のお姫様をかたっぱしから襲いました。一応挨拶はしますが、戦乱の世、武力を持つ者に旧い貴族がかなうはずがない。彼の所業は有名です。徒然草の吉田兼好は師直の恋文を代筆しました。正成が忠臣のモデルにされたのに対し、師直は歌舞伎の忠臣蔵で塩谷判官の愛妻顔世御前に横恋慕する憎まれ役です。二人は時代を見通していました。師直はやり過ぎて、正成は味方に理解されず、ともに悲劇的な最期を遂げます。

流動する階層　下克上

時代の武士層を支配、力関係、階層序列に従い上から並べてみます。

将軍——守護大名——国人——地侍——名主

となります。鎌倉幕府が倒れ、建武新政はさんざんの不評で、足利尊氏が全国の武士の輿望《よぼう》を荷ってあるいは担がれて征夷大将軍になります。彼が源氏の出であり鎌倉初代将軍頼朝の先例に習いうること、足利家は代々北条氏と通婚し鎌倉幕府内部でも実力者であったこと、尊氏配下の兵力が大きかったこと、等が担がれた理由です。しかし全国津々浦々には彼と同規模の武士はたくさんいます。尊氏は一族や地方の有力者を守護に任命し、その地の軍事指揮権（同時に所領の配分権も事実上）与えました。そして南朝との戦いが六〇年続きます。南朝もなかなかしたたかで有能です。戦略眼は幕府より広い。幕府創成期の守護達は勝手に戦い支配地を拡げ、時には南朝とも手を結びます。幕府が任命した官僚という性格を捨て、地方の独立的権力に変貌した守護を守護大名と言います。足利幕府は守護大名に支えられた、彼らの連合政権になります。

守護大名も幕府が必要です。地方で武力を掌握するためには中央政府の威令を欠くことはできない。たいていの守護はよそ者です。現地はえぬきの守護といっても、同じ程度の豪族はたくさんいます。守護が現地の武力である国人層を支配するためには、単独では不可能です。しかるべき中央政府の命令、命令による不満分子の討伐、恩賞の配分権の保証、等の行為を経て主従というより上下の命令関係が定まります。

国人豪族の下には地侍や名主がいます。後者も簡単に臣従したいはずがない。出たくもない戦には駆り出され、土地から上がる年貢徴収にも干渉されます。国人としては地侍名主を支配するためには守護大名の権威が要ります。彼らを支配できないと守護大名に大きい顔はできない。地侍名主も作人あるいは一般農民の上に立って郷村で特権的地位を保持しようとすれば、それなりの武力が要ります。この武力は国人層を中心にまとまらざるを得ない。逆に地侍達が国人に反抗する時は郷村の一揆を利用する。一揆は国人が守護大名に反抗する際にも用いられます。農村は武力の培養地です。

このように将軍から名主に至るまでおのれに合った規模で武装しつつ、上下関係を利用して、それぞれの立場で勢力を伸ばそうとします。動揺は上から下へ、下から上へ伝わります。将軍が守護大名の力を抑えるために国人層と結ぶこともある。幕府は土一揆を味方として利用します。守護大名としてはなるべく将軍の権威を名目的なものにしておきたい。国人は将軍の威令を盾に守護大名に逆らいます。農民の一揆はどの勢力とも連合します。だから将軍以下村落名主に至るまで彼らの地位は良くも悪くも不安定でした。悪党はこの社会状況を背景とすれば必然的に出現する勢力です。室町時代に入ると悪党という言葉は使われなくなります。みんながみんな悪党になったと考えた方がいいでしょう。

将軍守護家の没落

真先に権威を失ったのは足利将軍家です。六代義教が赤松満祐に殺され、八代義政は政治への関心を失い、応仁の乱以後、歴代将軍で都で安定した地位を保てた者はいません。流れ公方とか島公方とか言われ諸国を流浪します。十三代義輝は陪臣である松永久秀に攻め殺されます。最後の将軍義昭は織田信長に擁立され将軍職に就きますが、一五七五年信長に追放され、細々と命脈を保ってきた足利幕府は滅びます。守護大名も没落します。将軍家同様配下の武力の掌握が不完全だったからです。三管四職の家柄、細川、斯波、畠山、山名、赤松、一色、京極等の諸家はすべて衰退し、江戸時代には支族が小大名か旗本くらいの地位で生き延びました。九州の大伴少弐、中国の大内等の諸氏も没落します。

代わって台頭してくるのが戦国大名という新しいタイプの大名達です。彼らは旧来の守護大名の系譜を引く家もあるが、ほとんどは国人層出身です。それ以下の地侍名主出自の大名もいます。織田豊臣徳川氏が天下を取ると、彼ら部下達は出世して大名になります。彼ら出来星大名の出自はおしなべて、地侍以下です。前田、丹羽、浅野、黒田、加藤、仙石、脇坂、山内、酒井、榊原、本多、内藤、等数え上げればいくらでもいます。

鎌倉時代後半から徳川幕府成立までの三五〇年間、武士あるいは武装勢力の社会は上が落ちれば下が伸びるという下克上の階層流動を繰り返します。階層流動は江戸時代に入っても形を変えて繰り返されます。ちなみに最後に天下人になった三人の覇者の出身階層は、信長家康は土豪地侍、秀吉は地侍か名主というところです。

国人領主から戦国大名へ

戦国大名のはしりは小田原の北条早雲や越前の朝倉敏景です。出自で追うと、戦国大名は国人層出身者が圧倒的です。旧来の守護家からストレートに戦国大名化した家は、甲斐の武田氏、駿河の今川氏、それに薩摩の島津氏くらいのものです。彼らも簡単に戦国大名になれたのではない。森羅三郎義光以来の名門武田氏は、甲斐国に勢力を張る同族や他氏の豪族と死闘を重ね、彼らを押さえつけてやっと甲斐一国の支配者になりました。武田信玄や父親の信虎などは酷いことをしています。島津氏は鎌倉時代一時守護になりますが、常に周辺に侵略を繰り返し、室町幕府の九州探題と抗争しつつ戦国大名への道を歩みます。

越前の朝倉氏と出雲の尼子氏は守護代出身です。これなぞ出自のいい方です。越後の上杉氏は元は長尾氏と言い守護代でしたが、守護の上杉氏を圧倒します。関東管領の上杉氏が没落して名跡を謙信に譲り、以後長尾氏は上杉と改姓します。

国人領主出身の戦国大名としては、近江の浅井氏、安芸の毛利氏、肥前の鍋島氏、立花氏、土佐の長曽我部氏、関東の北条氏、美濃の斎藤氏、尾張の織田氏、三河の徳川氏、奥州の伊達氏、が代表的です。もっと群小の大名になるとより国人領主的性格を濃くします。織田氏は尾張の守護斯波氏の守護代の家老の家柄です。徳川氏は家康の祖父くらいの時には国人層になりましたが、それ以前はせいぜい地侍か有力名主といったところです。最大公約数的に見て、戦国大名には国人層出身者が多かったと言えます。

国人は一国の中の一群半群を所領とする領主です。一国の中で土着しているから国人と言います。律令制の行政単位である郡は、だいたい数百名の軍勢が半日で郡の境まで行けるくらいの大きさです。この程度の大きさの版図なら豪族の一家でにらみが効きます。稲の実り具合もよく解ります。だから国人領主は成長するに従い、小さいがきっちりした支配を確立します。この種の新しい領主層がお互い攻防し併呑し、守護大名を没落させて取って代わり、戦いの過程で配下の武士や農民への支配を強めながら、戦国大名に成長します。守護家あるいは守護代家出身の場合も事態は同じです。守護職や守護代職にあぐらをかいている家は没落します。名門といえども自らは一介の国人領主のつもりでやらないと、戦国大名にはなれません。名門であればあるほど一族は分立します。こういう分家を他氏の豪族同様に潰し滅ぼし服属させねばならない。かといって出自が国人層以下では出発点が小さい。資本が少なくて一代で家を為すにはしんどい。戦国大名は国人領主を基盤起点モデルとして成長しました。

兵農分離

戦国大名が守護大名と異なる点は、兵農分離、所領の一円支配、家臣団の統制、の三つが際立っていることです。兵農分離は、武装勢力の最末端に位置する郷村の名主クラスに、家臣団に入るか農耕に専従するか、の選択を迫ることです。武士と農民の曖昧な繋がりは断ち切られ、大名は武力を独占します。武装を奪われた農村は大名の支配に服します。農民への反対給付は治安の保証です。逆に武士を土地から切り離せば、叛乱の温床を奪うわけですから、家臣団の統制もやり易くなる。こうして大名は土地と農民を、その間に介在する権力なしに、直接支配できるようになります。検地を行い、土地の一片一片を丹念に調査し、意図的書き漏れによる脱税を監視し、土地の納税責任者を登録させます。刀槍等の武器は労働に不要で危険だから取り上げます。

一円支配

大名の土地台帳に登録され納税義務の責任を負う農民を本百姓と言います。もちろん戦国期には作業は目標段階か、端緒についたばかりです。だから大名の家臣には、豪族や地侍で土地を直接支配するまま、臣従する者もいました。この場合大名は支配権を付属させて土地を給付します。知《ち》行《ぎょう》給付です。大名の権力が強化されると、土地の支配は大名の代官が取り仕切り、生産される米穀のみを給付します。扶持《ふち》と言われる形の給付です。大名はなるべく知行から扶持へ切り替えようとしました。農民の方にも武器を持ち、いつでも一揆を起こしてやるという連中がごろごろいます。検地といっても始めのうちは配下の武士が申告した数値をそのまま採用します（指出検地）。これでは嘘が多いので大名は土地の実測と戸籍調査をするようになります。しかしこの作業が完成するのは徳川時代も半ばにさしかかる五代綱吉の治世です。大名が土地と農民を中間介在者なしに直接支配する体制を一円支配と言います。

家臣団の統制

兵農分離が成功し家臣団の統制が効率よくなると、軍事上の指揮命令権が確立します。守護大名には、配下の国人領主がいったい何人軍勢を率いて来るか、おおよそのことしか解りません。おおよそ、も解らなかったかも知れない。国人の内部も複雑ですから。戦国大名になると家臣各人に、お前にはなんぼなんぼの土地を給付しているから、なんぼなんぼの兵士と武器を持って来い、違反すれば死刑、と命令できます。騎馬武者、歩兵、旗槍弓鉄砲、補助夫等につききっちりと数が指定され、武装の内容も規定されます。軍事単位ごとに定期検査が行われることもあります。

足軽部隊

兵農分離の最も有効で具体的な施策が足軽部隊の正式編成です。足軽は武士の最末端に位置します。逆に言えば農村では自力で武装可能だから、上層部に属します。この層を強引に分離して、正式兵団に入れてしまうと、戦国大名にとって二重三重に利益になる。農村から武装能力を奪えます。

足軽は歩兵だから集団で使用しないと力が出ません。集団で訓練し、集団で戦闘させるためには、兵団を大名直属にしなければならない。軍事力における大名の家臣団に対する比重は飛躍的に増加します。足軽の戦闘用の武器も発達します。槍と鉄砲です。槍は刀より簡単に大量に作れます。使用も刀より簡単です。私も刀で人を殺すことはできませんが、槍で突き殺すのならできそうです。槍の穂先を揃えて突撃することはある程度の訓練で可能です。馬上弓を引き絞り矢を放って敵を射落とすには一〇年以上の訓練が要りますが、槍を振るって馬を突き刺すのなら勇気さえあればなんとかなります。槍は集団戦法のための、従って足軽用の武器です。

十六世紀中葉鉄砲が伝来しました。鉄砲は遠くから撃つので殺人兵器として簡単に操作できます。敵の頭を刀でかち割り、目の前で憤怒と苦悶の表情を見、返り血を浴びることは避けられます。殺人行為に際して必要な勇気訓練と罪悪感は著しく少なくて済む。当時の鉄砲は命中精度と弾込めの時間に問題があり、これも集団戦闘のための、足軽用の兵器です。槍も鉄砲も集団で使用するから、足軽はどこかへ集住させて集団用の訓練をしなければならない。それは当然大名の城下になります。弾丸と火薬も要る。これらをまとめて買えるのは大名だけです。鉄砲自身が高価です。権力を集中しつつある大名だから高価な武器を買い揃えられます。大名の権力は強化されます。

戦国家法

戦国大名は家臣団と領国を支配する法を制定します。早雲寺殿二十一条や朝倉英林壁書のような家訓の形から始まり、相良氏法度、今川仮名目録、塵介集、六角式目等の法としてより整備されたものまでいろいろあります。この種の掟や家訓は鎌倉時代からありました。戦国大名がそれを、一定の領域に普遍的に妥当する強制力である法律として制定します。これを歴史家は戦国家法と呼びます。特徴は以下の通り。

・主君が家臣団に与える法という形を取ります。法の主体は主君である戦国大名です。信賞必罰、つまり賞罰の二権は主君に帰属すると宣言されます。
・主要な内容は家臣による所領の管理と、家臣間の紛争の統制です。
・当時すべての土地を大名が直接支配してはいません。知行地として家臣がその支配権を任された土地もあります。こういう土地の支配管理の詳細が規定されます。不当に年貢を取るなとか、農民の耕作を妨害することは慎めとか。要は家臣が恣意的に土地を支配しないよう、監視と注意と干渉が為されます。
・家臣団内部の紛争は相互の知行地支配に関する争いといわゆる喧嘩です。元々武士は在地性が強く、自立的で独立不羈です。特にこの時代はそうです。喧嘩すると際限なく一族郎党を引き連れての報復合戦の繰り返しになりかねない。これでは大名はおちおち外敵と戦えません。内部の争乱はすぐ外的通牒につながります。大名は喧嘩両成敗を原則とし、私的な紛争を禁止しました。連座制も適用されます。下手に物を取ったら一銭斬りとかで、死刑になります。家臣の服するべき倫理や日常生活の心得も諭されます。贅沢はするな、朝早く起きて屋敷を見廻れ、武備に努めよ、高い武具を買うよりは安くて実用的な物をたくさん備えよ、とか至って実践的です。要は武士戦士として身を修め家を整えなさい、という次第です。
・以上のように見ると大名が一方的に家臣団に法を押しつけた印象が持たれますが、実質的にはこれは主君と家臣の合議による産物です。肥後の大名相良氏の家法である相良氏法度は、家臣団がこの法を提議し、主君がそれに同意して誓うという形を取ります。ここでは郡中惣（相良氏が支配する郡全体の総意）とか、所衆談合（家臣みんなの話し合い）という言葉が使われ、家臣団の総意が強調されます。のみならずこの法度は主君の専権事項を軍事指揮や外交に限り、郡内部の所領に関しては家臣団の同意が必要であるとはっきり宣言します。六角式目も主君である義治の失政に際し、二〇名の重臣が連署して提議し、義治がそれを認めるという形の文書です。この二つのみが例外であったとは思えない。戦国家法制定の背景には家臣団の同意があります。主君の意志を支え同時に掣肘する衆議は、武士社会ではあたりまえのことでした。

戦国大名は、歩兵部隊による集団戦闘を掌握し、家法を制定して家臣団を統制し、検地を行い、農地農民の直接支配を目指します。こうして強固な家臣団が形成されます。厳島、川中島、桶狭間、姉川、三方原、長篠の戦いそして石山合戦等、戦国時代の代表的な戦いはすべて天文後半から永禄元亀天正年間という十六世紀中葉以後、つまり戦国大名の統治体制が完成された頃起こっています。やがて彼らはこれらの戦いを通じて選択淘汰され、織豊政権傘下の大名になります。同時にその性格も変わります。

戦闘の変化　ルール無視の源平合戦

平安時代末から江戸幕府成立までの四〇〇年間に武士の戦闘方法は変わります。源平合戦、南北朝の内乱、応仁の乱、鉄砲伝来、と四つの画期があります。

源平の戦い、保元平治から治承寿永にかけての戦役以前の、主な戦闘方法は騎射でした。平将門が剛の者であったのは騎射が巧みで、強弓を射ることができたからです。源平の戦で様子が変わります。この時期の合戦で騎射が特別活躍した様子を私は知らない。確かに熊谷直実が子の直家に与えた心得は騎射に関することが大部分です。しかし目立つのは馬上の太刀打ちとか組討です。これなら歩兵でもできます。歩兵も既に活躍します。平家物語の橋合戦が好例です。源為朝の部下に八町つぶての喜平次という、どう見ても正規の馬乗り武士とは思えないのがいます。義経伝説の副主人公である武蔵坊弁慶も歩兵が似合うイメージです。騎馬戦士は源平合戦の花形と思われがちですが、この時期は戦闘方法が変化する時期でした。騎射より太刀打ち組討、馬を射ないというルールの無視、軍使の殺害、歩兵工兵の活躍等です。個人戦闘は集団戦に変ってゆきます。

義経の戦闘はすべて集団戦です。彼の指揮した戦闘では騎射はほとんど意味をなさない。彼は騎兵集団の機動力駆使という画期的な戦法を開発した軍事的天才ですが、彼が鮮やかに勝った戦ではすべてペテンを効かせています。一の谷では和議のための休戦中、背後から平氏軍を襲います。屋島では平氏の別働隊に、屋島の平氏は降伏し天子はこちらの陣に迎えられた、と嘘をつき、壇ノ浦では、水軍の作法は船頭水夫等非戦闘員の射殺を許す、と関東武士を欺きます。それまでの古典的常識を無視したところに彼の勝利の鍵がある。日本史上最も人気のある英雄、源義経には謎が多い。

松本新八郎氏は義経を、当時近江でゲリラ戦を演じて平家を悩ませた、山下義経と同一人物としています。義経の戦法は当時の武士の戦法と違います。彼の部下も関東武士の中では異色です。義経を悪党の先駆と考えてもいい。彼が活躍した時代と悪党の名が正式に現れる貞永式目の成立との間には四〇年しかない。義経悪党説は充分成り立ちます。兄の頼朝は彼を、今ここでも板の下から飛び出してきかねない奴、と恐れましたが、義経悪党説を採れば頼朝の恐れは充分解ります。彼らの叔父になる鎮西八郎為朝も悪党です。

南北朝の内戦　歩兵の活躍

南北朝期の戦では歩兵が活躍します。楠正成の戦は歩兵中心です。千早赤坂では軽快な歩兵が有利です。関東武士の古典的戦闘振りを楠軍の兵士が苦笑して見ている情景が太平記にあります。後醍醐天皇の命を奉じ、播磨に兵を挙げ京の六波羅を襲い、鎌倉幕府滅亡の功労者である赤松円心の戦闘は歩兵戦でした。鎌倉から起死回生の遠征軍の総大将として派遣された名越高家は、赤松軍の歩兵に射殺されます。北陸で活躍していた新田義貞があっさり戦死したのは、湿田の中を騎馬急行中歩射部隊の待ち伏せに会ったからです。市街戦、山岳戦、ゲリラ戦も多くの場面で出てきます。武器としては薙刀がよく使われ、槍も登場します。源平合戦はせいぜい数千くらいの軍勢の駆け引きです。南北朝期には数が一桁上がります。この数の増加は歩兵の活躍を考慮しないと計算があいません。

応仁の乱　足軽の登場

応仁の乱で足軽が活躍し、農兵が正式に武装勢力として登場します。細川山名の東西両軍は総計二〇万の大軍を京に集結させました。江戸時代の石高で非常に単純な計算をすると、戦地にすべての兵力を集め、それがすべて騎兵であれば、最大限五万騎までです。だからこの乱で都に集まった兵力の大部分は歩兵だったことになります。歩兵なら農村からいくらでも徴発または募兵できます。一旗組もいれば、やむなく引っ張り出された連中もいたでしょう。正規の訓練をされていない兵士は戦闘以外で無茶苦茶をします。足軽の横暴はその端的な例です。応仁の乱の戦闘における画期性は農兵の採用です。

鉄砲伝来　戦闘は歩兵中心に

一五四三年種子島に漂着したポルトガル人が日本に鉄砲をもたらしました。実際はもっと早くから日本人は鉄砲を使用していました。当時の日本は鎖国ではない。海外貿易も盛んで、倭寇という元気な連中が東シナ海を中心に暴れます。彼らがこの兵器に無関心であるはずがない。鉄砲伝来と併行して足軽部隊が編成されます。足軽部隊を掌握した者が、兵農分離を達成し家臣団の統制に成功し、戦国大名として自らを完成させます。戦闘方法は完全に歩兵中心になり、鉄砲足軽の銃撃と槍兵の密集突撃が戦法の主軸になります。戦力の中心は足軽即歩兵です。

黄金の島ジパング

室町戦国時代は物騒でもあるが活気に満ちた時代です。郷村が武力の培養地になり、上将軍から下名主農民に至るまで武装可能であり、階層は常に流動します。上からこぼれ落ちる涙があれば、下から吹き上げる息吹もある。上から見れば諸行無常、下から見れば好機到来です。当時できた御伽草子にこの様子が描かれています。一寸法師、猿源氏、わらしべ長者、等の作品です。商業が栄えます。日宋貿易、遣明船、それが途絶えると私貿易、それが武装すると倭寇、そして南蛮船が登場します。琉球は独立国として中継貿易で栄えます。日本人も海外へ渡航し、東南アジア各地に日本人町が族生します。朝鮮半島から伝わった灰吹法で、我国から銀ついで金がどんどん産出されます。一六〇〇年前後世界の銀産額は日本と新大陸とその他で三等分されました。マルコポーロの言う、黄金の国ジパング、は夢想どころではない。宋銭明銭が大量に輸入され、貨幣流通量は飛躍的に増大します。日本と中国は銀と銭を交換していたようなものです。高価な陶磁器や絹織物が輸入され、それをモデルに日本でも技術が開発されます。瀬戸の陶器や西陣の織物です。全国各地の特産品のでき始めはこの頃です。日本の製鋼技術は以前から優秀で、日本刀は輸出の花形でした。当時の日本は最大の武器輸出国です。

兵庫北関と草戸千軒

都市も栄えます。都は別格として、博多や堺のような自由都市も出現します。私が現在住んでいる尼崎も自由都市でした。堺が信長に屈服したのに対し、尼崎は抵抗して焼き払われました。尼崎から電車で半時間ほど西に行った地点に、兵庫北関、という関所がありました。そこを通過する船荷にかかる税金が記された帳面が四半世紀前に発見されます。貿易額に換算して、同時期（十四世紀）のハンザ同盟の中心都市リューベックの貿易量の、一〇倍以上あったと歴史家は言います。

京都の町の年中行事で有名な祇園祭は応仁の乱後の新興町衆により豪華に復活されたものです。応仁の乱で京都は焼け野が原になりますが、またたく間に復興します。しかも全く趣を変え、両側町という近代的な市民用の町として復活します。室町将軍が気息奄々としながらも、政治生命を保ちえたのは京都を支配し、そこから上がる租税を取れたからです。運送業者である車借馬借、金融業者の酒屋土倉、そしてもう少し民衆的な金融機関である祀堂銭等も出現します。岡山県の旭川河口付近に遺跡草戸千軒があります。当時非常に繁栄していた市場町ですが、洪水で水没したようです。こんな町・市・都市が日本中にたくさんありました。

生活文化の享受

生活文化も向上します。濁酒が清酒になり、醬油が料理に使われ、一部では砂糖の甘味を楽しみだすのもこの時代の後半です。書院造の建築様式が一般にも普及し、畳・障子・縁等が日常生活に取り入れられます。麻に代わり木綿が使われ始めます。木綿の秀れた保温性吸湿性は人々の健康を増進します。油の生産が飛躍的に増大して夜の生活は闇から解放されます。現在の日本的生活様式の基礎が固まったのはこの時代です。

文化も派手で豪華でかつ民衆的なものになります。演劇では田楽猿楽、能狂言、そして阿国躍りから歌舞伎へ。茶道や華道等の生活芸術。和歌から連歌さらに俳諧へ。金閣銀閣と安土桃山の城郭建築。石庭等の庭造りも一般の家へ普及します。豪華派手、他方侘び寂び。狩野派の金銀彩色の屛風絵、本阿弥光悦や俵屋宗達の装飾画等です。中でも茶道と連歌はこの時代を代表する文化です。一人ではできない。数人が座を作って遊び楽しむアートあるいはポエジーです。

階層が流動するのは、武士と農民の間だけではない。農民も商行為に参加します。商人は国の内外へ出かけます。当然武装します。武装すると海賊にもなる。武士も商売に無関心ではない。武士は時として盗賊になります。農民も同様。僧の活動は多彩でした。本職の宗教行為にも積極的ですが、学者インテリであり、商人や金貸しになり、武装集団にもなります。時として軍師や傭兵にもなりました。時宗の僧は全国を遊行する遍歴の徒であり、戦場で死者の供養をする陣僧であり、同朋衆という権力者の幇間（たいこもち）であり、同時に作庭や茶の湯等の専門家でした。千利休は、茶道の師匠としてアーティストですが、商人であり、僧侶であり、高級官僚兼政治顧問であり、そして大名でした。

一揆、一揆、一揆

座と一揆の時代です。一揆は、こころざしを同じくする者同志が衆議和合して、集団の決定に従って行動すること、と定義できます。延暦寺の衆徒は平安時代から、何か事があれば集まって大衆僉議し、決定に従って列参強訴しました。他の寺院も同じです。坊さんには釈尊の昔から、サンガという修行者共同体の伝統があります。僧という語自体がサンガの漢訳です。これも一揆です。鎌倉幕府の評定衆も一味同心して職務に専念することを誓約します。これも一揆です。武士達は血縁による紐帯が弛緩し、武士団が崩れてゆくのに対処するために、地縁的集団を一揆でもって形成しました。先祖が平氏なら平一揆、源氏なら白旗一揆、という具合に。軍陣では特別の目的をもって戦う時、集団ごとに梅桜卯の花等の目印をつけて、一揆を作って集合意識を高めます。守護大名に抵抗する国人は、国人一揆を作って団結します。衰退する一方の公家達も藤氏一揆を作りました。藤原鎌足を先祖として共有する公家の集まりです。そして土一揆、徳政一揆、国一揆、一向一揆等。商人や職人が作る座、これも一揆です。貴賤上下職種の別なく皆が皆一揆を作り行動しました。神の御前で衆議し、和合し、決定し、神水を酌み交わし、一味同心して、団結します。

婆沙羅大名　佐々木道誉

武士達個々人の在り方はどうか。全国的内乱、従って階層の流動化が激しくなる南北朝時代を代表する武士は、楠正成と高師直だと言いました。二人は極めて悪党的な武将です。もう一人面白い人物がいます。佐々木道誉です。彼は武家の名門近江源氏の庶流に生まれました。足利尊氏と、高氏、という名を共有します。尊氏は建武以前、高氏でした。佐々木道誉は北条に従い、足利に転じ、箱根竹の下の戦いでは二重の裏切りを演じて新田義貞に煮え湯を飲ませ、足利幕府創立に大功を立てます。南北朝内乱の前半をうまく乗り切り、幕府の重鎮となり四職の一角を占めます。宗教的権威なんか屁とも思いません。彼は叡山と事を構えて流罪になります。流される道中、宿ごとに派手な宴会を催し、まるで花見にでも行くような風情で旅をしました。結局流罪地まで行きません。道誉は野暮な武士ではない。当時の新しい流行である茶の湯を楽しみます。大規模な飲茶勝負を催し、豪華な賭け物を出して都の人を驚かせます。万事この調子で大袈裟で派手な行為が好きでした。彼のような婆沙羅者《ばさらもの》は江戸時代の歌舞伎者の範例になります。

教養あるのが良いか悪いか

足利幕府を支えた武将としては細川頼之、斯波義将、今川了俊がいます。彼らは漢籍に親しみ王朝文化の風雅にもなじんだ武士です。教養があって武将としても優れていると言えば太田道灌等が代表です。こういう武士も多かったのです。

教養が過ぎると武将政治家として落第になる人も出ます。応仁の乱の原因の一つは、八代義政が政治責任を放棄したことにあります。一〇年間都で戦乱が続いている間、彼は何をしていたかと言えば、結局遊んでいたとしか言いようない。しかし彼と彼を中心として展開する東山文化は日本文化の発展に大いに寄与します。教養過多の落第武将はかなりいます。家臣の陶晴賢に滅ぼされた大内義隆、斉藤秀龍に逐われた土岐頼芸等です。三好長慶は魅力ある戦国人ですが、教養があり過ぎたのが彼の限界だったかもしれない。その点信長、秀吉、家康という人達には教養の匂いはない。

乱世の奸雄

北条早雲と斉藤秀龍は乱世の奸雄です。早雲は幕府の執事家伊勢氏の流れ、駿河の今川家に寄寓します。浪人です。関東管領家の内紛につけこみ伊豆一国を奪取、小田原の大森藤頼をだまして城を奪い関東制覇の根拠地にします。斉藤秀龍は日蓮宗の僧から油売りの商人に転じ、美濃に来て土岐家のお家騒動と国人の争いに乗じ、国守大名になります。早雲も秀龍も閨閥をうまく利用しました。秀龍に関しては美濃にやって来たのは彼の父親の代だったと言われています。

七回主君を替えないと

戦乱の時代は武士として出世する好機です。だからみな有望な主君に仕えます。この殿だめと見たらさっさと見切りをつけて転職。代表は戦国末期から江戸時代初期に生きた藤堂高虎です。彼は浅井長政を振り出しに、豊臣秀吉を経て徳川家康に至るまで七回、主を変えました。どういうわけか彼が去った後の主家は衰亡します。武将としても有能だが、高虎の本領が発揮されたのは関が原の裏面工作です。彼は西軍の武将達を切り崩す作業の中心になります。関が原で西軍にとどめを刺すのは、大谷吉継の軍を壊滅させた脇坂安治の寝返りです。脇坂以下の裏切りの手引きは高虎がしました。彼にとって寝返りつまり主君乗換は朝飯前でした。高虎は家康死去に際し、冥土までお供します、と言い家康の宗旨である浄土宗に鞍替えします。逆に考えれば高虎は家康を買っていたのでしょう。臣従すれば家康ほど安全な主君も少ない。藤堂家は伊賀上野で三〇数万石の大大名として栄えます。この種の性向のDNAは遺伝するのか、二七〇年後の幕末、鳥羽伏見の戦いで敗勢を建て直すため、友軍と思い協力を期待した幕軍を砲撃したのは藤堂藩兵です。幕軍は全く戦意を失い、この敗北で十五代続いた徳川幕府は事実上滅亡します。

戦国期主人を替えることはさほど恥じにならない。七回主君を替えなければ一人前の武士ではない、とも言われます。基本が、御恩と奉公、の契約関係だから家臣にも主君を選ぶ権利はある。主主たらざるとも臣臣たり、なんぞは誰が言い出したのか知らないが大嘘。特にこの時代の武士達は自己主張が強烈で、主人と意見が合わないと浪人しました。後藤又兵衛や前田慶次郎はかっこうの例です。可児才蔵は美濃出身の豪傑です。小牧長久手の戦で敗れ馬を失った三好秀次が、才蔵の馬を所望した時、才蔵は断ります。主人の生命より自分の命です。才蔵は既に秀次を見限っていました。彼も四、五回主君を替えます。討ち取った敵の首の口に笹をくわえさせて、手柄の証拠としたところから、笹の才蔵と異名を取った、戦国期の名物男です。

甲斐武田氏の家臣で内藤修理という部将は同僚との討論で、自分の子弟を故なく処罰されるのなら反逆しても構わない、と公言しています。

死ぬべき時には死ぬ

死ぬべき時には死ななければならない。武将の馬廻りつまり親衛隊は名誉の職ですが、この部隊はいざという時主人を助け逃がしそして身代わりに死ぬのが役目です。篭城したり逃げ場がなくなり主人が切腹する時、殉じるのは一族と親衛隊です。鎌倉幕府滅亡時、高時に殉じて切腹した将兵は五〇〇名、近江番場で追い詰められた六波羅探題仲時以下の自害者は百数十名、鎌倉幕府の内紛である宝治合戦に負け頼朝墓前で自刃した三浦一族は数百名です。湊川の戦で敗れた楠正成以下七〇余名は近くの寺で刺し違えて死にます。秀吉に包囲された柴田勝家が越前北の庄で死んだ時も同様です。

主君の退却を安全にするために親衛隊が防ぎ身代わりになります。三方が原で信玄と戦い大敗した家康が、ここに踏みとどまって死なねば武士の面目が立たない、と言い出した時、側近は家康の意志を無視して彼を馬に乗せ強引に退却させました。親衛隊の部下が次々に討ち死にする間、家康は本拠の浜松城へ帰還します。部下としては、この殿様は何を血迷ったことを言っているのか　馬鹿じゃなかろか、と思ったことでしょう。

主君を護って壮烈な退却戦を遂行した典型は関が原の島津隊です。あれこれ事情があって島津隊は戦闘中、味方の西軍に協力しません。戦いは終わります。敵勢一〇万の中に孤立した島津隊は一〇〇〇名でした。島津の名誉にかけて主将の島津義弘を無事退却させねばならない。島津隊は後退せず逆に敵正面の中央突破をねらいます。突破に成功した島津隊はすでに数百でした。追い討つ敵に対して島津の将士は少しでも敵の進撃を遅らそうとし、一人ずつ敵の攻撃進路にあぐらをかいて坐ります。敵勢が射程距離に入ると鉄砲で一番前の武者を撃ち、暫く退く。退くことが不可能と見れば、敵中に討ち入り斬り死。すてがまり、と言う戦法ですが、これをやられると追撃する方も速度が鈍ります。追う方も命は惜しい。最も目立つ突進者が一番危ない。家康の有力部将井伊直政はこの時の傷がもとで死にました。島津隊は追撃を振り切り堺へ着きます。おどしすかして船を出させ故郷の薩摩へ帰ります。堺に到着した時島津隊は八〇名たらずでした。

関が原退却戦は以後島津藩のお祭りになり、現在に至るまで演じられています。この強さがあったから、島津氏は関が原後も領地を削られることなく存続できました。また幕末維新の雄藩として幕府と対等にわたりあえたのも、この実績と誇りがあったからです。主君と領国あっての家臣です。国が亡び主君がいなくなれば、家臣の生活も生命も保証されません。だから自分の命を捨てても主君を護ります。逆に言えば家臣のための主君です。関が原退却戦でもそれを端的に示すお話があります。退却の途上みな飢えます。死馬の肉を食って生き延びます。主将の義弘も食おうとしたら、ある家臣が抗議します。殿様は板輿に乗っているだけだ、食う必要は無い、担ぐ俺達が食わねばどうする、と。義弘は納得し食うのを止めます。合理的な提案です。

主君の最期に殉じた例は本能寺で信長の死を見届けて討ち死にした森蘭丸、武田勝頼の最期に際して彼と一族を介錯し闘死した土屋昌恒です。明智光秀の家老斉藤利三や石田三成の家老島勝猛は主人の義と情に殉じます。土屋昌恒の死にぶりにいたく感激した家康は、後に昌恒の子孫を召抱えます。土屋家は徳川幕府の中で老中等の役職者を出し、譜代大名や旗本として幕末まで存続します。こういうDNAも遺伝するのでしょうか、赤穂浪士討ち入りの時、吉良家の隣に屋敷を持っていた土屋主税という旗本が、浪士の依頼に応じて協力し浪士を励ますくだりがあります。

反対の例が信州真田家です。武田氏の滅亡後は転々と帰属を変え叛復常なく、関が原では父親昌幸と長男信幸が東西両軍に分かれて、どちらが勝っても真田の家が残る道を選びます。しかし私は真田家の生き方を非難する気にはなれません。戦国時代上信国境辺で、千石程度の小領主として武田氏に属し、武田上杉北条そして織田徳川豊臣という大勢力への帰属と離脱を繰り返しつつ、近隣の小土豪を制圧し服属させ戦国大名として成長する、というのはこの時期に成功する家の典型的パターンです。毛利氏や徳川氏が起こるのと同じパターンです。家康より昌幸の方が少し生まれるのが遅かっただけです。真田家は徳川時代一〇万石の大名として信州松代を領します。外様大名としては珍しく藩主が老中になっています。幕末の鬼才佐久間象山はこの藩の出身です。武家の生き方も様々です。

主君のために家臣が死ぬだけではない。家臣のために主君が死ぬ・死なないといけない場合もあります。備中高松城で羽柴秀吉の水攻にあった清水宗治、因幡鳥取城の吉川経家、播州三木の別所長治等の武将です。彼らは全員玉砕を選ばず、自分の一命に代えて部下全員の助命を乞います。家臣のための主君です。

がめつい武士達

室町戦国期の武士の特徴は自己主張の強さにある。極めて現世的欲求に従って行動します。合理的でがめつい。目的はもちろん一所懸命、自分や祖先が開拓したり恩賞として獲得した所領の安堵です。そのためには裏切り、寝返り、反逆も辞さないどころか、へっちゃらです。南北朝や応仁の乱がいい例です。南北朝の戦で絵や詩になるのは最初の数年間だけ、正成や顕家が退場したら芝居としてはおしまい。本番はこれからなんですが。利害関係による離合集散が露骨で激し過ぎます。

なぜかくも現世的で合理的でがめついのか。武士身分に特有の階層流動性がこの時期特に強いからです。武士とは突き詰めると武装した富裕農民です。農民がそれなりの自覚をもって武装すれば武士かそれに似たようなものになれます。上将軍から下耕作農民に至るライン上に位置する各身分が相互に依存しあい連動しあったのがこの時代でした。武の究極の培養地である郷村の運動が激しかった。郷村が一揆でもって暴れる限り身分の動揺は収まらない。各身分に属する人々の心情と行為も比較的自由です。足利義政の行動もこういう観点から見ても良いのではないでしょうか。

武士と郷村

郷村は一揆でもって一味同心して結束を固めます。座を占めあって衆議します。武士が郷村を武力の基盤とする限り合議制の影響を受けます。受けないはずがない。武士の中核である国人層は村や郡の領主であり、耕作する農民を日常見て接しています。彼らの働きぶりと収穫は国人領主の財力戦力に直接響きます。現地にいる限り農民と領主の距離は非常に近い。だから郷村の一揆的性格、つまり衆議による意志決定という方式は、武士社会に強い影響を与えます。ここから武士階層の判断の合理性や現実性が出てきます。この時代主君が勝手に集団の意志を決定することはない。将軍は有力守護の、守護は国人層の衆議に従います。そうでないといつ叛乱されるか解らない。国人層も同様です。典型的な例証が毛利家と徳川家です。相良氏法度や六角氏式目は衆議制を成文化したものです。

毛利家では

毛利氏は鎌倉幕府の政所別当大江広元を祖とし安芸国吉田に土着しました。以後一族は多岐に分かれて周辺に住みますが、その一つ一つを取れば大きくて数百の、小さければ数十の人数を率いられる程度の小領主です。彼らが毛利本家の当主を中心に他氏の小領主も含めてまとまっても、せいぜい一群を支配する程度です。だから何事も彼ら小領主の話し合いで決められます。彼らの中から毛利本家に匹敵するほどの家が現れたらまとまりがつかない。井上氏がいい例です。毛利元就は井上一族のわがままに苦しみ我慢のはてに、この一族三〇余名を粛清しました。小領主の集団粛清は他でもよく行われています。合議制が行き詰まった時の緊急対処です。粛清事件の暫く後、有力家臣一同が唐傘連判状を起請文として元就に提出します。起請文提出は元就の権威を確立する試みでもあるが、逆に言えばこういう形で衆議による了承を必要としたのです。以後もこの家はすべて有力家臣の合議で決めます。そのため関が原の戦にどう対処するか決定できず、毛利家は所領の七割を失うはめになります。

徳川家では

徳川氏も毛利氏と似たようなものです。氏素性は毛利氏よりはるかに怪しい。家康の一〇数代前、どこからか流れて来た坊さんが村の有力者である松平氏の入り婿となり、その子孫が家康の家系を構成するとかいう話です。どう良く見ても先祖は村落名主クラスです。この家系が家康の代までに分流して十八松平と称する小領主になります。本家が家康の岡崎松平氏です。松平氏は後に徳川氏と改姓しますが、この家の特徴は徹底した家臣団による合議制です。家康は信長や秀吉のように勝手に決めることはない。酒井、榊原、井伊、本多、鳥居、石川、内藤、そして松平一族が主なところです。これらの家々もそれぞれ分流を持ちます。みんな衆議に参加します。領土拡大に伴い新しく臣従してきた家臣達も衆議に入ります。徳川家とはそういう家です。三方が原でも長篠でも関が原の時でも、家康は家臣に相談します。家康の指導力は別にして、形だけでも彼は衆議にかけます。だからこの家からは、殿のためを思って頑固に諫言する名物男がよく出ます。本多重次（作左衛門）、平岩親吉、鳥居元忠、大久保忠教（彦左衛門）、等徳川が誇る三河軍団の根性を焼き込めたような男達です。本多忠勝（平八郎）は徳川四天王の筆頭で徳川軍団の中核を為す武弁派でした。家康は後に謀臣本多正信を信頼し、何事も彼の意見を聴くようになります。忠勝は正信を人の面前で、はらわたの腐った奴、と罵ります。忠勝の言うことの正否はともかく、主君寵愛の近臣を面罵しても一向に構わない、というのがこの家の習いです。

徳川幕府の制度を庄屋仕立てと言います。庄屋さんが村を取り仕切るようだ、という意味です。事実その通りです。老中と若年寄は郷村の老衆と中老に相当します。村の年寄り経験者が村の事項を決めるように、幕府の制度もそうなっているのです。簡潔すぎて大丈夫かいなと思いますが、これで三〇〇年の世界にも稀な平和な時代を作り出しました。平和が一番です。平和を作り出す制度には特記すべき優秀さがあります。徳川家はそういう家柄です。衆議制には裏がある。衆議がうまく行かないと、暴力に走ることもある。家康の祖父清康と父親の広忠はともに二十歳代で家臣に殺害されました。清康はやりすぎたきらいがあり、広忠は指導力不足だったようです。ひょっとすると衆道（男色）が絡んでいたかも知れません。

多胡辰敬教訓状　戦国の家訓

戦国時代の中頃出雲の大名尼子氏に仕えた国人領主多胡辰敬《ときたか》が一族にあてた家訓を残しています。次のように要約されます。

他人に迷惑をかけるな　日常の小事をおろそかにするな
　武士社会での対人関係の維持と日々の仕事課題の確実な遂行を奨励します
子供と従者の教育
礼儀作法特に身だしなみ
一般教養の重視　特に歌道　さらに連歌・蹴鞠・舞・華道
手習い学問と算法
　この種の知識がないと日常でも戦場でも合理的に行動できないと言われます
主従は雇用関係
　と作者は割り切ります、御恩と奉公の原点に戻ればそういうところです
食事の重視
　食は三宝、と言います　感謝して頂きなさいという意味もありますが、健康に留意して
　奉公に差し支えないようにと作者は言いたいようです
武芸に関しては弓馬と兵法について簡単に触れているだけです　これらの事項は実践だから
言葉で書いても無意味なのでしょう

武士に期待されたのはまず日常の課題を営々と務めることでした。既にこの時期武士はサラリーマン化しています。

命捧げます／命頂きます　集団による死の保証

郷村を武士層が基盤とする限り、一揆と座つまり衆議と和合の精神が武士層に影響を与えていることは明らかです。では一揆は郷村が起源なのか。逆も言えます。武士という身分が出現したから郷村が発達し、一味同心という心情倫理が出現したのだとも。武士は富裕農民が武装してできました。土地所有は半合法的だから、彼らは戦って自己防衛し、所有をより確実なものにするため、保護を上流貴族や武家の棟梁に求めます。命の次に大事なのが財産です。だから彼らは保護安堵を、命捧げます、という条項込みの軍役奉仕と交換します。命捧げます、の誓いは相手が契約に違反した場合、命頂きます、の反対条項を暗黙のうちに含みます。こんな物騒な契約は双方とも単独ではできない。必然的に集団の盟約になります。集団で契約履行を保証します。死を媒介とする契約は集団を介してのみ可能です。集団により死の意味を保証し、死を媒介として集団の結束は強化されます。武士達がおのれの生存に真剣である限りそうならざるをえない。だから武士団の形成、そして御恩と奉公の契約自体が一揆あるいは一味同心です。武士層に潜在する心情倫理が下克上の運動に乗って社会的に拡散した時、郷村を形成する活力になった、とも考えられます。

第五章　仏と侍——戦闘そして救済

仏教伝来

仏教は、武士という社会階層そして彼らの心情倫理に、どんな影響を与えたのか。私は、与えた、と言いましたが実際は、形成した、と言うべきです。仏教なくして武士も武士道も存在できない。以下武士道との関連という視点から仏教を考察します。

仏教は西暦五〇〇年前後インド北部に誕生しました。開祖は釈迦、尊称して釈迦牟尼あるいは釈尊と呼ばれます。釈迦が創始した仏教は以後多くの後継者に受け継がれ、部派仏教のアビダルマ論や般若経典を産み出し、西暦一世紀に現れた竜樹により論理的に統合されて大乗仏教となります。西暦一、二世紀頃から中国へ渡り始めた仏教はこの地で新たな変化を蒙ります。天台華厳等の理論仏教や禅浄土のような実践仏教は中国で生まれました。我国には西暦五五二年欽明天皇の御代に、隣国百済から仏像と幾ばくかの経典がもたらされます。帰化人の間ではすでに仏教が信仰されていました。仏教は経論律すべてを併せると膨大な量の文献になります。中国からの仏教思想の輸入が一段落したのは平安時代初頭と思われます。

仏教は単純に思想ではない。なによりも救済論としての思想ですが、同時に学問であり思考のための論理であり、さらに建築彫刻絵画等を総合した芸術でもある。仏教は世界宗教の常としてある種の国家論をも包摂します。以上の意味で仏教は総合的な文化そのものです。そういうものに六世紀から八世紀にかけての我国の為政者達は接しました。多少のいざこざはあったが彼らは仏教をあまり抵抗なく受容します。蘇我馬子による法興寺、聖徳太子の四天王寺や法隆寺、天武天皇の建てた薬師寺、聖武天皇の東大寺建立等は仏教受容の記念碑です。留学僧達は先進国唐王朝での仏教実践を学び、文献を持ち帰って学問としての仏教理解を進めます。それに伴い僧侶の養成や統制、寺院の管理等に関する法律も整備されました。ちなみに寺院や僧侶を管理する律令制の役所は玄蕃《げんば》の寮《りょう》です。仏教は律令政府にとって重要な文化であり思想でしたが、公式には外国文化として扱われました。

奈良時代末には仏教のためのハードウェアーがだいたい整います。この時期までに輸入された主な仏教思想は華厳・法相・三論・成実・倶舎・律、南都六宗と略称されます。前三者は中国で再編された理論であり、律は戒律、倶舎はアビダルマ論の要約、です。当時僧侶はすべて官人であり僧侶になることも、僧侶としての活動も、僧侶としての生活もすべて国家により管理統制されました。僧侶の役割はまず国家鎮護の祈禱、そのための経典の誦唱です。従って仏教は実践性を欠き、理論と経文暗記に傾きます。僧侶が民間で直接説教することは厳しく禁止されました。

平安初頭に最澄空海が入唐し天台真言の二宗を招来してから仏教は実践性を帯びてきます。律令制が衰退し寺院が国家経済に頼れなくなるに従い、寺院は独立採算制になりその分国家の統制から解放されます。最澄空海の活動はそういう時代の空気に適合しました。最澄が持ち帰った天台宗は法華経を第一義とし、理論としては重要視されましたが、実践という点では空海の真言密教に押され、最澄の後継者達も密教へ傾斜します。平安時代前半は密教が主流です。日本の実践仏教は密教を先駆けとして始まります。密教はヨガ行と象徴解釈でもって自己と全宇宙との一体化を目指します。そして即身成仏、つまり生きている現実のまま解脱できると説きます。教えの秘奥はともかく実際は呪術的な加持祈禱になる。招福除災つまり身体安穏・祈雨・国家鎮護等の現世の欲求を加持祈禱でかなえることが求められます。身分の上下を問わず大衆が宗教に最も望む事はこの種の欲求の実現です。密教は特に貴族社会には歓迎されました。

平安時代の中頃から宗教的情操は密教と微妙にしかも深くかかわりながら、浄土教へ推移します。十世紀に出現した空也の念仏唱導と、源信が書いた往生要集は時代を画します。以後、南無阿弥陀仏、の口称念仏が熱狂的に行われます。最大の魅力は簡便性と大衆性です。また人間の持つ罪業観を浄土教は強調し自覚させました。平安時代の仏教実践はまず密教そして浄土教が主流です。密教が実践そのものの端緒となり、それに重なりつつ浄土教が救済される個人の自覚を促します。法華経は多分に呪物としてのきらいはありますが重要な経典として尊重されます。禅修行の端緒も出現します。天台本覚思想や神仏習合の考えも現れます。総じて平安時代は日本的な仏教がその方向を模索する時代です。

縁起無我

釈迦の教えの根本原則である縁起無我論は、人間の苦悩は、生老病死であり、それは、人間が存在すること自体により、さらに、存在することに伴う愛執怨嫉の感情に、生存や存在を感受し意識することに、この感情や感性に従って行動することにあり、そして突き詰めれば、苦悩・生存・感情・感性・意識・行為に巻き込まれて肝心なことに無知であること、にあると説きます。この種の無知を仏教では、無明、と言います。だから我々は無明という無知から脱却しなければならない。そのためには、心身を構成し行為に駆り立てる要因が自明当然不動のものとしては存在しないことを知る、必要があると釈迦は説きます。これらの要因を、我、と称し、この我は本来存在しない、我は自立的存在ではないのだ、無我なのだ、一切は無我であると悟った時人は救われるのだ、と釈迦は言います。苦悩―存在―感情―感性―意識―行為―無明と言う繋がりを理解し、無明を自覚することにより逆に苦悩は消滅すると言うのです。繋がりを、縁、と言い、一切の現象は縁により起こると洞察し、縁は無我の自覚により断ち切られ、苦悩からの解放が起こる、が釈迦の説くところです。以上の論理の過程を簡約総括して、縁起無我、と言います。釈迦の教えの核心は、無明を知でもって自覚し切ること、にある。仏教はこのように秀れて知的な営為です。同時に釈迦は教団を作り、統御のための戒律を定め、実際の修行法として禅定を勧めました。釈迦の仏教は、無明の自覚、教団形成、禅定の修練、から成ります。

釈迦の後継者達は二つの方向を取ります。一つは知的理解の方向です。一切の現象を構成する要因である我を法と置き換え、法の分析に力を注ぎます。五位七十五法に法を分析しその一つ一つを理解することにより、無明を自覚し洞察して解脱の境地に至ろうとします。部派仏教と言われる諸学派の努力の成果が、アビダルマ論、です。後年小乗仏教と貶称されるが、彼らの貢献は決して小さいものではない。他の方向を取る人達は崇敬する釈迦との直接の出会いを求めます。自己を変容させ、自己と他者の境界を消去することにより、自己の限界を乗り越えて、釈迦の存在に迫ります。救済へのこの態度を、般若《はんにゃ》、と言います。アビダルマ論は有的存在のいわば原子である法を承認します。対して般若を求める人達は自己の存在を他者との関係へ解消し、自己そして他者をも、空、と自覚します。

般若空と菩薩道

アビダルマ論の有と般若思想の空を統合したのが竜樹です。彼は、一つの論拠に依ることが必ず矛盾に逢着する、という論理を駆使し、有と空の自存性を否定します。有と空は個々別々にも両者共々にも肯定も否定も否定の否定もできない、有も空も単独では存立できず、両者は相互に移行し変容するのだ、と竜樹は考えます。彼は有を、仮、と置き換え、仮と空を媒介するものとして、中、を設定し、現象の実態は仮空中三者相互の移行変容転変により成り立つと説きました。自己は転変し流動する現象世界の、その時その場の各点各点に身を置き、自己をもまた転変流動させつつ対処する、この態度に徹することが成道だ、と竜樹は言います。

竜樹の考え(中観思想)はある意味で、釈迦の教えあるいは存在を否定しかねません。竜樹の思想に宿るある種の虚無性を補完するのが、菩薩道、です。菩薩は、自らは成道に入ることができるが、それをあえて斥け成道の一歩手前で転じ衆生救済のために俗世で活躍する存在、です。般若とは本来釈迦との一体化願望ないし体験です。そこから自己の境界を否定して空という考え方が出てきます。仏＝私、なら、私を仏の方に押し上げても、仏を私の方に引き寄せても同じです。私も仏になるから、なろうと頑張っているのだから、仏様あなたも私になって下さい、なって下さってもよろしいでしょう、お互いなれるはずですね、という次第です。私が仏になろうとする意図と行為において、既に私は仏であり、同時にそれに応じて仏は私の姿を取って現れる。救済を求めること自体に潜在する成道への可能性は、仏との一体化願望と利他行を介して、現実性に変換されます。

般若空の思想は豊かな包容性を持ちます。人は仏となり、仏は人の姿を取ってこの世に現れます。その具体的な様態が、菩薩、です。菩薩は仏になった私であり、私になった仏です。仏と私の間で両者はその時その場で相互に移行し転変し変容しあいます。竜樹の考えと菩薩道は相補します。竜樹が知的に切り開いた空間で菩薩が機能し、菩薩の作業の軌跡をたどって竜樹の論法が展開されます。般若空と竜樹の思想の上に展開する以後の仏教を我々は、多くの人を救って乗せる船、という意味で大乗仏教と誇称します。

大乗仏教

以後の仏教特に中国を経て日本に伝来した仏教はこの方向の考えを推し進めます。華厳は、重々無尽、と言い、相互に重なり連なりあう一切の現象は仏そのものなのだ、と唱えます。天台は、十界互具、を主張して、地獄から仏界に至るすべての世界は別々無縁のものではなく、相互に含みあい連なりあう、と強調します。この論理の延長上に悪人救済論が出てきます。般若の中の成道への可能性を強調すると、一切衆生悉有仏性、として如来蔵思想が出現します。この方向を突き詰めて人間の即自的存在そのものに救済を追求したのが禅宗です。唯識論は仮の世界を、識、で捉え直し、それを夢幻として否定し、否定したそれを、アーラヤ識、と言う時間の培地へ投入し変容させる作業を通じて成道の世界へと自らを反転させます。唯識のこの論拠に基づき、光と闇、の逆説の中に救済を志向するのが浄土思想です。

大乗仏教は、仏性と俗塵、光と闇、彼岸と此岸、仏界と地獄、を結びつけ、俗から聖に至ることを可能とします。逆に言うと大乗仏教は民衆救済を志す分、大衆に迎合しやすく、簡便であり融通がきき、従って容易に呪術的ないしご利益主義にもなりえます。ただ強調すべきことは大乗仏教の変容可能性です。大乗仏教は自分自身をもそれに接する世界をも無限に変容させて止みません。修行方法も多彩です。ヨガ禅定あり、念仏観想あり、口誦念仏あり、芸術表現あり、象徴解釈あり、身体的演出あり、集団演舞あり、浄土の模擬体験あり、般若空への神秘的没入あり、精進苦行あり、持戒あり、布施あり、供犠あり、生活体験即成道あり、法の知的考察あり、時間意識の変容体験あり、呪術加持祈禱あり、放浪遍歴遊行芸能あり、乞食あり、読経写経埋経あり、説法聴聞あり、受難法戦あり、沈黙あり等々です。信仰の対象は釈迦でも、阿弥陀仏でも、大日如来でも構いません。礼拝する如来や菩薩は無限です。選択は自由です。悪人往生もあり、仏界性悪説もあります。福録長寿子孫繁栄をのみ願ってもそれはそれで信仰になりえます。子孫繁栄は容易に女人願望に通じます。交接即往生と説いても追放される心配はありません。帝王如来説に従う人もいます。風狂禅や放下僧の生き方もあります。無頼遊興も悟りになります。臨終に臨んで、生きながら黄泉に落つ、と言い放ち成道体験の確証とした僧もいました。このように異なる対象、異なる方法、異なる価値観が、各自自立しつつしかも全体としては仏教という柔らかい枠の中に収まっています。我々日本人が一五〇〇年前に出会った仏教はざっとこんなものでした。

国家と仏教

仏教は五、六世紀の我国の為政者達に歓迎されました。我国にも神様はたくさんおられます。しかし彼らは氏族の氏神クラスの存在で全氏族を統合するに足る神格ではない。また今でこそ万世一系とか言いますが当時の大王《おおきみ》家の氏素性も怪しいものです。六世紀前半以後の継体王朝はそれまでの王統とほぼ断絶しています。その後も物部氏の滅亡、大化の改新、壬申の乱等のクーデタや内乱を経過しますから、七世紀後半の天武持統朝時の皇位継承資格はかなりあやふやであると見てさしつかえありません。

こういう為政者が新しい政権を構築しようとする時、伝来した仏教はまことに好都合でした。まず日本のそれまでの誰とも深い関係はない。深遠な論理、精巧な輝ける仏像、随伴する諸種の文化技術学識等は新国家形成に必要です。超越し光輝に満ちた仏神のイメージは従来の氏族神を圧倒します。新しい国家の建設者達は仏教を取り入れ、それを育成しその保護者になることにより、仏神の持つカリスマを自分のものにします。八世紀半ばに建立された東大寺の大仏は華厳経のビルシャナ仏の像ですが、これは一切世界の事象の主であり世界そのものであるビルシャナ仏が、建立の主催者である聖武天皇と重なりあうべく作られています。当時の政府が特に尊重したのは法華経と最勝王金光明経です。後者はずばり国家鎮護の経典であり、前者はその論理構造の中に高度な政治性を潜在させます。仏教はこうして日本の風土に受容されました。仏教と言わずあらゆる宗教は権力形成の触媒です。

仏教の非国教性

宗教は権力の触媒です。仏教は上下具融を旨とし、理想の仏国土と俗塵の現世は比較的簡単に架橋されます。上が下となり、下も上になります。光と闇は交じり合います。仏教が我国に伝来した時それは新しい権力機構を形成する触媒として機能しました。逆に一度形成された権力が解体し始める時にも仏教は触媒として機能します。仏教というイデオロギーを介して律令制国家は柔らかく解体されてゆきます。

仏教の特色はなによりも非国教性にあります。仏教は、キリスト教が西欧中世の唯一の信仰そして価値基準となったように、価値の独占体にはなりえません。儒教の如く、国家が管理する官僚資格制度の不可欠の前提になるにも、仏教は不向きです。キリスト教が多くの異端を生み出し抹殺したのに対し、仏教には異端は存在しない。異端ではなく異なる宗派があるだけです。インド、中華大陸そして日本においては仏教が国教であったことは一度もない。なぜそうなのか。それは仏教の考え方自体が価値の独占を許さないようにできているからです。仏と言い仏性と言い仏国と言っても、これらは決して固定された不動の理想郷ではない。仏国は俗界へ降りて溶けあいます。この無限の連鎖と転変を洞察することが成道です。理想と現実は融合し移行し重畳します。いかなる個人も、いかなる境地も、それをもって唯一の価値理想であることを仏の教えは許しません。

ひじりとさむらい　聖俗の共存

平安仏教の特徴の一つは正規の寺院外における宗教者の活動です。寺院仏教は比較的早くから形骸化します。土地集積による富裕化、国家鎮護を名としての為政者との癒着、理論倒れ、風儀の退廃、等は別に仏教に限られたわけではなく、宗教一般が蒙る変質です。この傾向に飽き足らない一群の人達は、寺院の外に出て修行や説教をします。彼らが活動をする場所を別所と言い、彼らを聖《ひじり》と呼びます。彼ら聖達は、正規の得度を受けた僧侶であることもあり、またそうでない私度僧（勝手に出家した僧体の者）である場合もあり、あるいは全くの俗人であることもあります。彼らは修行に適し人里離れた場所で小さな共同体を作ったり、都の市中に出て説法したりします。空也、源信、行願、良忍、重源、法然、等平安中期から鎌倉時代にかけて活躍する宗教家には聖あるいは聖的な人が多い。親鸞や日蓮も同様です。平安鎌倉仏教はこの民間布教者により革新され創造されます。彼ら聖は正規の寺院とつながりを持つこともあり、まったく独立のこともある。聖の群れは総体として寺院と緩やかで多彩な関係を維持しつつ、一方それぞれ独自の活動をします。この民間布教者の延長上に鎌倉新仏教の祖師達が出現します。そして特記すべきことですが、平安鎌倉両時代を通じて彼らに対する弾圧は、少なくとも他国と比べる限り、緩やかなものです。なぜか。

理由の一つは仏教思想の性格にある。仏教の考え方は多彩で円転滑脱、融通がききます。縁起無我の理念は、絶対に正しい唯一の具体的な基準は無いと、教えることです。唯一のこれという命題が無い以上、信仰者には自らの判断で活動する余地が大きくなる。かなり偏頗なことをやらかしても命を失う心配はなく、信望を失うだけです。だから本山である中央の寺院のみならず国家そのものも、信仰の固定した基準を押しつけられません。逆に中央寺院も異端である聖の活動から影響を受けます。かくして仏教総体は民間信徒との相互作用の中で柔らかく変貌します。

仏教のこのような態度の実現を支える社会的基盤が武士層の存在です。武士は墾田あるいは荘園という半合法的土地占有者として出現しました。彼らは全国各地で、比較的小規模の富の集積とそれに伴う権力を保持します。仏教の聖《ひじり》的活動と武士層の存在は補い合います。国家に宗教的価値を独占できる力があれば、武士の土地集積という殖産行為を信仰の名において阻止し抑圧できる。それが不可能なら、武士層は自分達の行為と心情にあった信心のあり方を選びやすくなる。逆に聖的活動も武士という半合法的存在により活動を賦活されます。彼らの宗教的営為を一元的に規定する強力な国家権力は、武士層の存在により歯止めをかけられます。

武士層の出現が先か、仏教の民間化が先かは解りません。仏教は、日本の社会が強固な家父長制に固まりきらず、原始共同体的性格をまだ保持している時に、日本へ伝来しました。当然そこには仏教以前の宗教施設、神の依り代である宮代があります。この聖地は一方では地方の武士団結集の根拠となり、また仏教が普及伝播する媒体ともなります。新たな殖産者である武士層は新たな宗教である仏教と反応しつつ、両者は自らを変容させます。聖と侍は相互に補いあう存在です。

寺院領主

寺院は荘園領主です。中央地方の寺院はすべて荘園を持ちます。荘園の半分以上は寺社、寺院と神社により所有されました。なぜ寺院が大荘園領主になれたのか。寺院は死後の世界に発言権を持つ。檀家は布施をします。貴族豪族になると土地を寄進します。黙っていても財が集る、これはどの世界にも見られる宗教施設の特権です。

僧侶は課税されない。寺院の収入は一定の免税特権を持ちます。周囲の農民の頭を丸めて僧形体の者を作って、僧侶の数を水増しすることも可能です。この措置は寺院と農民相互にとって好都合です。両者共謀して政府の課税を逃れます。頭を丸めず、丸めたことにしておいても構わない。政府の負担を避けたい農民にとって、寺院は格好の避難所です。寺院は農民を徴発するし、請負耕作もさせます。農民や田堵が寺僧という名目で寺院の特権を利用することもできる。

地方からの寄進が加わります。寺院は政府の役所ではないし、独立採算制で、仏教の寺院は各派各宗分立しているので、田堵名主という地方の土地占有者にとっては安全な保護者です。寄進した土地占有者達はその地に寺院を勧請したり自分の菩提寺を作ります。自分の子弟を僧侶にして寺院に送り込んでもいい。寄進した土地の一部を取り返すようなものです。寺院は銀行にもなります。

寺院は知識と技術の独占者です。天文気象、土木潅漑、土地測量、経理計算、新品種等の知識は農業経営に必要です。情報伝達やその集積も寺院の方が有利です。寺院は共同運営に熟達しているので、労働力の配分管理は俗人より巧みです。寺院は土地を集積します。

寺院で必要な物はお抱えの職人に作製させることもできるし外注もします。商人も出入りする。

上は上なりに下は下なりに寺院は外部の社会と密なつながりを持ちます。武士や富裕農民は一族を寺院で受戒させせます。もう少し下の階層は堂衆（僧形をした下働きの者）として寺院に入ります。俗人の形で入っても構わない。僧侶が荘園を管理し職人を督励し商人と交渉します。荘園の利益を護るために僧侶も武装します。武士や富裕農民と寺院は常に利害で結ばれていました。

僧俗の区別は曖昧になります。平安時代末寺院は膨大な複合コンツェルンでした。学問修行もするが、それ以外に荘園管理、商業、金融、やがて訴訟代行に債権取立ても行います。工業や芸能の分野も寺院と深い繋がりを持ちます。背後には宗教的権威と強大な武力が控えている。鎌倉幕府が、山僧という叡山の僧侶の鎌倉入りを嫌ったのは、田舎者の御家人が山僧達の旺盛な商業金融活動の食い物になるのを恐れたからです。特に比叡山延暦寺は琵琶湖の水運を支配し、経済力は膨大でした。叡山の武力が遠征したことはないが、京都を基盤とする政権は叡山と事を構えるか、機嫌を取らねばなりません。織田信長の焼き討ち以前に叡山を屈服させた政権はない。

寺院の荘園領主化は良いことか悪いことか。単純に考えれば宗教施設が富を蓄えるのは、信仰の本義に背く俗化堕落だ、となります。しかし寺院が経済的に独立できたから、それぞれの意見を主張し教線を発展させせえたのも事実です。

僧兵

僧兵は武装した僧侶あるいは僧体の武者を言います。武力を持ちそれを公然と行使するから実態は武士です。寺院は膨大な荘園等の財産を所有するからそれを護らなければない。寺院の規模に応じ、それなりの武力が必要です。叡山の大衆三千と言います。実態はもっと多いでしょう。当時の寺院はすべて僧兵を持つ。典型的なのは薙刀を持ち、独特の頭巾で頭と顔を隠し、鎧の上に僧衣を着て高足駄で闊歩する姿です。

僧兵もいろいろです。延暦寺や興福寺のように大規模で統制がとれた組織もあります。地方の寺院だと在地の武士が実権を握り、剃髪して僧体となるだけという場合もあります。これはれっきとした武士ですから家子郎党を連れて遠征軍に従います。僧兵と言えば僧の姿をしただけの武装者と思われがちです。寺院の堂衆等下級職員が兵力として利用されただけとも。そういう連中も必要ですが、上位の三綱クラスで学識の誉高い僧も武装しました。武装するだけでなく強かった。荘園領主としての寺院の性格上、武士農民と僧侶は相互に交錯します。僧体の者が現地を支配管理する一方、俗体の者が寺院の中で発言力を持つ。体裁としての出家剃髪は自由だから僧俗の垣根は低くなる。僧は兵です。

僧と武士にはある共通点がある。僧になると税金を免除されます。富裕農民は僧体になり納税をごまかします。武士は発生の原点において納税拒否者です。非常に重大な共通点を持つ両者ですから、上は上なりに下は下なりに、身分は相互に変換可能です。だから寺院から周辺の武士農民に至るまでまことに多様な生き方がありました。

僧兵の活躍は十一世紀前半から目立ち始めます。大規模に僧兵を動員するようになったのはこの頃、延暦寺と園城寺の戒壇設立をめぐる紛争あたりからです。以後いろいろな理由で僧兵を動員して強訴しますが、最大の理由は荘園問題です。領地の所属や境界についての争い、国司の介入への抵抗等の問題です。十一世紀に入り公領と荘園、つまり国家権力の及ぶ土地と私的所領との間の曖昧な関係は放置できなくなり、武力蜂起とその討伐が盛んになります。この時期僧兵の活動が盛んになり、併行して武士団も成長します。僧兵の活動に困った院政政府はそれを抑えるために源平二氏の武力を利用します。しかし僧兵も武士も根は同じ。だから平氏政権になっても鎌倉幕府ができても僧兵の活動は一向に衰えません。平家都落への最後の打撃は叡山が木曾義仲についたことです。鎌倉幕府が亡んだ一因は悪党や金貸しの活動にあり、その背後には寺院が控えていました。幕府は寺社勢力にやんわり絞め殺されたようなものです。

菩薩僧行基、私有地開拓者

仏教の根本理念の一つが菩薩道です。菩薩は涅槃という魂の永遠の至福をあえて拒否し、衆生救済のため俗塵にまみれることを願う存在です。彼岸と此岸を架橋し、自利と利他を同時に遂行する者です。菩薩にとって俗世の営利殖産は、人を救いまた自らをも救う、成道の資糧です。だから菩薩の本義は、だれでもの菩薩、だれでも成れる菩薩、です。

八世紀前半に活躍した行基という僧がいます。彼は民衆を集め、現世における因果応報、働けば報いられるという論旨を説き、彼らを率いて開墾潅漑や道路橋梁の建設等を指導しました。律令政府は彼の行為を危険視し、行基の率いる集団に解散命令を出します。行基の行為は私有地の開発につながります。二〇年後政府は行基を大僧正に任命し、大仏建立への協力を依頼します。彼の勢力を無視できなくなったからです。

行基はただ貧民救済の動機のみで動いたのではない。彼の集団は非常によく構成されていて、富農有力農民と言われる人達が幹部になり作業を分担し、彼らの影響下の農民を領導しました。そこには行基の弟子である多くの僧侶や私度僧がいます。彼らは当時としては最高の技術を持っていまする人もいます。私度僧は俗人が課税を逃れるために僧侶の姿を取る方便でもあります。もちろん真面目に修行する人もいます。行基の集団はこういう僧俗混交の集まりです。行基が活躍した二〇数年の間に、三世一身法そして墾田永世私有法が制定されます。全国に沸き起こる土地私有願望に答えるためです。公地公民制は次第に崩壊します。こう考えると行基は後に田堵名主富豪《ふごうの》輩《やから》と呼ばれる土地占有者のボスでありイデオローグでもあったことになります。行基は学識のある僧侶でその指導力と社会事業の成果ゆえに行基菩薩と尊称されました。田堵や名主は武士の原点です。宗教勢力と武士層との結合の発端を行基の活動は物語ります。

弘法大師空海の諸国遍歴の話は行基の拡大版です。空海は日本の全国を廻って池や堤を作り橋をかけ道路を整備したと言われます。かなりな部分は伝説ですが、かなりな部分は真実です。彼がした事業は空海個人の経営する寺院のためなのか、寺院の影響下にある農民のためなのか、もっと多くの人のためなのか、多分そのすべてでしょうが、ここでも行基に関して言ったことがあてはまります。高野山や東寺は大荘園領主です。行基や空海に相当することは他の寺院にも言えるでしょう。この種の事業は平安末期になると重源さらに叡尊忍性等西大寺派律僧達により、より大規模な貧民救済兼公共事業として行われます。社会事業を行い公共の福祉のために活動するこのような宗教者を菩薩僧と言います。菩薩は日本では決して架空の理念だけの存在ではない。菩薩僧と寺院領主、どこが違うでしょうか？　行基は田堵名主そして武士の淵源であり、同時に寺院領主の範例です。

サンガと大衆僉議

土地占有という点において寺院と武士は利害を共有し得ました。総体的関係において利害を共有します。のみならず寺院は武士あるいは武士団のモデルにもなる。寺院は僧侶という修行者の共同体です。仏教は創生期に、サンガ、という修行者の共同体を作りました。釈迦のような人は別として、並の人間が一人で修行するのは危険です。釈迦が菩提樹の下で悟られて最初に彼に付き従った弟子は五名、釈迦を入れてこの六名が最初のサンガのメンバーです。釈迦入滅後も弟子達は共同で住み、共通の戒律を持ち、共に考えました。繰り返しますが修行のための共同体がサンガです。漢訳されて僧伽となり、やがて僧伽略して僧は今でいう僧侶・お坊さんの意味になります。

日本でも僧は寺院という共同体の中で修行します。この点律令政府は厳しく僧の単独修行を禁じます。奈良時代には一つの寺院にいろいろな宗派の僧が集って修行したのに対し、平安時代になると一寺一宗になります。理由は二つくらい考えられます。奈良仏教の経典暗誦重視に対し平安仏教は実践的修行を重んじます。実践修行は経験が重要なので師匠の影響力は強く師資相承になる。また寺院は国家から給付を受けず、荘園領主として経済的に自立します。財産を持つとその分閉鎖的になります。

平安時代の寺院は共同体としての結束を強めます。延暦寺の大衆は三〇〇〇と言われます。大衆は正式の得度受戒をした僧侶です。大衆が寺院の重要事項を大衆僉議《だいしゅうせんぎ》で決めました。寺院には三《さん》綱《ごう》と言う役職があります。延暦寺の場合三綱の最高職を座主と言います。しかし寺院の運命を決するような大事はすべて大衆僉議にかけられます。荘園に関する所領紛争、政府裁定への不満表明、他寺院との抗争は重要な問題でした。不満の最高の表現が強訴、列参強訴《れっさんごうそ》、です。強訴するか否かは寺院の最も重大な問題です。これは必ず大衆僉議という全員の集会にかけられました。強訴は一揆です。その点では当時の寺院は一番民主的です。民衆的でもあります。地方豪族や有力農民クラス、庶民に近い者達も、寺院に入って勉強し修行すれば高い地位に昇れます。寺院は実力を無視しえない社会です。最澄空海、円仁円珍、良源源信の出自は都の貴族と比べたら雲泥の差があります。平安中期以後皇族貴族の子弟が寺院に入り特権的待遇を受けますが、かといって寺院が彼らの占有になったわけではない。知識と理屈と財力と武力をたっぷり持った数千名以上の数の連中を貴族の坊ちゃん達だけで動かせるはずがない。寺院は今の大企業以上に複雑で膨大な組織です。だから最終的には大衆僉議による議決の必要があります。

大衆の下に、堂衆、と言われる僧体をした人々がいます。彼らは正式の僧侶ではなく、頭を丸めているだけで、寺院の雑務に従事します。雑務は僧侶が当然行うべき学問修行儀式行為と寺院行政以外のすべてです。今で言う3Kに属するような下積みの仕事を堂衆が引き受けました。

サンガと武士団

武士とは武士団です。一人の豪傑がいるだけでは武士とは言わない。強固な団体を作りその掟に従うから武士なのです。武士団は血縁と地縁を軸として縦に横に個々の武士の関係を形成します。

時代が進むに従い結合原理として地縁が血縁を凌駕し、武士達は一揆集団を作ります。こうして戦国大名を中核とする近世の武士社会への歩みを進めます。この一揆は寺院の大衆僉議やサンガがモデルになったと考えても不思議ではない。武士と僧侶はその外観とは別に基本的には相同の存在です。現実の社会においても相互に乗り入れし変容しあいます。武士が地域でまとまろうとする時、必ず精神的紐帯を求めます。多くの場合それが寺院です。豪族の菩提寺や中央寺院の末寺です。逆に寺院の勢力拡張のためには地方の実力者である武士の援助が要ります。いろいろな形で寺院は農村社会つまり武士社会に溶け込みました。寺院の結合原理が武士社会のそれにならないはずがない。

僧の語源であるサンガは仏教独自の組織形態ではない。西暦前七―四世紀の古代インド社会において、未だ王国（Kingdom）の組織を形成していない中小部族は、部族連合の形で横に連携しました。このような政治組織を首長制（Chiefdom）と言います。これがサンガです。従ってサンガは戦士共同体が起源になります。釈迦は釈迦族の首長の後継者でした。

武士と僧侶　死に直面せざるをえない者

武士と僧侶には少なくとも二つの共通点があります。死に直面せざるをえない者、そして制外者《にんがいしゃ》であることです。制外者とは通常の社会の中へは入れてもらえない者、異邦人あるいは被差別賤民、と言われる人達です。僧侶と武士は潜在的には制外者です。なぜ？　最大の理由は両者が死に直面せざるをえないからです。僧は死を見つめ死に対処し死者を取り扱います。古代の日本では死は忌まれ嫌われ避けられました。この伝統は寺院社会にまで浸透し、平安時代の僧侶の衣の色は白色です。黒衣は堂衆と呼ばれる下級職員の衣の色であり、彼らが実際の埋葬を取り扱います。僧衣が黒衣となるのは鎌倉新仏教の勃興により仏教が民衆化してからです。それほど死は忌まれました。

僧は死に直面します。せざるを得ない。他者の死を慰め弔い、その死の意味を考え教え、葬り、死の彼方の世界を予見し指示します。なによりも自らが死に際してそのモデルにならねばならない。僧とは死の世界に没入せざるをえない存在です。死の祭壇に献げられた供犠です。だから我国では僧侶はどこかで忌まれました。乞食であり、穀つぶしであり、口べらしであり、世捨て人無用人であり、人口調節装置とみなされました。枕草子の著者は、僧は木の切れ端、と言います。役に立たない、と言っているのです。貴族や豪族のちゃんとした家なら嫡男を僧にすることはありません。十歳前後で寺に入り厳しい修行をします。俗世の欲望、人なら皆持つ欲望を捨てるためです。想像すらつかない無常とやらを悟るためにです。厳密に言えば一種の人間廃業です。死への準備です。このことは僧俗双方の側で予感されていました。源氏物語宇治十帖の中で横川の僧都は、法師という者は時として泣き叫びたいことがある、と言って浮舟の出家に反対します。修行がうまく行って僧侶としてのあり方に満足が得られればともかく、そうでなければまさしく木の切れ端であり、半端者もいいところです。僧達が僧位に憧れ儀式を重視した気持が解ります。成道解脱と言っても所詮は懐疑と隣あわせ。集団で相互に自己を確認し一定の向上段階を自覚しないと虚無へ落ち込みます。僧とは死に直面しつつ虚無の淵を歩かなければならない存在、モデルであり犠牲です。この特殊な立場ゆえに僧は尊敬されつつもどこかで軽蔑されました。

武士も死に直面します。一所懸命、土地財産に命を懸けて戦わねばならない。財産の故に戦闘するということは、人間である以上だれでも遭遇しかねない運命です。しかし武士は社会的出自が半合法的存在であり、歴史に出現した時から常に戦わなければなりません。他の階層の運命を煮詰めたような生を武士は生きなければならない。私富を護る、奪うため奪われないために戦う、戦うから殺す、殺すが故に殺される、という業を背負った存在です。殺人の上手、殺しのプロでした。彼らが他の階層から尊敬されていたとは思えません。武士が自己の存在に誇りを持てるようになるのは徳川時代に入ってからです。公家達は武士を地下《ぢげ》・侍（仕える者）としてあからさまに軽蔑します。支配下の農民からは略奪者・狼ともみなされ、屠膾《とかい》の輩（生き物を殺し解体する者）と言われ嫌われます。平和な時にも盛んに狩猟をして獲物を殺して食べるからです。武士は容易に盗賊になりえます。常時武器携帯者とは危険で恐ろしい者です。なによりも武士達自身が自らをそういう者とみなし強い罪業感を抱いていました。

僧と武士は、死を自覚し共有せざるを得ない、存在です。両者の最大の共通項はここにある。死を共有する者は原則として平等です。この平等性を基礎としてのみ、集団あるいは社会は形成されます。

武士＋僧侶＝菩薩

武士と僧侶は死に直面し死を生きなければならない。死を生きることにより死を肯定し死を無化します。両者の唯一の違いは私有財産への対処です。同時にそれは両者の共通点です。武士は私富を肯定し、僧侶は否定します。私有財産に対して両者の姿勢は対極にある。生と死の境界に位置して僧侶は常に死の方向へ自己のヴェクトルを向け、反転して私富の世界に舞戻ります。簡単に死んではいけないし、そのためには食わねばならないからです。武士は生の方向におのれのヴェクトルを向け私富に執着し、転じて倫理の世界に憧れます。経済行為の極北である略奪の向こうには虚無しかない。

両者はその社会的実態において相同です。両者一体で死と生は架橋されます。ここで私は再び菩薩道に考え至ります。菩薩とは成道解脱の可能性を持ちつつ、それを否定しあえて俗塵にまじる者であり、上求菩提下化衆生がモットーです。菩薩により、死においてのみ得られるはずの、成道解脱が生の世界に展開可能になる。僧と武士を一体のものとして考えてみましょう。僧は死の向こうに成道を求め、武士は死のこちらに生の倫理を追求します。両者の生は死を焦点として展開します。武士には求法者の面影があり、僧には戦士の趣きがある。そして武士と僧侶という二つの身分はほぼ併行しつつ出現し成長しました。武士団が発生するころ寺院は国家の給付から独立し、両者は相争い相携えて戦国乱世を形成し、PAX TOKUGAWANA（徳川の平和）には共同して統治します。

奈良平安仏教から鎌倉仏教へ

奈良仏教は国家仏教です。僧侶の存在意義は国家鎮護にあり、律令政府は僧侶と寺院を厳しく統制しました。すべては国家の給付によりまかなわれ、僧侶が個人で民衆に説法することは禁止されました。ちなみに仏教あるいは宗教一般の伝来には常に政治が絡みます。朝鮮半島の高句麗百済新羅の三国への仏教伝来は、彼らに対して強い影響力を持つ中国の王朝の強制によるものでした。百済の聖明王が欽明天皇に仏像経巻をもたらしたのが我国への仏教の正式伝来ですが、これにも当時の政治的事情が反映されています。百済は仏教を始めとする大陸由来の文化技術を我国に伝えることで、苦境にあった自国への外交軍事上の援助を期待しました。

救済を国家が独占しようとしても、そんなことは成功しません。宗教が生き延びるためには民衆の中に入らねばならない。実践的仏教の時代が始まります。一部の僧達は寺院の統制を嫌い、禁止された山林修行を行います。最澄や空海も山林に入り自らの宗教体験を培います。奈良時代末期に政僧として活躍し王朝を簒奪しかけた道鏡も山林修行者です。

実践仏教はまず密教から始まります。密教はインドでは大乗仏教の最終の形態として出現しました。大乗仏教は菩薩道と般若空の論理を軸とし、仮空中円融三諦・色即是空・煩悩即菩提を本旨とします。密教はこの論旨を徹底し、我即法・即身成仏を求めます。修行法としては象徴解釈とヨガ禅定がありますが、修行法も拡大解釈し、生きたまま仏になれる為のhow-toを徹底した宗派です。我即法、私のそのままが真実の法、となると、人間は我を法の方にではなく法を我の方に引き寄せたがるものですから、勢い現世の欲望充足を求めます。密教の修行は決して簡単ではないので、凡人衆生は自分の欲求充足をプロに任せます。呪術加持祈禱の類です。空海が大陸から持ち帰ったものはこういうものでした。この種の技術は貴族階級に熱狂的に迎えられ、熱狂は社会の下層に浸透します。呪術はどこの国いつの時代にもあります。密教はその種の原始呪術の上に自らを接続させるので伝播が容易です。仏教の先祖はバラモン教と言われるインド古来の民族宗教ですが、これは元々天に招福除災を祈る供犠祭儀です。それが段々高度な思考に曝されて変化するうち、一分派として仏教が出てきた次第です。だから我国で仏教がまず密教から実践をスタートしたのも当然といえば当然、仏教の先祖帰りです。

平安時代の中頃から密教の理論や気風と密に関連しつつ浄土教のブームが巻き起こります。空也の布教や源信の往生要集が画期です。なぜ浄土教かといえばそれはこの信仰が持つ簡便さと情緒性、大衆性にあります。それに都市居住者の虚無感、飢饉や疾病への不安、権力闘争への怨念と厭世観、怨霊への恐怖、時代の閉塞感、そして現世逃避願望が加わります。当時の王朝政府は民衆に対し無責任なものでした。平安浄土教興隆の最大の原因は、民衆が自らの救済を自ら求め出したことにあります。

九三八年空也が都に入り、南無阿弥陀仏、の口称念仏を説き勧めてから、浄土教は熱狂的に拡がります。将門の乱の前年です。空也の唱導は都市居住民の空虚感と生活不安を直撃します。都市住民はいつの時代でも根無し草です。同時に彼らは為政者への辛らつな批判者です。時を得ぬ知識人層は念仏結社を形成します。源信は彼らのブレインです。貴族政治の退廃と寺院仏教の行き詰まりを見た民衆は、救済者の像を易行の念仏を勧める空也に見出します。聖は空也だけではありません。寺院での修行に飽き足りない人達はそこを出、別な場所を拠点として、同志や民衆と共に修行を始めます。源信もその一人です。他に革聖と言われた行円、融通念仏の良忍、播磨書写山の性空、大和多武峰の増賀等たくさんいます。後に乞食の異称となる高野聖も同じです。正規の寺院の外つまり別所で修行し布教する人達を聖《ひじり》と言いました。法華信仰の場合なら持経者と言います。聖・持経者はこの時代たくさん出現し、民衆布教への大きな地盤となります。こういう事情を背景として平安浄土教はブームになります。

平安浄土教の特質は、地獄恐怖と集団的熱狂と現世逃避、にある。罪業感のようなものはもうひとつ足りない。地獄は嫌だ、来世では安穏な幸福を、です。この世でどう過ごすかという点に関してはあまり関心を示しません。だから来世の至福は現世の幸福の単純な延長でしかない。往生伝を読むと嘘か真か解らない話がいっぱい出てきます。平安浄土教は来世来世と言いながら結構以上に現世的です。平安浄土教は密教の気分の延長です。空也はもともと呪術的布教者出身です。源信の往生要集は本人の努力とは裏腹に論旨が貫徹しません。平安仏教は日本的仏教出現の揺籃期あるいは坩堝です。

鎌倉幕府の創設あるいは院政開始以後徳川幕府の成立までを中世と呼びます。中世は宗教勢力が強かった時代です。この時代の宗教史における特質は鎌倉新仏教の勃興と寺社勢力の強盛です。二つの事象は相互に関連しつつ宗教の社会的影響力を強めました。新仏教の祖師として私は五人を挙げます。法然・親鸞・道元・日蓮・一遍です。親鸞と日蓮で鎌倉新仏教を代表させてみましょう。

親　鸞

なぜ親鸞と日蓮なのか？　理由は四つあります。

二人の思想が人間の現実生活にとって不可欠の欲望を明白に肯定した

親鸞も日蓮もその結果自らを如来と自覚した

またまたその結果となりますが二人の思想と教団は戦闘的である

彼らの唱導する修行は極めて簡便である、易行性

彼らの思想の詳細に立ち入りません。拙著『日蓮と親鸞』を参照してください。親鸞は世親曇鸞の浄土論・浄土論注に始まる浄土思想を道綽の教機時論、善導の悪人救済可能論、そして法然の不回向論、を踏まえて救済材の質を逆転し、悪人正機説を立てます。同時に彼の生涯の欲望である性欲を正面から肯定します。仏教では性欲は邪淫と言って罪悪視されました。人間が陥りやすい罪悪には邪淫・殺生・盗みがあります。この中で一番制御しにくいのが邪淫つまり性欲です。性欲は自他の境界を曖昧にし、生殖を介して因果の糸を後世に繋げます。それ故に私有財産への欲望が生じ、そこから殺しや盗みのような犯罪が生じます。従って性欲を禁圧統御すれば人間はおとなしくなりえます。同時に人間ではなくなりますが、あらゆる宗教はそれを目指します。だから不可能と解っていても性欲を禁圧しようとし、そのための犠牲模範として僧侶という聖職階層を作り出します。親鸞は自らの体験と欲望に基づき思索と体験を重ね、自己を煩悩具足極悪甚重な存在とみなし、そこから反転して自己を弥陀と一体化させます。彼の悪人正機説と性欲肯定は表裏一体の関係にある。彼が性欲を肯定するためにはこの逆説的体験が必要でした。親鸞はこうして現実としての人間を肯定します。彼はただ性欲の単純な充足を求めたのではなく、僧侶である彼が社会的存在として性欲を充足させうること、僧侶の妻帯を承認します。

日　蓮

日蓮は釈尊・竜樹・天台の延長上にあります。彼は成道と俗世との関係を思索し続けました。具体的には仏教徒は現世においていかに振舞うかという問題です。どう振舞えば救済されるのかという課題です。彼は法華経と自己を一体化させます。法華経広布の使徒となり、広宣流布の過程において法敵と戦い、それに勝っても負けても、論者闘者は双方とも救済されると説きます。これを折伏逆化と言います。換言すれば彼は人間がこの世に生きるために必要な戦闘精神、攻撃性を承認します。彼の生涯そして彼の後継者の使命はあくまで布教にある。布教は社会や国家全体に向けられ、時としてそれに対立し敵対することも辞しません。彼が説き承認し強調する攻撃性は社会や国家の改造に向けられます。彼は道綽の教・機・時に（道綽を意識したかどうかは知りません）国を加えて教・機・時・国の論議を開始します。仏教思想全体を俯瞰しつつ、国家すなわち人間の生きる共同体を正面から取り上げ肯定し、それへの対処を救済の絶対的条件としたのは日蓮をもって嚆矢とします。彼により日本人あるいは仏教徒は始めて、社会的存在としての人間、を発見します。それは同時に人間への対処方法である、政治の発見です。この思想的営為を遂行する中、佐渡流罪体験を機に、自らを法華経の使徒とし、自己と法華経を一体化させ、日蓮は自らを如来と自覚します。

親鸞と日蓮　生きる現実の肯定

親鸞は人間悪の根源である性欲を肯定することにより、生きるに値する人間を発見し、日蓮は自らの法戦体験の中から、政治・社会を構成する欲望としての攻撃性を肯定しました。性欲と攻撃性は人間社会の現実そのものです。時は鎌倉から室町を経て戦国時代に突入します。生きるための欲望の渦巻く時代です。親鸞と日蓮はその現実の欲望そのものを率直に承認し、承認することにより自らは知ってか知らずか如来すなわち仏になります。彼ら自身のそして彼らが後継者に要求する体験と課題の証が、南無阿弥陀仏の念仏であり、南無妙法蓮華経の題目です。念仏・唱題を介して弟子門徒は自らを祖師である親鸞や日蓮にそして更に如来そのものに同一化します。修行の易行性はここから出てきます。しかるが故に彼らの教団は後世の歴史に対して極めて戦闘的になりえました。一向一揆と法華一揆等、為政者に対して武器を持って立ち向かったのは彼らの教団です。

性欲と攻撃性、二つの衝動は、土地私有のために闘争し、家を護り育てることを課題とする、武士階層にとっては否定されてはならない事項です。親鸞と日蓮は武士達にとって最も必要な生存のイデオロギーを与えます。

法華一揆と一向一揆

日蓮宗徒は早くから都に進出しその現世肯定的な宗風は勃興しつつある新興商人階層に歓迎されます。応仁の乱後の勢力伸張は目覚しく京都の町衆の自治組織の精神的紐帯になります。彼らは武装して都を法華コミューンにしました。祇園祭復興に尽したのは彼らです。それを嫉んだ他宗の反法華連合軍は幕府守護勢力と連合し、一五三六年日蓮宗徒の軍隊と戦います。天文法華一揆と言います。双方共に数万の軍勢を動員したと言うから、もう内乱です。法華軍は激戦の末破れ一時逼塞します。信長入京の時も納税を拒否して町中を焼き払われます。日蓮宗を危険視した信長は、この時代一番おとなしい浄土宗を利用して日蓮宗徒との対話を命じ、日蓮宗徒側を敗北させ（勝敗を決めるのは信長です）、以後日蓮宗の生命とする折伏つまり宗論を禁じます。封建君主にとっては宗論をボンボンやられるのが一番危険です。宗論は思想の自由を前提とします。覇者による弾圧は信長・秀吉・徳川将軍と続き江戸時代の不受不施派の血塗られた歴史に連なります。

親鸞の教えを門弟達は各派に分かれて布教します。浄土真宗です。親鸞の直系の血縁を誇る本願寺は十五世紀に出現した蓮如により急成長します。蓮如は生涯に四人の正妻を娶り一三男一二女を産ませたという人物です。彼は親鸞の原点に帰り門徒中心主義に徹し、本願寺と門徒の間の中間勢力（坊主）を適宜排除します。真宗の他派を巧みに解体し、同時に当時遍歴集団でありながら強い勢力を誇った時宗の信者を、自己の宗派に取り込みます。末端の門徒を本願寺の当主が直接掌握する一方、地方の坊主勢力には一定の指導支配を認め傘下に置きます。彼は本拠を山科から摂津の石山に移します。彼のやり方は戦国大名のそれと同じです。坊主が豪族ならその支配下の門徒は農民です。坊主勢力を牽制するために門徒中心主義を取り、門徒を広域に渡って組織するために坊主勢力と妥協します。この大勢力は戦国大名に警戒されます。加賀の守護富樫氏は真宗門徒に亡ぼされ、以後一〇〇年間加賀国は門徒の直接支配するところとなります。隣国の越前朝倉氏も越後上杉氏も一度は戦いますが妥協します。下手に事を構えたら領国が崩壊する。徳川家康は若い時三河の真宗門徒と執拗な戦いを繰り返し、彼らを屈服させて戦国大名としてデヴューしました。

真宗の盛んな所は北陸三河尾張および京畿内周辺、つまり先進地帯です。この先進地帯に天下統一のために進出したのが織田信長です。従って本願寺門徒と織田軍の戦いは両者の運命を分ける壮絶な戦いになりました。本拠地石山（現在の大阪城の地）を攻める織田軍は攻めあぐね両者へとへとになり、結局正親町《おうぎまち》天皇の仲介により講和します。この間北陸や尾張長島では何万の門徒が虐殺されます。徳川家康は自己の経験に鑑み、豊臣徳川の確執をうまく利用して本願寺を東西に分割します。日蓮宗と浄土真宗の弾圧に対する抵抗を比較すると、前者では個人的受難が多く、後者の闘争は集団的です。

武士道菩薩道論

仏教と武士道の関係について述べて参りました。仏教が仏教である由縁は、菩薩道と迷悟不二、にある。菩薩は現実と理想、此岸と彼岸の境界を跨いで生きます。現実にあって理想を望み、現実に生きることを理想として、現実を理想に変える者達です。私は我国における菩薩道の具体的な荷手を、武士に求めます。より詳しく言えば、武士と僧侶の共同に求めます。仏教あるいは僧と武士の関係を要約してみましょう。

仏教は国教になりません。仏教は特定の価値を指示せず独占せず、生存のあらゆる可能性を容認します。また仏教を受け入れた時の我国の社会は、家父長制を強固に形成するに至らず、原始共同体の素朴さを保持していました。この状況にあって仏教は国家による価値独占と体制硬化を阻止し、半合法的土地占有者の活動を容易にします。逆に後者の活動に支えられて仏教の寛容で闊達な思想の展開は可能になります。

具体的な現れが、聖と武士です。聖の活動と武士の活躍は重なります。共に組織に対して合法であり非合法であるという両義的関係にあります。聖なるものと俗なるものの濃密な交錯の中で、私有財産としての土地は肯定されます。

菩薩僧は田堵名主その後身である武士の起源であり、同時に寺院領主の系譜に連なります。後者はその内部に僧兵という武装集団を必然的に抱え込みます。寺院は僧兵集団そのものです。僧は兵です。

寺院は僧の自治組織サンガとして運営されます。大衆僉議というサンガの意志決定方法は、武士団の衆議性に通じます。

僧と武士は死を自覚し共有しなければならない。人間が必ず逢着し直面しなければならない運命を、両者は凝縮した形で背負います。生と死の相克を武士と僧は分業する形で荷ないます。死の共有を介してのみ集団の成員は平等です。社会が形成されるためには、死を共有できなければなりません。

仏教と武士層の発展は相補し併行します。仏教が存在しなければ武士の成立はなく、武士層の形成がなければ、仏教の発展はありえない。武士と僧侶は菩薩道を分業します。

第六章　武士は食わねど――戦士そして治者

鉢植の大名

関が原の戦に勝った徳川家康は、一六〇〇年征夷大将軍に任じられ、暫くして将軍職を秀忠に譲ります。最強にして最後の幕府ができました。一六一五年幕府は大阪の陣で豊臣氏を亡ぼします。その前後から禁中並公家諸法度、武家諸法度、寺院法度、一国一城令、鎖国令、慶安のお触書等の諸法を発し、公家大名士農工商の諸身分を統制します。統制の為の一連の法規が完成するのは十七世紀中葉です。

幕府は秀吉の兵農分離政策を押し進め、武士を農村から切り離し、彼らを城下に集住させます。主君である将軍大名が家臣に給付する時、直接支配権を一定度認めて土地を与える知行と、土地の管理は主君が行いそこから上る年貢のみを米銭で与える扶持、の二種の形があります。大名将軍は時代が進むとともに前者を後者に変えてゆきます。この過程で江戸時代初頭には、大名の領国内で内紛がよくあり、多くの大名が取り潰されました。例外もあります。加賀前田家や仙台伊達家等の大大名には、大名級の給付（一万石以上）を受ける知行取りの藩士がたくさんいました。将軍の直轄軍団を為す家臣団の内、旗本と称される武士達の多くも知行取りです。しかし家臣団の大部分は扶持米取りになります。家臣は主君である大名将軍のサラリーマンになります。彼らが本拠地の農村に帰って武装抵抗することは不可能になります。江戸時代全期を通じて百姓一揆は頻繁に起こりましたが、主君に対する家臣団の反乱は全くと言っていいほどない。

藩士が大名の統制を受けるように、大名も将軍の統制を厳しく受けます。極一部の大名を除いて、多くの大名は関が原以後新しい土地に封土を与えられました。譜代大名を中心に国替も行われます。そして参勤交代。こうして大名は鉢植えの木と例えられるように幕府の意向で封地を簡単に変えられるようになります。土地との繋がりを絶たれると大名も武装抵抗は不可能になります。要約すれば兵農分離を徹底することにより、関が原の覇者という力と権威を背景に、幕府は大名旗本藩士を含むすべての武士階層の管理に成功します。また商業の発展に伴う武士階層の貧困化ゆえに知行取りは減少しました。小領域の支配では窮乏化に対する有効な対策がうてません。

武士はサラリーマン

武士が農村から出て行くと、農村は農民だけになります。大名や将軍はなるべく農民を直接支配しようとします。武士の中に知行取りという人身を支配する分子がいるように、農民の中にも大百姓とか草分け百姓という、耕作農民を直接支配する連中がいます。大名将軍はなるべく隷属農民を解放する方針を取ります。大名将軍が納税責任者として直接把握できる耕作農民を本百姓と言います。本百姓は自作農です。農村の中心は彼らでしたが、なお農民間の隷属関係も残りました。農村には大幅な自治が認められていました。禁令に触れずきっちりと納税さえすれば後は任すという方針です。江戸時代の特に前半期の支配体制は大名将軍が本百姓を直接支配する体制でした。もちろんこれは理想的な図式です。では殿様上様以外の武士達はどうなったのか？　彼らは主君の官僚群として主君の統治機構の一員になります。サラリーマンです。こういう体制がだいたい完成したのは五代綱吉の頃。武士は大名の城下町に住み、農民は農村で耕作し、商人や職人は主として町に住む。藩内の余剰は大阪へ運ばれて交易され換金され、その相当部分が江戸在住の費用に当てられる。その間に商人が介在する。ざっと、このような経済システムでした。

幕政初期の公共投資

江戸時代の半ば頃から武士は次第に貧困化します。農民の生活はむしろ向上します。同時に台頭してきたのが商人勢力です。江戸時代初期の特徴は為政者の熱心な公共投資です。江戸という新しい首都の建設、大名の城下町の建設、参勤交代のための道路橋梁や宿泊施設の整備、そして大名領国内での新田開発や潅漑施設の整備等。なぜ為政者がかくも公共投資に熱心になったのか。平和維持のためです。幕府にとって江戸と京大阪を結ぶ東海道中仙道の整備は急務でした。参勤交代のためには絶対必要な処置です。参勤交代は幕府が大名の経済力を弱め、彼らを監視統制する為の政策ですが、結果として膨大な需要を街道沿いの地域にもたらします。首都江戸さらに商都大阪の都市整備も同じ意味を持ちます。大名はきちんと領国が統治できないと改易（お家断絶）されます。領内で百姓の大一揆が起れば取り潰されます。領内整備は大名が生き残る必須の条件です。

大名財政の破綻　商人の台頭

その結果大名の経済は比較的早くから破綻し始めます。反面農民は公共投資の恩恵を受けます。商品作物の栽培、副業への精励等で稼ぎます。この中には課税されない作物もあるし、巧みに作柄を隠すこともできます。米のできは監視できても、他の作物の作柄・加工工程・流通経路までは為政者も簡単にはつかめません。働く者の特権です。こうして江戸時代中期になると、建前は五公五民でも実態は三公七民くらいになります。農村の余剰産物はすべて商人の手で中央市場である大阪へ廻されます。結果は生活程度の向上と物価の上昇です。そうなると百石とか二百石とか米の量で給付される武士は不利です。米価が上ればいいが、生活の向上とは主食以外の必需品の比重が増大することですから、米という固定した給付で生活する武士の生活はどうしても貧困化します。幕府は家康秀忠の二代で貯めた金銀を食い潰していました。それも元禄中期になると破綻します。二七〇年間の統治の間、徳川幕府が腐心したことは軍事力の行使などではなく、経済対策です。窮乏化する武士階層の生活、だからその上に立つ藩や幕府の政治生命をどう維持するかが緊要な課題となります。

武士は経済官僚に

武士は治者です。農村から年貢を取り、反対給付として治安を保障しますが、それは当然です。

年貢徴収も含めて治者である武士が苦心惨憺したことは経済政策をどうするかです。幕府の対策としては、勘定吟味役設置による収税システムの効率化、貨幣改鋳（金銀比率と貨幣流通量の変更）、年貢増徴と米価統制、経済政策への商人資本の導入、社会福祉政策の実施等があり、最後に上地令という名の中央集権化政策があります。諸藩の方では商品作物の栽培奨励とその藩営化政策がありますます。もちろん年貢増徴も試みられます。そして倹約。最も成功したのは藩営化政策です。しかしその時は幕府というより封建社会が崩壊して新しい時代を迎える時でした。江戸時代のほぼ全期間武士は経済官僚になります。

五代綱吉の財政改革　勝手方老中と勘定吟味役の設置

江戸時代初期には幕府の経済は潤沢でした。七〇〇万石という全石高の三割以上を占める直轄領、外国貿易の独占、埋蔵量豊かな金銀山、家康以来の蓄積等のゆえに四代家綱の頃まではたいした経済問題は起こりません。むしろ大名家の内紛や大名改易の方が重大事件でした。大名を厳しく管理統制することにより幕府は富裕になります。五代綱吉の頃から経済問題が深刻になります。勝手掛と言う財政専管の老中が置かれます。大蔵大臣です。勘定奉行所の内容が充実します。役所の長は勘定奉行です。新たに勘定吟味役という職が設置されます。吟味役設置の目的は主として地方に置かれた代官の監視です。幕府直轄領は数万石から数十万石くらいに分割され、代官郡代といわれる役人により管理されました。代官の下につく職員は二〇名内外、この人数で広い地域を管理します。代官は在地の旧豪族系の有力者が多く、現地に顔がきくかわりに徴収した年貢の申請はルーズです。

二、三割はごまかされました。支配下の農村とも癒着します。そこで年貢をきっちり取り立てるために勘定吟味役が置かれ、代官を厳しく監視します。不正がばれて切腹させられた代官もいました。幕府は旧豪族系に代り、直接中央から地元に縁の無い人物を代官として任命します。徴税請負人が正規の官僚になります。この政策は成功します。勘定吟味役は四、五名ですが、上司である勘定奉行を飛び越えて老中に直接報告することもできます。

下部機構も整えられます。勘定吟味役や組頭の下に勘定所留役という役職ができます。この役は本来書記の仕事ですが、下調べや予審も担当し役所の実務者になります。さらに留役が評定所に出向して評定所調役となり評定所の実務を担当します。寺社奉行所にも出向します。勘定奉行所の役人が次第に評定所に進出し政策決定に大きな影響を与えるようになります。評定所一座と言えども、留役という現在で言えば係長クラスの役人の意見を、無視できません。元々勘定奉行は三奉行の末席に置かれ、必ずしも家格と関係なく登用される傾向にありました。金銭を扱うから抑商主義の幕政初期には若干不浄役人扱いされたきらいがあります。勘定奉行自身が実務派です。さらに勘定吟味役その下に勘定所留役が置かれると、これらの役職は微賤の武士が、実務派官僚として出世するコースになります。幕末の開明派能吏である川路聖謨《としあきら》は、浪人から小普請組、支配勘定出役、支配勘定、勘定所留役助、同留役、評定所調役、寺社奉行吟味方留役、勘定吟味役、そして地方の奉行を経て勘定奉行と着実な立身出世コースを歩み、黒船来航に際しては外務官僚として活躍します。彼は留役の頃から時の老中阿部正弘に着目され相談にあずかりました。五代綱吉の政治は重大な転換点です。この頃から幕政全体が財政経済重視の方向へ政策の軸を向け、幕臣そして並行して諸藩士は経済官僚への道をたどり始めます。算勘のできぬ武士は物の用に立たない。綱吉は悪名高い生類憐みの令のせいで人気はぱっとしませんが、彼の施策は将来の幕政に重要な影響を与えます。

元禄時代　豊かな消費生活

綱吉の治世は元禄時代と呼ばれます。生活が豊かになった時代です。都市住民は白米を食べ、清酒を飲み、醤油で味付けし、畳の部屋に住みます。この時代の宴会のメニューを見ると、現在我々が日本料理と言っているものがほぼ出揃っています。油も大量に生産され夜の世界も楽しめるようになりました。島原吉原の繁栄はその一例です。一人前三両も四両もする料理がよく売れたと言います。当時一両で約米一石から二石買えるとします。現在米価は小売値で五キロ二〇〇〇円くらいです。一石一五〇キロだから、2000×150=300000、300000/5=60000となり、一石五、六万円になります。だから現在の価格で一五—二五万円くらいの値段の弁当がよく売れていたことになります。現在そんな高い料理を食べる人は少なくとも私の周辺にはいません。食生活が贅沢になると、衣料の方もゴージャスになる。現在女性が和服を着る時締める幅広い帯は当時の産物です。金銀の刺繍、西陣織の綾錦が出廻ります。富裕な商人の細君同士が衣装の贅沢競争をします。荻生徂徠は江戸城で講義した時、身分の低い武士達が老中より立派なものを着ているのを見て驚いたと書いています。米だけを食べていれば後は味噌少々という時代ではなくなっていました。

貨幣改鋳、是か非か?

経済価値に占める米の比重は低下し、米で給付を受ける武士の収入は相対的に減少します。対して農民も職人も商人も価格の変動に応じて生産販売する物を変えることができます。武士も人間だから人並みの生活はしたい。大名将軍の財政は窮乏します。考え出されたのが、勘定奉行荻原重秀が発案した貨幣改鋳です。金貨銀貨の中の金銀の量を減らします。幕府は名目上の増収を得ます。同時にこの貨幣を使って公共投資とか起業とかをすればなんとかなるのでしょうが、当時はそういう智恵も能力もない。流通貨幣量の単純な増加即インフレです。生産者はインフレに対応できるが、武士はできない。武士の窮乏はいよいよつのります。六代家宣の政治顧問であった新井白石は逆に金銀の量を増やす改鋳をします。貨幣への信頼を取り戻すためです。信頼は取り戻したが、今度は貨幣流通量が減少し不景気になります。荻原新井両氏は犬猿の仲で政策上も対立しましたが、貨幣流通量と物価景気との関係は現在の経済学でも論争中です。確実なのは、金は魔物、と言うことだけ。魔物を飼うのは人間です。

享保の改革　米相場の統制と金本位政策

白石をくびにした八代吉宗は享保の改革を行います。彼の経済政策は新田の開発、年貢増徴、米価統制そして倹約です。このころから倹約は武家の標語になります。吉宗は綿服を着て一汁三菜に徹し、支出削減のモデルを示します。吉宗のような意志の強い人はともかく、一度慣れた贅沢を元に戻すことは並大抵のことではない。新田の開発と言っても増収はせいぜい二〇—三〇万石程度です。吉宗は米価の統制に努力しました。米価が下がればそれを売って食っている旗本御家人の収入が減ります。米価が下がり過ぎないように警戒します。上りすぎても庶民が困ります。そのために大阪の米問屋を統制し、売買の報告を義務づける一方、空の売買を禁止したり、酒米の量を制限します。大阪の経済的地位を低下させるために、金銀の交換比率を強制的に定めようともしました。銀本位の大阪に不利なように金高にする。金本位の江戸は安く米を買えます。経済力を持っている大阪商人に金銀の相場を利用した投機をさせないためという意味もあったでしょう。金銀複本位制だから、当時の江戸大阪間の商売は外国貿易のような関係でした。

吉宗は非常に有能な努力家の将軍でしたが、彼の政策は一部成功したに留まります。経済における大阪の力は圧倒的です。米だけを取っても全余剰生産量の三分の二以上が大阪に回航されます。他の産物も同様です。加えて当時の製造業も京大阪中心でした。さらに各大名はその領国内に独自の経済圏を持ち、自藩の都合で行動します。貨幣は金銀銅の三貨制で三者間の相場は民間市場の自由に放置せざるを得ません。幕府が全国経済を統制しようとする方が無理です。が、吉宗はこの困難な政策に先鞭をつけます。

公事方お定書　民事法制定へ

吉宗の政治で特記すべきは、公事方お定書、の制定です。武家諸法度と並ぶ江戸時代を代表する法律です。二つの法を比較して見ます。武家諸法度は

大名同士が将軍の許可無く同盟や姻戚関係を結ぶこと
大名が将軍の許可無く城を勝手に普請すること
幕府の法に違反した者をかくまうこと
主君への反逆者殺害犯を召抱えること

等の禁止を主要内容とします。対象は大名です。この法度の目的は大名の叛乱の防止監視にあります。武家諸法度と並ぶ幕府初期の主要法典である、慶安のお触書、の対象は農民で、そこには、勤倹節約して労働し年貢を完済しよう、と強調されています。そのためにお上への絶対服従が奨励されます。後は武家に対しても農民に対しても、その時その時の慣習に従って判断し判決していただけです。荻生徂徠は幕府のこのやり方を批判し、せめて判決の記録くらいは残しておくべきだ、と進言しています。彼の意見にも影響されたのか、吉宗はそれまでの幕府の法制や判例を参考にして総合法典といえる、公事方お定め書を一七四二年に作成しました。ここに盛られていることは以下の通りです。

訴訟手続、裁判管轄、訴訟要件、時効、内済等の一般的事項
村政に関すること
町政に関すること
殺し・盗み・火付け等の一般刑法の対象となること

が実務的見地からかなり詳細に記載されています。特に村落共同体の財政、質地小作に関する事柄（事実上の農地売買）、貸借関係、偽証文や二重質入等経済関係の事項が目立ちます。更に奉公人請負、捨子、隠れ娼婦、駆落ち、不義密通、心中等当時の民政を悩ました事項も沢山盛られています。武家諸法度等と比較すると公事方お定書は次のような特徴を持ちます。

訴訟裁判が客観化され法制化されている
全体に刑量が軽くなっている
経済や民政関係の事項が増加している

この法律の制定は当時の社会世相を反映し、同時にこの法律により経済行為が促進されます。初めて流通商業という経済現象が成文法の中に記載されます。しかしこの法律の経済行為に対する効力には限界があります。貸借関係をなるべく内済つまり当事者同志の話合いで解決させ、公権力は民事訴訟への介入を極力避けようとします。一七一九年に江戸町奉行所で取り扱った公事二六〇〇〇余件の内、九三パーセントが金公事（貸借関係）なのにもかかわらずです。しかし吉宗が裁判手続を客観化し、経済や民政の事項を成文法の内容として明記した意義は大きい。法が明確にされないと高度な経済生活は営めません。

田沼意次　商人資本との連携

田沼意次の政策は斬新です。彼は幕府の財政再建のために商業資本を利用します。新田開拓・鉱山開発・治山治水における商人資本の導入、一部産業の幕府独占、大商人への営業税の設定、等です。鉱山開発はあまり成果がありません。新田開発では印旛沼の干拓が有名ですが、失敗します。産業独占や営業税設置は幕府の統治機構の手にあまります。現在の税務署がするように、各個人の収入を追跡して確実に把握することは幕府にはできない。戸籍さえも怪しいものです。慣れない武士が商業に手を出すと士族の商法か汚職に行き着きます。物価は高騰し飢饉が頻発し、浅間山の大噴火で関東一円の農村は荒廃し、江戸の打ちこわしという大衆蜂起の前に田沼政権は崩壊します。田沼意次は以後江戸時代を通じて最大の悪役になり、田沼と言えば賄賂と言われるようになります。実際どの程度賄賂が真実であったかは解りません。意次個人は美男子で誰にも愛想のいいよく気がつく、敏腕な政治家でした。

寛政の改革　社会福祉政策への着手

田沼政権に代ったのが松平定信です。意次が小納戸役人上がりなら、定信は八代吉宗の嫡孫で、将軍職を継ぐべきところを、意次の陰謀で松平家に養子に出され、将軍になれなかったとかで、二人は天敵です。定信は意次の反対をします。彼が幕府政治において始めてしたことは社会福祉政策です。江戸の打ちこわしという民衆蜂起を幕府は極度に恐れました。この打ちこわしで死罪が一人も出ていません。本来なら二〇—三〇人の磔獄門くらい出て当然の反政府的行動です。それができなかったのは、幕府が民衆蜂起を恐れたことと、責任の所在は自分達為政者の側にあると、認識していたからです。だから定信の政治は、清き白河には魚住まず、と皮肉られるくらい清廉潔白を看板としました。江戸の零細市民のために幕府と当事者双方が基金を出し合い、生活難に備えて福祉資金を作ります。同時に彼は意次の政策の一部を取り入れ、株仲間を保護育成します。各業種ごとに大商人（職人も入ります）に団体を作らせ、彼らに物価と物資流通に責任を持たせる制度です。見返りは営業の独占を含む特権です。しかし当時の産業は江戸だけではむろん、大阪を加えても全国の流通を統制できるには市場が大きくなり過ぎていました。株仲間商人は次第に特権団体になり幕府にとってむしろ邪魔になります。

幕府を潰した十一代家斉

定信は六年で老中を辞め白河藩主として自藩の政治に専念します。成長した十一代家斉が手におえなくなりだしたからとも言われています。しばらくの移行期間を置いて家斉将軍の親政になります。家斉が何をしたか詳しいことは知りません。経済政策においてたいしたことはしていません。幕府の財政を食いつぶしたことはまちがいない。諸事派手好き、側近政治とポルノクラシー、加えて無政策とくれば結果は目に見えます。それに子供が多い。男女併せて五〇人以上。彼らの嫁ぎ先や養子先を決めるために見返りが要ります。ために大名間の軋轢やお家騒動も持ち上がります。水戸徳川家は最大の被害者です。口の悪い杉田玄白は家斉のことを北海の鱈と書きました。柳亭種彦はこの将軍をモデルに、偐紫田舎源氏《にせむらさきいなかげんじ》、を書き処罰されます。鎌倉室町江戸の三つの幕府を崩壊させた責任者はやはりいます。北条高時、足利義政、徳川家斉です。彼らの共通点は最後には政治を投げ出して遊んでしまったことです。不幸なことに家斉の治世は大御所時代も含めて四〇年に及びます。経済政策そして、既に足音が聞こえてきた西洋列強の襲来という国難を、子供の家慶達に残して彼は幸福な一生を終えます。

天保の改革　上地令

大御所として実権を握っていた家斉の死を待ちかねたように、水野忠邦の改革が将軍家慶の全面的支援で始まります。水野政権の改革の目玉は上地令《あげちれい》です。幕府は開幕当初から江戸と大阪の周辺は天領とし、更にその間に譜代の小大名や旗本の領地をややこしく組み込みました。彼ら領主の反乱を警戒したからです。しかし産業が発達するとこれでは経済政策の遂行に支障をきたします。政治と経済の二大中心地すら幕府は有効に統治できない状態でした。忠邦は江戸大阪周辺の小領主を遠方の地に国替えし、江戸大阪を中心とする一定の集権政治が可能な地帯を作ろうとします。領主にすれば富裕な所から貧寒な地へ飛ばされるので減収になる。政権内の老中からも反対意見が出て水野政権は二年も持たずに潰れます。幕府が効果ある経済政策を遂行するために、上地令は絶対必要でした。

経済政策打つ手無し

水野政権の崩壊とともに幕府経済は事実上植物状態に陥ります。以後一〇年間積極的な財政再建は為されません。一八五三年黒船来航、五六年通商条約締結、開港。物資の海外輸出による物価騰貴、金銀交換比率の差を利用された金の海外流出、等で幕府は一時しのぎの対策に終われます。幕府の使命はもう終わっていました。ちなみに幕府初期金一両で米三石買えました。幕末の最後の小判では三両で米一石しか買えません。小判一枚の価値は約十分の一になったわけです。それでも幕府は頑張ります。一例を挙げると最後の勘定奉行小栗忠順による横須賀製鉄所建設計画です。これは明治政府の八幡官営製鉄所のモデルになります。咸臨丸渡航も蕃書調所設置も例になりましょう。

江戸時代全期を通じて幕府の経済政策を見ると、倹約と年貢増徴は別として、後は勃興する商業資本の抑制か利用かどちらかの政策です。ここで金を持つ者と権力を持つ者は分離し対決します。権力とは土地支配です。武士が領主である限り富裕商人は地主つまり真の土地所有者にはなれない。地主に成ることにより、商人は土地資本の競争原理による有効利用と資本の蓄積を経て、産業ブルジョアジーへの道を歩めます。同時に商人はある種の賤業意識を払拭することができます。江戸時代末期はこの矛盾がぎりぎりのところまで来た時でした。とはいえ武士と商人の間の懸隔はまだまだあります。しかしこの対立と距離が安定して長く続いたことは、必ずしも日本の歴史にとってマイナスだったとは思えません。

庄屋仕立ての幕政

徳川幕府の政治制度は、庄屋仕立て、と呼ばれます。庄屋さんが村を代表して治めてゆくシステムに似ていると言うのです。幕府は頂点に将軍が位置しますが、実際の政務判断は老中と若年寄が合議制で決めます。老中はまた、おとな、とも言われます。おとなは惣村の、老衆《おとな》・中老・若衆、のおとなです。惣村社会は一人前の農民を年齢別に分け、その中の高齢者つまり社会的経験の豊富な成員をおとなとし、彼らの合議制で惣村を運営しました。幕府の老中はこのおとな、若年寄は中老に相当します。幕府は譜代大名の家格を考慮しつつ、彼らを年齢と経験により合議体制に参加させます。合議体制の指導者が老中です。

幕府は惣村の自治制度を自らの行政のモデルにします。それもそのはずで、徳川家の前身松平家そのものが、家康の数代前はせいぜい多くて数百人の人数を集めうる程度の土豪に過ぎず、それより以前は惣村の有力名主クラスでした。徳川家は村長さん出身です。だから彼らの血と汗が沁みこんだ経験の産物であるシステムを統治体制とするのは当然です。家康は信長や秀吉と比べ家臣の意見を実によく聴きます。信長や秀吉が家臣団に意見を問うということは珍しく、彼らは一部の者と相談し即独断専行です。家康は決してそれをしない。必ず一族と家臣団の合議にかけその結論に従います、あるいはそういう振りをします。少なくとも関が原以前の家康はそうでした。

徳川家は厳密に言うと三河一向一揆制圧以前あるいは武田氏滅亡以前は、有力家臣と一族の連合政権という性格を濃厚に持っていました。武田氏が亡び、信長が本能寺に倒れ、徳川氏の領土が飛躍的に増え、小牧長久手の戦で秀吉に苦汁を飲ませ、豊臣政権に最有力大名として参加し（同盟でもある）、関東へ移封され身代は二五〇万石を越え覇者である豊臣氏をしのぐほどになり、そして関が原、という一連の事件を経て家康の地位が着実に向上するにつれ家康のやり方は変わりますが、出発点である庄屋仕立てという性格は決して消えません。徳川幕府の統治制度は惣村の合議制をモデルにして作られています。他の大名家も似たり寄ったりです。この点徳川家よりはずっとましな出自である長州毛利家も同じです。この家も一族と有力家臣の合議制で決めます。毛利家は特にこの傾向が強く、幕末には殿様家老なぞどこかへ行ったかのようになり、五〇石から一〇〇石クラスの連中の合議制になります。

評定会議

老中とその補佐若年寄が計七から八名で構成する台閣が事実上の最高議決機関です。将軍がそれに裁可を与えます。将軍と台閣の関係は将軍の能力や性格によります。家康や吉宗のように有能な将軍は台閣を指導しますが、そうでない場合は台閣の意見が強くなります。老中若年寄の下に寺社町勘定の三奉行が置かれ行政の実務を行います。寺社奉行四、五名、勘定奉行四名、町奉行は南北二名です。すべて複数です。権力が偏らないようにとの配慮もあるが、これも合議制の一種です。町奉行はわざわざ南北と名がついているので、江戸の町を南北に分けて統治するのかと思っていたらそうではありません。奉行所の位置が南北にあるだけで、二つの奉行所は月番制を取りました。その月の当番の方が新しい事件を受け持ちます。各奉行所で決定できない事柄は南北の合議となります。老中も月番制です。他の奉行も同様でした。

老中若年寄三奉行に大目付数名を加えてこれら四つの役職が徳川幕府の意志決定の最高機関です。後に公事方お定め書きができてはっきりしますが、それ以前から老中若年寄大目付三奉行の総勢二〇名弱で構成する評定所会議で重要事項は合議されました。老中は会議に参加する時もあればしない時もあります。後には側衆や目付も参加します。こうなると評定所会議の参加者は三〇名近くになります。老中若年寄寺社奉行は譜代大名、大目付町奉行勘定奉行は旗本が務めます。奉行になる人は時によっては数百石程度の家柄です。この人物が時に一〇万石を越える大名である老中と合同で会議を持ちます。特に後に足高《たしだか》の制ができてからはより低い家柄出身の人物も登用されるようになります。将軍に決済してもらうまでに、評定会議と老中若年寄の合議という二重の衆議を経なければなりません。勘定奉行の下には勘定吟味役や勘定組頭が各数名います。ここも基本的には合議の世界でした。寺社奉行は実権をあまり持ちません。町奉行の下には南北各々一〇〇名以上の与力同心がいます。彼らが実務を受け持ちます。奉行は指導者ですが一存で決めることはできません。後に目付や勘定吟味役が出世の登龍門として幅を利かせ出すと、彼らも政策決定に参加します。

近習出頭人

老中以下の正規メンバーは家格により固定されやすくなります。硬直化しがちな体制を補完し、新たなメンバーを政策決定に参加させるシステムが側近勢力です。初代の家康は自由に側近を選んで彼らと相談して決めていました。商人の茶屋四郎次郎、僧侶である天海や崇伝、外国人W・アダムス等です。秀忠以後こんな連中はいなくなります。代って登場してくるのが近習出頭人という人達です。彼らは秀忠や家光の幼少期から仕えた近習であることが多く、名門出身者に併行して老中や若年寄にも登用されます。阿部重次や松平信綱等です。台閣は名門出身と出頭人から構成されていました。出頭人は将軍死去に際して殉死する義務を半公然と課せられます。名門出身者と違い将軍の御恩によって出世できたという表面上の理由と、もうひとつ将軍との特別の関係なるゆえです。特別とは将軍と竹馬の頃から肌をも許しあった関係、男色衆道関係にあったことです。いわば出頭人にとって将軍は主君であり恋人です。だからあの世までご奉公しなければなりません。

戦国大名の親衛部隊で一番信用できるのはこの近習です。織田信長と森蘭丸の関係です。三代家光は青年になっても男色を好み、女子に関心を示さず後嗣のことで周囲を心配させました。家光に殉死した台閣のメンバーは数名に登ります。これでは前政権の功労者や有能者が消え、政策の継続性に支障をきたすので、家光以後将軍大名の家臣が殉死することは禁じられます。出頭人は小身から出世する特別経路です。この経路を経た人物で無能な人は少ない。権力の遂行とは微妙なものだから、権力者にとってはお互い心の裏の裏まで知り尽くし、つーと言えばかーの阿吽の呼吸で反応し、いざとなると身代わりに死んでくれる自分の分身を必要とします。この点は時代と場所が違っても同じです。出頭人とはそういう権力のニーズに答える勢力です。そしてこの部分が一番腐敗しやすいが、また権力の一番新鮮な部分でもある。権力遂行には恋人の存在が必要です。しかし女性では困る。子供ができればややこしくなります。男色は実の成らない花だから安心です。男色の相手を権力の要路に据えることは一面では宦官制度に似ます。宦官よりよほど人間的ですが。

側用人・側衆

殉死が禁止されると代って、側用人政治が登場します。五代綱吉の代からです。牧野成貞と柳沢吉保が有名です。成貞は綱吉の男色相手で側近として出世し、側用人として大名になりました。仇名が蛍大名。吉保にはそういう伝聞は知りません。一〇万石を越える大大名になり、大老格として台閣を圧倒します。綱吉は彼がいなければおさまりません。吉保も綱吉に全身で仕えました。彼はたいていのお話では権力妄者、君側の奸のように悪く描かれています。しかし綱吉の治世は幕政の転換期です。彼のような有能な側近は絶対必要です。吉保がただ者でないことは荻生徂徠を召抱えて使いこなしたことを考えても解ります。徂徠は、吉保は禅者としても相当の域に達していた、と言っています。こういう点をも含めて徂徠は吉保に一目置いていました。柳沢吉保の一面を知る挿話です。

以後も何らかの形で側近政治は続きます。六代家宣七代家継と間部詮房新井白石、吉宗と有馬氏倫大岡忠相、十代家治と田沼意次、十一代家斉と水野忠篤等です。間部詮房は能役者出身と言われ、白石は浪人出身、大岡忠相は三河以来の旗本です。田沼意次の父親は吉宗が紀伊和歌山から連れてきた家臣で百数十石の小納戸役人です。有馬氏倫も紀州出身の並みの侍です。しかし彼らは優秀でした。白石と田沼は幕政に一時期を画しますし、吉保や氏倫がいなければ綱吉も吉宗も動きが取れなかったでしょう。白石の活躍は将軍家宣と側用人間部詮房の信頼と背景がなければ不可能です。

側近政治は悪く言われます。しかしそれは権力の血を入れ替える一つの手段です。田沼失脚後この種の成り上り者を排除する空気が強くなり、人材を欠いた幕政は行き詰まったと言われます。具体的には家斉の時代です。しかしこの時代の後半から昌平校出身者が幕政に登用されるようになります。学問好きの綱吉が湯島に聖堂を作り、儒学興隆を奨励しましたが、まだ教養をつけるだけの存在でした。天保年間に入ると昌平校出身の秀才が幕政に参加し始めます。東大出身官僚の始まりです。また儒学のみならず算術の試験も役人登用の一手段として採用されました。幕末の政治を支えたのは彼ら開明官僚達です。彼らは決して名門出身ではありません。川路聖謨、筒井正憲、井上清直、勝安芳、小栗忠順、榎本武揚等は実力だけで幕政に参加した人達です。

足高制

八代吉宗は側用人を置きたかったのですが、自分を将軍にしてくれた老中に遠慮して大名役の側用人ではなく、旗本役の側衆で我慢しました。彼は人材の抜擢には特別熱心です。江戸市中の米価も知らない老中達では政治はできない。そこで足高制《たしだか》を定めます。低い家柄の人物を高い家柄の役職に任命するためには、この人物の石高を上げねばならない。この人物が役職を降りても石高が変わらないとすると幕府の財政上の負担が増えます。そこで役職についている間だけ役職相当の石高を与え役目終了後は元に戻す、のが足高制です。これなら幕府も財政上安心して人物を登用できます。この制度は幕末まで受け継がれます。仮にある人が二〇〇石の家柄としましょう。新しい役職は一〇〇〇石相当です。この差額八〇〇石は米八〇〇俵で支払います。八〇〇石と言ってもそれは領地の石高で、形式上の領主である人物の手元には四割くらいが実収として入るので八〇〇俵で充分なのです。足高の制により人材登用が柔軟になったことは否めません。

封建制と地方自治

諸大名の藩政もほぼ同じです。忠臣蔵で有名な赤穂藩は五、六万石ですが家老は五、六名います。

これが一つの典型です。彼ら家老が合議して政務を取り仕切ります。家老の下に補佐役がいろいろな名称で存在します。大名は家老集団の意志を無視できない。江戸時代、家老達上級家臣による、主君押し込め事件、がよく起こります。大名がなんらかの意味で不適格と判断されると、彼らにより無理やりに隠居させられます。家老達にすればお家あっての殿様です。大大名になると家老の数は増えますが、多くて二〇―三〇人です。名誉だけで実際には政務判断に加わらない部分や執行機関に近い部分もいるので、どこの大名でも実際政策判断に参加したのは多くて一〇名弱でした。家老とその補佐役の下に各種の奉行がいます。事実上彼らも合議に加わります。

大名の家政や領国など小さいものです。日本全国に三〇〇人の諸侯がいます。平均すれば四、五万石くらいでしょうか。抱える家臣の数はせいぜい一〇〇〇―一五〇〇人。足軽クラスを除くとまず三〇〇人前後が士分と言われる侍層です。この数なら合議で充分やれます。大名と家臣団の間に家老と奉行層を置けばそれで良し。三〇〇人のホワイトカラーを抱える中企業の職制を考えて下さい。四、五名の役員と一〇数名の課長で充分です。四、五万石の領国には大小合わせて五〇―一〇〇の村があると見ていい。民意は一〇〇人の庄屋さんの合議でも決められるというものです。農村の内部も同様です。庄屋（名主）・組頭・百姓代の三役が平均数百から千人前後の人間をまとめます。耕作等すべての農村の仕事は共同でする部分が多く、内部は農民の自治に委ねられます。大名が大きくなっても状況は変わらない。大きな集団を適宜分割してしまえば統治は同じです。封建制度のいいところはここにある。統治するされる集団の規模が小さい。武士の側に立っても農民の側に立っても衆議可能な集団です。

藩政改革と下級武士の台頭

江戸時代大名は飾り物になります。決定は家老達の合議によります。家老達も門閥だから保守化し無能になる。武士の窮乏は進むから藩政改革は必要です。有能な家老や大名自身が改革を実行しようと思えば新しい人材が必要です。これは門閥以外の下層から補給されます。上杉鷹山を支えたのは門閥以外の出身者です。長州の村田清風や薩摩の調所広郷等も中級以下の出身者です。さらに藩政改革への要求が激化する時もあります。薩摩の近思録くずれや土佐のおこぜ組等が典型ですが、こうなるとむしろ下級武士層が主役になります。藩政改革は生死の問題だから、名君と言われる藩主は人材を門閥保守層以外からも求め、藩政の意志決定は次第に下級武士層に移行します。彼らが門閥層を押しのけ割り込みます。江戸時代は平和な時代ですが、財政面から見る限り危機の連続でした。二〇—三〇年に一度の割で危機が現れそれなりの対処が為されます。だから下級武士も政治の実際に参加しやすい。幕末の雄藩薩摩の西郷隆盛・大久保利通、長州の吉田松陰・高杉晋作・木戸孝允、水戸の藤田東湖・会沢正志斎、土佐の板垣退助・後藤象二郎、肥前鍋島の大隈重信・江藤新平等はせいぜい中級藩士以下の層の出身です。彼らが藩政を牛耳り天下国家を論じます。また大名家も近習出頭人に関しては幕府におけるのと同様です。主君と肌をまじえた繋がり故に信頼関係にある側近が、藩政の中枢に起用されることはよくありました。

緩慢な下克上

幕政藩政の運営の基盤は合議制です。合議制は合議制ゆえにその決定権を下部に移行させます。自分が合議の一員なら自分の部局にもやはり合議制を適用させます。でなければ合議制は円滑に機能しません。合議制は下に支えられて始めて可能になります。この合議制は武士社会のみならず農村にも商人にも及びます。武士社会の合議制を補完し支える大きな要因として側近政治があります。これは主君が合議制に対して自己の権力を強化する一方法ですが、側近の登用により権力を構成するメンバーは常に更新されます。登用された側近も合議の中に参加します。藩政幕政改革は常に必要でした。このニーズは新しい人材の補完を要求する背景になります。産業経済の進展ゆえに自己の生存の危機を感じ続けていた武士階層は、常に自己の統治体制を吟味し改革しなければならない。足高の制や幕府諸藩における武士教育の整備は以上の状況を促進します。こうして武士社会の合議制は下へ下へとその決定権を移し拡げます。私が緩慢な下克上と言うのはこのことであります。

なぜ衆議制？　死を共有する点において武士は平等

武士社会は農村自治や寺院のサンガ共同体と密な関係において出現しました。武士社会は死あるいは死の可能性を共にしえる者同士の結合です。死を共有する者は基本的に平等です。武士であることは主従という関係を越えて優先されます。腹を切って死ねばあるいはその覚悟があれば、主君も家臣もあるまいと言う自意識を、彼らは常に持ち合わせていました。でないと死を賭してのご奉公なんかできません。主君といえども武士に値しなければ、それなりの応報を受けます。武士だと自覚する時点で武士は平等であり、だからいざという時には上下の差を超えて発言が許されます。合議制の根拠はここにあります。この平等性を安定させる装置が御恩と奉公の契約関係です。契約により生じる上下関係は平等性を補完し安定させる機構です。武士社会は誓約共同体です。

歌舞伎者　男道《おとこどう》

これまで江戸期の武士を治者行政官僚という視点から見て来ました。同時に武士は戦士です。この看板を下ろしたら武士ではない。幕府職制は老中と奉行からなると説明しました。老中の下には他に大番とか書院番の職制があります。これは戦闘組織で番頭は町奉行勘定奉行より格は上です。しかし肝心の戦争がないのでこの組に入れられた武士達の仕事は、せいぜい将軍外出時の警護くらいです。諸藩も同様です。しかし武士は武士です。単純な行政マンではない。戦時が去り平和の持続とともに、算勘に明るい者が武辺一途の者を押しのけて昇進するのを見た武士達には屈折した思いがあります。この時期つまり江戸時代初頭、武士が武士であることを露骨にきらびやかに顕示演出する、武士の交わりを本来のより直接的な何かに求めようとする、意図を持った行為がありました。歌舞伎者と念者の契りです。この事象と密に関係するものが殉死仇討と切腹です。

歌舞伎者は歌舞伎役者のことではない。歌舞伎は「かぶく」の名詞形、「かぶく」は「傾く　傾ける」の意。彼らは好んで人の意表を突く奇抜で派手な服装や態度を顕示します。彼らの生活様式は通常とか平均からははるかにかぶいて（傾いて）いるのです。江戸初期に始まる歌舞伎という新しい演劇は、その様式が斬新で奇抜なのでこの名を得ました。能楽という武家の正統な式楽をかぶけて生じたという意味もあります。歌舞伎者の元祖は南北朝時代の婆沙羅者です。彼らは当時の下克上の風潮に乗りギンギラギンの豪勢な遊びを楽しみました。戦国時代武士は戦闘技術を売って歩く技能者でもあります。だから彼らは自己の武芸と武勲を誇り演出します。演出が過剰になり自己目的になったような人物も現れます。戦国末期の前田慶次郎、江戸初期の大島逸兵衛等です。彼らが歌舞伎者の元祖です。時代が下がると水野十郎左衛門や加賀爪甲斐守等がいます。水野と加賀爪は大身の旗本です。彼らは時を得ぬ旗本同志で組を作り、派手で異様なかっこうをして集団で江戸の街中を練り歩きました。他の武士や時として町人にも喧嘩をふっかけます。喧嘩をしたくてたまらないのです。自分が男であること、戦いうる男であることを、見せつけ自己確認したくてたまらないのです。派手で異様な姿は戦国時代の武士達の戦意と戦衣の演出です。戦士であることの自己顕示です。団結は団結を通して得られる男社会の確認です。武家社会が誓約共同体であることの再確認です。だから幕府に目を付けられ拘禁され尋問されても、仲間の掟や秘密は漏らさない。秘密と掟を護ること、死を賭して護ることが、彼らの自己の確認です。変化する社会への適応を拒否して、原始的な団体の中に閉じこもることは反体制意識の表現です。男であること、戦士であることを団結の中に再確認しようとする心情があります。それはエロスです。だから治安に責任を持つ幕府当局としては放置できない。水野十郎左衛門は切腹させられます。彼らを旗本奴と言います。旗本奴に対抗し模倣して登場するのが町奴、任侠道のはしりです。

念者　同性愛

念者《ねんじゃ》は念《おも》う者です。念う相手かも知れない。念うは恋する、異性ではなく同性を恋慕することです。念者は同性愛者男色者の異称です。現在アメリカ合衆国で人生の一時期に同性愛を経験する男性は総人口の二五パーセント、生涯同性愛に留まる者は四パーセントという統計もあります。潜在的には男性の少なくとも四分の一は同性愛を経験することになります。アメリカがそうなら日本もそうかもしれません。戦国時代のことは記録がないのでよく解らない。織田信長は前田利家（犬千代）・森蘭丸・万見仙千代等を衆道（同性愛）の相手として寵愛しました。足利将軍家でも衆道は盛んでした。江戸時代になると記録が豊富になります。江戸時代初期、男色は武士の間で非常に盛んでした。以後も衰退した様子はありません。具体的事例は井原西鶴の男色大鑑に載っています。当時では当然のことでした。

確か会津藩だったと思います。適齢期つまり十四―十八歳くらいになった武士社会の青少年は、地域の先輩の男色の対象となることを経験する義務と習慣がありました。拒否すると集団でその家が襲われます。息子の貞操を護る父親と押しかける若い侍衆との間で押し問答があり、父親が何か賄賂を贈ってこの災い（?）を免れたということです。一定年齢に達すると同性愛関係を先輩後輩の間で持つ風習は会津のみならず薩摩や土佐も同様でした。他の藩も同じでしょう。このように相手の男性を念う者を念者と言います。念者の年下の方は前髪姿（武士の幼童期の姿）を保ちます。相手の了承無しに前髪をおろすことは許されません。勝手に前髪を下ろすことは念者関係の破棄を意味し、しばしば血の雨が流されます。念者が相手を変えるとえらいことになります。この関係の嫉妬は特別で男女関係の嫉妬どころの騒ぎではありません。仲間を呼びあい集団闘争になります。

典型的な年下の念者は色小姓です。前髪を垂れ振袖を着て口に紅を注し梅や桜等花模様の派手な衣装を着て袴姿で両刀を落とし差しに帯びるという風体です。宝塚歌劇で時々見かけます。一見女のようですが、彼らも闘争に参加すれば激しく戦います。大名の小姓は必ずしも前髪姿と限らないが、前髪姿の場合はまずその殿様の念い者と見ていいようです。

江戸時代中期対馬藩に仕えて対朝鮮外交を担当した雨森芳洲という儒者がいます。彼は朝鮮の使者に日本の男色を非難された時あっけらかんと、大兄はその味を未だご存知でない、と答えました。当時から明治にかけて義兄弟といえば同性愛関係の別称です。武士社会でも農村でもよく見られました。時代と国が急に飛びますが三国志の劉備関羽張飛は義兄弟です。彼らもこの種の関係にあったかも知れない。次兄の関羽が死ぬと他の二人はまるで自滅するように死にます。劉備と孔明の仲も怪しいといえば怪しい。水魚の契りゆえに二人は寝食を共にしたとか、これはベットを共にしたとも言えます。漢籍では同性愛のことを断袖の情と言います。

青少年教育機関としての同性団体

年をとると念者関係は解消されます。しかし相互の意志かどちらか一方の要求で続く場合もあります。六十歳近くなっても前髪姿を捨てない老武士もいました。念者関係はただ適齢期青少年の性愛関係と言うだけではない。同時に青少年教育の一環です。七、八歳を過ぎると男女とも同性だけの団体に入り、社会の習慣や儀礼や気風を生活を共にする中で学びます。これはなにも武士社会にのみ限られたわけではなく農民や職人の世界も同じです。時として若者だけの生活の時期があります。若者組です。団体生活の中ではいろいろな試練を課されます。薩摩の武士社会ではこの習慣が体系的に発展していて、年齢ごとに三段階に区切られた組の中で若者は学問武芸の教育を受けました。現在でも小学校に入る頃から親より友達と付き合うのを好み、同時に異性を排除する傾向がありますが、人間の成長にとり同性者との関係をどう習得するかは重大です。同性との関係を基盤として異性関係が可能になる。戦国期江戸期の武士社会も例外ではない。若者組文化の中の一つとして念者関係があったと思われます。ただこの時代他の階層より武士社会の方が念者関係が目立ちました。記録される機会が武士階層の方に圧倒的に多いことと、武士は闘争のプロなので目立ちやすいからでしょう。武士は闘争を使命とし死を共有する同志として誓約された階層です。念い念われる関係はより激しいものになります。契りです。契りゆえに武士は団結して戦えます。戦闘精神の前提としての契りは名誉の感情に繋がります。名誉を重んじる分、それを護るための闘争は必至です。この時代この種の事件による血闘はしょっちゅうでした。荒木又右衛門が活躍する伊賀鍵屋辻の仇討は大名と旗本の男色関係がこじれにこじれた果ての事件です。

幕府諸藩の為政者の側から見ると念者関係は問題です。痛し痒しです。戦闘精神は結構だが、社会の指導層が公然たる同性愛というのも無体裁、主君より私党が重んじられることは体制維持治安の問題でもある。だから次第に念者関係は否定されます。特に私闘は厳しく処罰されました。しかしこの種の関係が絶えることもない。幕府初期から陰間茶屋という男色専門の娼夫を置く家がありました。私闘が頻発するという点では念者関係は歌舞伎者と同じ弊害を持ちます。

殉死　主君は恋人

殉死の風習は考古学の時代にまで遡ります。埴輪は武内宿禰が大王の死に伴う殉死者を代用する目的で発案したと言われます。武士の時代になると殉死の風が復活します。平家物語では木曾義仲に殉死した郎党の話があります。鎌倉幕府の滅亡時や湊川の戦で大量の集団自殺が行われますが、これも一種の殉死です。逃亡しようとすればできますから。戦国時代の大名が戦死する時は必ずお供が出ました。殺生関白と言われた豊臣秀次が叔父の秀吉から切腹を命じられた時近臣数名が殉死します。江戸時代には将軍や大名が死ぬと家老級の家臣に殉死者が必ず出ました。殉死者には共通の傾向がある。門閥の家老で殉死する者はあまりいない。家老や老中になって当たり前だからです。主君により格別の取立てをされて出世した者達、出頭人に殉死の義務が課されました。公然とではありません。主君に取り立てられることは寵愛されることです。寵愛は家臣が主君の幼少期から同じ幼童として仕える、近習と呼ばれる人達に注がれ易く、主君と近習は男色関係で結ばれることが多いのです。こういう肌と肌、あるいはペニスとアヌスを触れ合わせた関係が、いざという時一番信頼できます。だから彼らは寵愛され取り立てられました。この特殊事情に彼らは殉死すべき筆頭に挙げられます。周囲からそういう存在として期待されます。そうなると別に男色関係になくても、主君に取り立てられたというだけで殉死しなくてはならない場合もある。殉死の動機は多様です。義理で死ななければならない時もあります。死ねば子孫が取り立てられるであろうと計算して、腹を切ることもあります。しかし殉死のメンタリティの基本は男色を通じての相互の連帯感情にあります。臣下は恋人である主君の後を追います。

殉死は三代家光の死に際し数名の重臣が殉死したことを、幕閣が反省し以後殉死は禁じられます。禁令を破り藩主貞昌の死に際して殉死者を出した、奥平家は二万石減封されます。幕府が殉死を禁止したのは、殉死が殉死だけに留まればいいが、歌舞伎者や念者関係と殉死が密接な関係にあるので、総体としてこの風習は幕府にとって危険なものだったからです。森鷗外作の、「阿倍一族」は殉死を禁じられた一家臣と殉死を当然視する家中の視線との相克、そして武士として男としてどう生きるかという葛藤、を描きます。忠臣蔵でおなじみの磯貝十郎左衛門や片岡源五右衛門は内匠頭の衆道相手です。

切腹　忠誠と反逆

切腹の風習はいつ頃から始まったかよく解りません。蝦夷人との戦闘の時、敵の首を取る習慣が内地に伝わったと聞きます。首級を挙げるのは勝利と戦果の誇示です。敵に見せ味方に示し主君の見参に入れて戦功を確認します。切腹もある意味では勝利の誇示です。敗軍に際して自分は決して屈服しないと言う意志の表明です。切腹は戦闘継続と主君と同輩への帰属ないし忠誠の誇示表明です。主君から切腹を命じられた時、切腹者はそれを自らが自らを処分するという形で引き受けます。これは一面主君や組織への忠誠の表明ですが、他面主君と自分は対等という自己主張でもあります。

切腹の馳走、という習慣がありました。北条氏が鎌倉で亡びた時、高時以下五〇〇名が集団自決します。この時ある武士は自ら先に切腹し息のあるうちに大杯で酒を飲みそれを指名した武士に与えます。この武士も同じように腹を切って杯を干し次の人を指名する、この行為が順番に繰り返されたと伝わっています。五〇〇名全部ではないが、名誉あるあるいは身分の高い、あるいは主君高時に特別の感情を抱く人達の間では切腹の馳走が行われました。この行為は死の交換と共有を媒介とする忠誠と連帯の確認です。自らの腹を切って内臓を曝すのですから肉体の極限を媒介とします。肝胆相照らすという諺の意味を越えて、同性愛的な連帯感の表明です。

切腹が文献に盛んに見られるようになるのは平家物語くらいからです。木曾義仲の郎党は、義仲が妻である摂政藤原基房の娘との別れに逡巡し、最後の戦闘への決断を下さないのを見て、自らが腹を切って主君の決断を促します。そのころから自害切腹は武士の習いとなります。戦闘に参加した武士のみながみな切腹したわけではない。多くの者は退却逃走や戦場離脱を選びます。生きての人生です。彼らには護るべき家と所領があり、一所懸命です。自害し切腹したのはそうしなければ主君や同輩に対して申しわけが立たない一部の人でした。切腹は戦国期に儀式化されます。武田信玄に亡ぼされた諏訪頼重は、腹を十文字に切り最後に心臓を突いて息絶えたと聞きます。当時の段階ではこれが正式の切腹だそうです。しかしそこまでできる人はざらにはいません。そこで介錯が入ります。腹を一文字に切った時点で首を打ち落とします。腹は深く切っても死ぬのに時間がかかります。死の苦痛を和らげるためです。介錯は、助ける世話する介抱することです。これも連帯感の表明になりましょう。豊臣秀次が切腹する時、殉死する近臣の切腹を一人一人介錯してやり、その死体の始末までして、最後にある僧侶に自らの介錯を頼んで自刃しました。秀次はあまり良く言われませんが、この行為から解るように極めて非政治的な歌舞伎者でした。江戸時代にも切腹はよく行われます。しかし行為は段々簡素化します。自ら腹を切らないで三宝の上に置かれた短刀に手をのばす時首をさしのべます。瞬間介錯人が首を切ります。赤穂浪士の切腹はこんなものでした。さらに三宝に置かれる短刀が扇子に変わります。介錯と打首は異なります。打首は罪人に適用される刑で首を胴体から切り離します。介錯は首の皮一枚を残します。それが切腹人への礼儀です。まちがって首を切り落とすと、場合によっては介錯人が腹を切らねばなりません。刑は士太夫に登らず、と言います。士太夫である武士は主君から刑罰を執行される前に、自ら罪を恥じて自決すべしとされます。切腹は主君から給わる恩恵であり名誉刑です。

心中

心中は元禄時代に非常に流行します。鸚鵡籠中記《おおむろうちゅうき》によると、ある年京大阪で約七〇〇件近くの心中が起こったとか。なぜこの時代かは解りません。特別不幸な時代だったとは思えない。生命の危険という点では戦国期の方がはるかに物騒な時代でした。豊富の中の倦怠あるいは閉塞感でしょうか。それなりに説明はつきます。この時代は武士が貧困化し町人が実力をつけてきた時代です。時代の変わり目あるいは将来の主役の交代の時期とも言えます。心中も殉死に似ます。主役が町人階層に移り、遊郭が絡むことが多くなります。念者との違いは対象が異性か同性かということだけです。歌舞伎者同様に心中する人間は自己を顕示します。心中の流行を武士社会の気風の町人階層への伝播と解することも可能です。

死・男道・連帯

歌舞伎者と念者と殉死には共通の要因があります。歌舞伎者は徒党を組みます。集団で戦士であり男であることを、戦闘に耐える強壮な肉体と精神の持主であることを、顕示し演出します。闘争を好み死を恐れない。少なくともそれをモットーにします。念者は肉体をもって他者と契ります。お前と俺とは切るに切れない仲なのだと、誓約します。誓いを破ることは死で報いられます。公より私を重視します。殉死は念者の関係を主君と臣下の関係へ限局しつつ、同時に事を為すに志を同じくする者同志の連帯感により主従を結びます。宗社亡びぬ、我が事終りぬ、十有数士、屠腹して倒る、です。連帯の媒体としての恋人関係は、志という対社会的目標を持つことにより、死を生の変容とし死を美化し死を無化します。切腹も死を介しての連帯感と闘争心の表現です。切腹は本来集団で行われることの方が多かった。闘争、連帯と誓約、肉体による媒介、死、集団形成等の重要な契機を歌舞伎者、念者、殉死、切腹、という一連の行為は共有します。これらを総称して男道《おとこどう》と言います。男道は戦士の共同体である武士社会が成立する必須の要因です。衆議制の情緒的基層です。同時にそれは行過ぎると社会の崩壊に繋がります。為政者は慎重に対処します。争乱専門の歌舞伎者は禁圧し、念者関係は貶価し、殉死は禁止します。またこれらと同種の意味を持つ心中も禁止します。心中は武士社会の維持にとって害あって益なし。禁止するのみならず、実行者に恥辱を与えました。生き残ったらさらし者にし、非人に落とします。そして闘争は主君の許可を得た仇討ちのみに制限し、武士の名誉刑としての切腹の美学は称揚します。闘争は武士の習いであり習性です。全面的に禁止したら武士が武士で無くなり、放置すれば闘争乱離の無政府状態になる。為政者達は苦心しました。そこでこの武士社会を飼い慣らし、固定化し、枠をはめる、イデオロギーを持ち込みます。儒教特に北宋の朱子が体系化した宋学です。

戦士か治者か

この章では、江戸幕藩体制の概略と武士が経済対策に奮闘する過程を述べ、ついで武士の戦闘者としての側面を語りました。武士身分は、治者と戦士という二つの特性を持ちます。言葉を換えれば、経済官僚と念者です。武士が扱う物は、弓馬刀槍と黄白青銭です。戦闘と経済、二つの契機は武士が出現する状況そのものの産物です。武士は半合法的土地占有者であり、この資産を護り維持するために戦い、団結します。食うために戦うために、団結します。死という一点を共有することにより団結します。衆議は武士社会の必然的特性になります。死を共有して戦うから平等であり、だから社会の結合力が生まれます。この結合する力は男道、同性間のエロスです。

第七章　武士も食わねば――治者そして戦士

儒教、漢民族の風習儀礼

儒教は西暦六世紀春秋時代末期に、魯の孔子により創始されたとされますが、実態はもう少し複雑な形成過程を経た歴史的産物です。儒教の聖典は四書五経と言われ、特に孔子の言行を弟子達が記した論語が重んじられます。しかし論語のみならず大学・中庸・孟子すべてを読んでも儒教の何たるかは解らない。儒教を仁義礼等のタームで括るのは危険です。儒教を理解するためには五経（六経）の理解が必要です。書経、詩経、礼記、易経、孝経そして春秋です。春秋には三つの注釈があり、左氏注釈の春秋左氏伝が有名です。

書経は政治上の公式記録文書、詩経は伝承された詩集、礼記は儀礼の集成、易経は易の原理原則の記述、孝経は孝の原理の解説をその内容とします。春秋は春秋時代の中原諸国の歴史記述です。となると五経の内容は非常に単純に要約できる。政治的見解と気風情緒、それに伴う儀式が五経の内容です。政治的見解は王道、徳のある王者がその人格的魅力によりいわゆる仁政を敷くこと、にあります。これを親子間の基本的情緒である孝と宇宙の運動原理である陰陽五行でもって理論化します。宇宙原理の方は形而上学だから一応お飾りと見ておきます。すると五経の中心原理は王道と孝道です。

換言すれば五経が説く政治は親子間の情愛を治者被治者間に及ぼすという意味での仁政です。仁政の具体的形態として、一方では儀礼の演出があり、他方では詩による民俗の感情表現があります。それ以外のものはどこを探しても出てこない。春秋は理想の裏面、政治的現実です。儒教はこの現実を反面教師とし、そうあってはならないと強調します。春秋は孔子が編纂したとされ、論語は孔子の言行録です。二つは必ず読み比べて下さい。論語の内容は形式的理想主義です。反面教師が春秋に記載された内容です。論語で唱導する理想が、当時の社会では全く現実ではなかったことが解ります。だから儒教は孔子が生きた時代までの中原諸民族の風俗習慣のやや体系的な記述です。儒教はそれ以上のものでも以下のものでもありません。

孔孟の教え　そして長い停滞

儒教は仁を強調します。仁は孝と言う親子間のあり方を普遍化しただけ、それを政治の面に適用すれば仁政になります。親子間のあり方と言っても慈愛とか崇敬という抽象的なことと、後は儀礼だけしか書かれていないから仁政の実態は無内容です。あえて言えば親や主君は子や臣下に思いやりを持ち、後者は前者に随順する、がその内容です。

孔子の二〇〇年後に孟子が出ます。彼は仁という漠然とした二者間の関係だけでは、社会の現実を説明できないとし、義を強調します。義は、美しい正しい、くらいの意味。そして人間にはこの仁義という理想を実現する可能性を万人が持っているとして四端を唱えます。端は端緒・芽生え・可能性、すなわち羞恥、惻隠、是非、辞譲の四つの性向です。それぞれ智仁義礼の四徳に対応します。仁義礼智そのものはすぐ備わらなくとも、その可能性を表す四端を人は本来持っている。だから努力次第で人間は君子にも聖王にもなれる、と孟子は言います。彼の性善説はここから出ます。孔子が人間関係を仁という親しさ・柔らかさで説明しようとしたのに対して、孟子は人と人の間のけじめ・あるべき距離の方を強調しました。

儒教を孔孟の教えと言いますが、実質的内容としては儒教はこの辺でおしまいです。孔子と孟子を結ぶ線の延長上に以後の儒教が展開します。儒教は前漢の武帝の時、斉の鄒衍の影響を受けた董仲舒の学説を正統とし、神秘的傾向を強めます。同時に儒教は国教になりました。春秋戦国時代には他に老子、荘子、韓非子、墨子、荀子等の魅力的な思想家が群出しましたが、すべて異端視されます。儒教はこうして自らに内包する無内容さをそのまま保持しつつ、国家あるいは士太夫という知識人階級に護られて北宋の時代を迎えます。前漢から北宋の時代まで儒教はほとんど変化しません。というより人気が無かったのです。後漢末期から中華大陸は動乱期に入ります。人口は一時期十分の一くらいに減りました。こんな明日をも知れない状況に直面した時、儒教は生と死の意義を教えられない。代って老荘思想と外来の仏教が尊重されます。儒教は唐時代に始まった科挙官僚の政治的教養として生き永らえます。

宋学、朱子、五倫五常

唐末から五代にかけて思想上の民族的反動が起こります。仏教、特に華厳宗や禅宗の理論的影響を受け、それを自らのうちに取り入れ、単なる儀礼の体系や処世の智恵ではなく、哲学化あるいは形而上学化した新儒教が出現します。張横渠、程兄弟を経て南宋の朱子により大成された宋学です。

朱子の学説は以下のように要約されます。簡単すぎるかもしれませんが、日本の儒学者はだいたいそんなところばかりを力説しているのでこれで十分です。

格物致知

五倫五常

　君臣義　父子親　夫婦別　兄弟悌　朋友信

修身・斉家・治国・平天下

居敬静座

太一・陰陽・五行

格物とは、ものをいたす、ものにいたる、の意味です。要は対象を客観的に詳しく観察して究め、そこから知識を得る作業です。そうすれば君臣父子夫婦兄弟朋友という人間社会の基本的関係のあり方は自然に見えて来る、となる。そのあり方が、義親別悌信です。字を見れば意味はだいたい解ります。こういう人間関係を大切にすれば身を修め、家政を斉え、国を治め、天下を平和に保つことができる、と説かれます。基本は格物致知だから、そのための方法が居敬静座、いずまいを正して静かに坐り心を落ち着けて瞑想ないし熟慮観察することです。最後の太一陰陽五行は以上の実践を基礎づける形而上学です。宇宙の根源は形無き理の運動としての太一であり、それが運動し展開して陰陽二気に別れ、二気の混合により木火土金水の五つの元素ができ、五元素の組み合わせで万物が生じる、と説かれます。理を一番多く持つ存在が人間です。だから人間は万物の根源である太一という理を究めることができるし、また万物の中には理の一部が必ず包含されているのだから(理一分殊)、何を観察しいかなる知識を得ても理の根源に到達できるのだ、と宋学は力説します。

朱子はそれまでの儒学が五経を重視するのに対し、四書の意義を強調します。四書は、孔子の言行録とも言うべき論語、孟子の著作とされる孟子、さらに礼記の中の断章である大学と中庸の四つの文献からなります。量にして五経と四書の比は約一〇対一。朱子としては五経の精髄を選抜したつもりかも知れませんが、五経から四書への中心文献の移行は儒学そのものの大きな変化を伴います。

無内容な宋学

五経は古代中国民族の儀礼と習慣の集大成です。対して四書の内容は形而上学でありそれ以上にはっきりとした道徳倫理です。倫理は五倫五常が基本でありすべてです。親子が親しむのは良いことですが、親しまず憎みあうこともざらにあります。臣下が主君に忠誠であるとは限らず、叛臣逆賊の類はごまんといます。夫婦が仲良くけじめをつければ良いに越したことはない。夫婦が親を疎んじることや婚姻道徳に反する行為もよくある。こういうマイナスの事象いわゆる悪と言われる行為に対して宋学はただそれを否定するだけです。それでは駄目だ、人間はそういう風にはできていない、まちがいなのだ、としか言えない。素朴な理想主義であり厳格主義です。

この理想を追求し人間の中に生来備わっているはずの良き天性を発見し涵養する手段は格物致知と居敬静座のみです。前者は現象を観察することですが、何をどう観察するのかの方法論はない。精神と物質では観察方法は異なります。社会現象にはそれなりの方法が必要です。そういうことはほとんど考慮されない。唯一の方法は居敬静座ですがこれは仏教の禅定の模倣です。太一陰陽五行なる形而上学は真言密教や華厳経かヒンズーのサーンキヤ哲学あるいは老荘思想から取られていることは明白です。宋学の基礎となる形而上学は借り物です。特に華厳宗と禅宗の影響は否定できない。華厳宗は重々無尽・すべては仏の顕現と説き、禅宗は禅定一本槍だから、他の思想に転用されやすい。哲学は借り物であり、道徳は素朴な理想主義であって無内容、方法論は無きに等しい。儀礼の体系から哲学へと言えば聞こえはいいが、四書中心主義の哲学とはかくの如く無内容な代物です。

儒教の儒教たる由縁は五経にある。四書はそれを空疎な観念に雲散霧消させました。五経の内容は古代の典礼儀礼です。当時の民族の習慣の記述です。以上を踏まえて儒学を批判的に総括します。

儒教はあくまで儀礼と習慣の体系です　それがこの教えの中核です
それを基礎づけるという哲学は空疎です
称揚する道徳は素朴な理想主義と処世知に過ぎない　この程度の道徳ならどこの世界の民族で

も持っている　こと社会を形成する以上は当たり前の前提です
人間存在に楽観的過ぎる　だから思想の底が浅い
儀礼と習慣は変化に抵抗する最たるもの　儒教は旧慣墨守と自民族中心主義に陥ります
理想と現実が素朴に直結されます　結果は上意下達　理想と現実の間に当然起こる運動変化葛藤の過程や媒体が無視排除されるので、下からの変革を養う力はこの哲学にはない

死を見つめない儒教

儒教の論理構造はなぜ浅薄なのか。特記すべきことは死の意味を突きつめないことにある。仏教は死を見つめ、生を構成するあらゆる要因を本来無と捉え、生と死を一如とみなし、反転して生を救済します。キリスト教は生と死を、原罪昇天復活、という概念系列により連結します。仏教もキリスト教も現世を放棄することから始め、現世放棄により現世を肯定します。儒教にはこの方法論的現世否定はなく、従って死に直面しようとせず、煩瑣な儀礼により死を遠ざけます。素朴な人間中心主義です。仏教的な思考を適用すれば儒教は有のみにこだわります。これを一度否定することがないから、有の内容も構造も素朴な外見しか提示しえない。結果は伝統と家の墨守であり、福禄寿つまり、子孫が多く財富がたまり長生きすることの重視です。哲学倫理論理の欠如を補完する手段として漢民族では歴史記述と詩作が発展しました。中心部分の欠落を現象の煩瑣な記述で補います。儒教ほど変化に乏しい思想は珍しい。特に仏教の思考方法の多彩な展開に比べた時その対照に驚かされます。日本人、特に江戸期の武士達はかかる儒学に接しました。

固定装置としての儒教

なぜ江戸時代の武士は儒教を取り入れたのか。戦国期までの武士のあり方への反動であり、変動常なき武士の様態を固定するためであったと、私は思います。武士道は発生成長の過程で、暗黙裡に仏教イデオロギーにより支えられ、エネルギーと養分を備給されてきました。だから仏教が本態として持つ円転滑脱生成流転の属性を武士道は注入されています。さらに武士道は歌舞伎者、念者、殉死、切腹、仇討ち等に共通する要因である男道の上に存在します。男道はその由来を無条件の暴力の爆発という太古の原始心性にまで遡り得ます。仏教と男道という非常に流動的な要因ゆえに武士のあり方は極めて多彩です。

儒教はこのようなあり方の固定装置です。儒教は基本的に、伝統墨守であり、治者による上意下達であり、素朴な理想主義です。二重三重に鎖を持つ固定装置です。儒教の素朴な倫理は武士達を縛ります。精神的次元での兵農分離です。武士は農村が持つ暴力性と開放性という大地から切り離され、都市に定住する鉢植の木になりました。その見返りが士道と治者意識です。士道をもって修養した教養ある武士達の出現により、武士と農民の差異は強調されます。武士は治者に農民は被治者へと分離分割されます。中間層は極力排除され時として抹殺されます。農民は被治者として抑圧されます。農民が反抗するイデオロギーを与えかねない仏教は、寺壇制度により形式化され固定されます。

仏教自身も変質します。仏教はその変遷の過程で神仏習合を経験しました。神仏習合により仏教は日本の国に土着し易くなりましたが、同時に仏教の仏教たる特徴が希薄になります。神道は日本の民族宗教、儒教は漢民族の民族宗教です。民族宗教であるが故に没論理的であり儀礼と習慣のみが重視されます。祭祀儀礼の体系という点では、内容の煩雑さの程度とは別に、両者は似ています。掛け橋になったのが禅宗です。禅宗も禅定という技法オンリーの没理論です。儒教禅神道の三者は結合しやすい。仏教がこうして暗黙裡に儒教の洗礼を受けた時、仏教は体制内化しました。私は神仏習合を架橋したものとして禅宗を挙げましたが、鎌倉新仏教自体も問題を含んでいます。新仏教は生活の現実を重視し易行を奨励します。同時に没論理になり単純化します。

江戸時代の為政者は戦国の動乱を経験してきた人達です。動乱の要因の最たるものは農村にあります。農民も武士もここを基盤にしました。農村の自立には仏教の影響が大きい。鎌倉新仏教は民衆の宗教として、農村や都市の民衆を救済の対象に据えます。浄土真宗や日蓮宗がいい例です。だから農民が騒ぎ、それに連なる武士階層は始終流動的状況にありました。仏教は基本的には個人志向です。個人が自己をどう認識し、自己を取り巻く世界をどう把握するかを求めます。だから仏教は現世忌避を志向しがちな反面、現世に向かうと千年王国的運動へ転化する可能性があります。江戸期の為政者達が仏教を避ける理由はここにあります。

為政者あるいはそのイデオローグである儒者の仏教批判の焦点は二つです。現世逃避と迷信的ご利益主義、つまり「南無阿弥陀仏」とか「南無妙法蓮華経」と唱えると無条件に救われ良いことがある云々です。この仏教批判は底の浅いものですが、為政者の立場からは肝要な点を突いています。彼らは、農民が現世を逃避しても、欲望充足に走られても困ります。彼らの信仰を取り上げてしまって無気力になられても困ります。仏教を穏健なものにする必要がある。その時神仏習合により没個性化された、仏教の一部あるいは全部はうまく利用できました。それを制度として実行すれば寺檀制になります。その延長上に儒教による上からの教化が重ねられます。

この点儒教は硬直性と素朴さと外面性という、非常に優れた特質を持ちます。単純で教えやすく枠をはめやすい。仏教は逆です。内面性を重んじ内容は豊富で転変します。ここで為政者は仏教と儒教をうまく分業させます。内面性あるいは心の救済は仏教に任します。武士や農民が何を信仰しようと一切構いません。為政者の枠を破らない限り任されます。この上に帽子として儒教がかぶさります。こちらは行為の外面のみを取り締まります。枠から外れそうな部分は徹底的に弾圧します。本願寺は東西に分割され戦国期の勢いを失います。放浪の宗教集団は定住させられるか禁止されるか差別されます。頑強に抵抗する日蓮宗不受不施派は死罪か流罪にあい地下に隠れます。キリスト教が弾圧されたのも単にキリスト教だからではなく、戦国期の宗教勢力の恐ろしさを為政者が知っていたからです。キリスト教を弾圧されるモデルとし見せしめにしました。キリスト教がきっかけとなって、寝た子が起きる事態は為政者の悪夢です。

士道、素行と常朝と友山

心の内面実質は仏教が、外面形式は儒教が担当します。訓育されるのは武士です。武士は治者意識を涵養されます。治者意識の実質が士道すなわち武士道です。士道は武士層の身分地域時代により少しずつ異なりますが、代表的なものを挙げてみます。山鹿素行と山本常朝と大道寺友山の士道です。それぞれ特徴があります。
山鹿素行は儒学者です。彼の士道論が徳川武士の士道の代表あるいは正統でしょう。彼は朱子学から出発し、それを武士層の教養にします。彼は武士の心術に儒学の固い枠をはめます。同時に儒学の学習を通じて武士層の教養を高めます。素行は朱子学の一部を少し変化させます。朱子学は四書が中心ですが中庸の影響が強く形而上学に傾きます。素行は朱子学は思弁的で実践性に乏しい。素行は孟子に帰りその中から、やむにやまざるの情を強調し、これを士道の情緒的基盤にします。孟子という人は戦闘的であり時として激情的でした。やむにやまざるの情は、武士の感情にマッチします。素行はやむにやまざるの情、総じて自己の肯定であり他者への配慮でもあるこの情を、朱子学の理に包括し、情と理の統合された日常の営為規範を、職分、と定義します。職分を遂行するモデルが武士であるとして彼は武士の治者意識を強調します。武士が日常いかに生活するかの作法を行住坐臥、言語応対、財物管理、衣食住の在り方、はては早寝早起等に至るまでかくあるべきと規定します。彼の士道は一方では観念であり、他方ではその現れとしての生活作法です。

山本常朝　葉隠武士道

山本常朝の葉隠武士道は戦国武士の気風を一番よく残しています。三つの主題に要約できます。恋人としての主君、武士道の究極は死ぬこと、暴力の徹底的肯定です。主君には恋人に仕えるように仕えること、主君を身体的に極めて身近な存在として感知すること、が最初の主題です。武士はいつでも死ねるように心がけ、死ぬことに喜びを見出し、死ぬことを奉公の究極の目的にすること、が第二の主題です。武士道とは死ぬことと見つけたり、と言い切ります。常朝は元禄期の人でした。赤穂浪士の討ち入りを聞いて彼は四十七士を非難します。なぜ彼らは主君が死んだその時、すぐ吉良邸に討ち入り仇を討たなかったのか、それができなければなぜその場で切腹しなかったのか、と。常朝は肥前佐賀藩の藩士です。佐賀藩士は長崎奉行所の役人と大喧嘩をしています。だから彼の言うことは大言壮語ではありません。これが第三の主題です。侮辱されたら時を置かず斬り殺せ、できなければそこで腹を切れ、という絶対命題です。名誉感情と暴力行使は隣あわせです。

この苛烈な武士道は幕末まで生きています。横井小楠は談義中政敵に襲われ、仲間の一人が斬殺されます。刀をよそに置いてきたので、彼はそれを取りに行ってから闘争しようとしました。彼のこの行為は怯惰とみなされ、閉門の処分を受けます。ために小楠は幕末動乱の最も大事な時期を、自宅謹慎で過ごすことになります。

大道寺友山

大道寺友山の士道は素行ほど観念的でなく、常朝ほど激情的でもありません。どことなく二者を混ぜ合わせたようなところがあります。友山は葉隠と同じく武士は死を常に意識して行為せよと言います。一方それが忠孝のみならず自己の健康や人徳にも役に立つのだとも言います。素行と同じく武士は治者であれと言います。学問の習得、道徳の涵養、武芸の修練、を勧めます。主君や朋友に対する礼儀作法が強調されます。死の自覚と治者意識という武士として最も主要な心術に焦点を置きつつ、友山はこの自覚をどうすれば恒常的に維持できるかを考え説きました。江戸期の武士は官僚サラリーマンです。サラリーマンとしての武士の生活態度を友山の士道は解説しました。

儒学の枠を破った人達

江戸儒学は藤原惺窩と彼の弟子林羅山によりその基礎を築かれました。彼らの学派は宋学の正統朱子学です。日本人が受容した朱子学だから当然日本的変容が行われています。羅山は後に神道に近づきました。惺窩も羅山も京都の臨済宗の僧侶出身です。他に儒者で神道に近づいた人としては垂加神道の山崎闇斎がいます。江戸儒学の変遷を縷々と述べるつもりはありません。儒学が先に述べたような代物だから、儒学の範囲に厳しく閉じこもる限り発達の程度は知れています。儒学の殻を破り儒学を生産的に否定した思想家のみをここでは取り上げます。主として経済とのからみにおいて取り上げます。江戸時代為政者は終始経済への対策に腐心しました。徳川幕藩ほど誠実かつ几帳面に経済対策に没頭した封建君主もざらにはいません。儒者あるいは儒学関係者で経済に対して貢献しえた思想家は絞りきると三人になります。荻生徂徠、石田梅岩、二宮尊徳の三人です。彼らを中心にそれに本居宣長と水戸学を加えて考察します。

江戸儒学は惺窩羅山に了導される朱子学から始まります。やがて明の陽明学の影響を受けた中江藤樹や熊沢蕃山が現れ朱子学を批判します。陽明学の売り物は知行合一、つまり、行動の伴わない知識や思弁の排除です。藤樹や蕃山が純粋の陽明学徒とは思えませんが、この学派からは幕末近くに大塩平八郎という行動家が出て幕府の根幹を揺るがします。

かなり神秘的な思想家としては先に述べた山崎闇斎がいます。歴史家として特筆すべき人は新井白石です。六代将軍家宣に仕えて正徳の治の中心人物になりました。

朱子学の批判は陽明学派だけではない。陽明学は行動と心情を重んじるので、朱子学の批判にはなりえても、自らの論理を展開することは苦手です。元禄期にさしかかる頃京都に伊藤仁斎が現れます。彼は宋学の形而上学性観念性を嫌って孟子に戻ります。太一とか陰陽とか五行など役に立たない擬似論理装置を排除し儒学の原点に帰れと言います。しかし孟子自身がかなりという以上に観念的です。仁斎の復古主義はその点では不充分でした。彼の著作童子問と子東涯の古今学変は、非常に優れた儒学の概説書です。

荻生徂徠

孟子では不充分、孔子様でも物足りないとして四書中心主義を排し、五経を尊重したのが荻生徂徠です。五経は南宋の朱子の時代から隔たること一五〇〇年以上前の言葉を使います。朱子や陽明の文章とはかなりと言うより根本的に違うらしく、古代中国語に堪能でなければならない。徂徠は古い文献を精確に読むべく研究しました。彼の学派を古文辞学派と言います。この伝統から徂徠の弟子達には詩文が好きで得意な学者が輩出しました。服部南郭はその代表です。

徂徠の最大の貢献は語学文献学の研究ではない。五経の内容を読むといやでも気づくことがあります。それはこの世界が、ある歴史的状況の中で定められた制度、であることです。徂徠はこれを、先王の道、と称します。論語孟子の観念の背後にある歴史的制度を彼は自覚します。はじめ彼はこの先王の道を定められたが故に絶対不動の物としました。しかし制度が定められた物ならば、それを定め直すことも可能です。その一歩を徂徠は踏み出します。制度は自然ではなく作為であると彼は考えます。人智の及ぶべからざる不変の秩序ではなく、人智でもって作り為しうる秩序なのだ、と彼は考えます。徂徠は言います、礼は物なり、衆議の包塞するところなり（弁名）、と。ならば政治は人為で変化させれば宜しい、となる。学問も同じ。思考のコペルニクス的転回です。彼自身が幕政や藩政に関して貢献をしたとか特別経済対策として優れたな提案をしたわけではありません。参考意見は述べました。八代吉宗の諮問に答えて上申した「太平策」です。具体策として特に斬新な提案があったとは思えません。彼の思想があったから幕政藩政改革が行われたのでもない。改革しないと武士は食えなくなるからやむにやまれずしたまでです。

太平策の中で徂徠は明確に、為政者は制度を立てかえる、制度を作り直す、と言います。根本的具体策として徂徠は儒者が理想とする井田法を援用し、武士帰農論を勧めます。武士は都会にいては衰亡するだけだ、農村に帰りもう一度生産者に戻ろう、と言います。彼は窮乏しつつある武士階層の眼で事の本質を見当てていました。武士の故郷は農村であり、彼らはそこから富と暴力を引き出して治者になりました。ならもう一度故郷に戻ろうと言います。そこに戻ってどうするのか。ある意味では武士帰農論は時代錯誤です。しかしもし武士が帰農してそこで生産者として農民と一体化すれば事態は変わります。事実事態はその方向に動いて行きます。武士が帰農下降する代りに農村が上昇し一部の農民は武士に近づきます。石田梅岩や二宮尊徳の思想は徂徠の考え方をいわば逆方向に展開したようなものです。この動向の果てが農村の生産力を流通過程に解放した、明治政府の地租改正です。徂徠の思想は政治や学問の変化可能性に対して強い理論的根拠を与えます。

食うために定め直す営為が経済政策です。朱子学なら不変の秩序に精神力で従うのみとしか教えられない。経済という言葉は徂徠の高弟太宰春台の造語です。春台の著作に「経済要録」がありま す。体系的に書かれた我国初の "A Textbook of Political Economy" です。徂徠は明るい人で毎月一回弟子や友人を招いて会費制で勉強会を催しました。一汁二菜、それに必ず酒と菓子、他の副食は持ち込み自由。酒を飲み放談やら勉強やら解らない会合でした。彼は川柳にも落語にも登場します。彼が処罰されなかったのが不思議です。それほど彼の思想は幕府の根幹を批判する鋭利な刃物です。柳沢吉保に仕え、赤穂浪士処分問題では浪士への同情論を排して有罪を主張します。政治を作為と見なす彼の考えの先駆です。

本居宣長

徂徠の弟子達は硬派と軟派に分かれます。治世のあり方を論じるのが硬派です。太宰春台がその代表です。しかし多数は詩文とそこに描かれる人情の世界を楽しみ耽溺しました。軟派です。徂徠は、礼は物、衆議の束、と明言します。つまり彼は硬くて冷たい観念を制度文物という人情の世界に解放します。本居宣長も徂徠学の軟派かも知れません。彼は伊勢松坂の木綿問屋に生れ、母親の勧めで京都で医学を学びます。医学は漢学の素養を前提とします。宣長は徂徠の弟子堀景山に入門します。徂徠学派の得意とする文献研究は宣長の場合日本古来の文献に向けられました。徂徠が宋学や孔孟の彼方に五経の世界を見たように、宣長は定家以来の中世歌学による固定観念を乗り越えた先に古事記の世界、日本人の最も古い言語風習と人情を見ました。古事記伝は彼の畢生の大著です。ここで宣長は漢意つまり儒教等の観念に束縛されない日本人の柔らかい人情を発見し、それを、やまとごころ、として対置します。敷島の大和心を人問わば　朝日に匂う山桜かな、と。宣長は、先輩契沖や賀茂真淵とともに中華思想から解放された日本人の精神や美を再発見し称揚します。宣長は終生一小児科医として医業に専念する傍ら、古文献の研究に生涯を捧げます。

彼の影響を受けた平田篤胤は文献研究を政治思想に転じます。幕末の動乱期に活躍した志士あるいは処士の多く、特に豪農層の教養人は篤胤の国学が内包する天皇崇拝と日本主義により鼓吹されます。事実とは恐ろしい。地味でかび臭い文献研究という事実の探求は一定の水準に達した時体制変革のエネルギーに転じます。近代初期西欧で盛んにバイブルの研究が行われました。一部の学者はラテン語で書かれた翻訳書より、ギリシャ語やヘブライ語の原典を読むほうが、バイブルの真意が解るとして原典研究に没頭します。この作業は宗教改革の起爆剤になります。

水戸学

徂徠の影響を幕末の水戸学も濃厚に受けています。水戸学とは水戸藩で形成され変形された儒学です。水戸徳川家二代目藩主光圀は大日本史の編纂を始めます。光圀は徹底した儒教徒であり、彼の藩の寺院はひどい弾圧を受けました。廃仏棄釈の先鞭をつけた人です。彼の大義名分論は日本の歴史にも正統を求めます。勧善懲悪破邪顕正です。この動向の行き着く果てが尊王思想です。どう見ても徳川幕府より朝廷の方が古いのですから。かくして大日本史編纂事業は幕末に至るまでの二〇〇年間営々として続けられます。水戸藩にはこの伝統があります。観念重視そして学者尊重の伝統です。

水戸藩は御三家の一つと言いながらも幕府に釈然としない感情を抱いていました。尾張紀伊の二家に比べて石高も官位も低く、水戸藩領は常陸国という北関東の貧寒な地で生産力は低い。江戸時代人口は常に増え続けましたが、東北と北関東は例外でした。水戸藩は貧乏なのです。その上定府制（藩主と家臣の多くは江戸常駐）で経費はかかります。水戸藩は領地を増やしてくれと幕府に訴え続けて来ました。

貧乏だから常に藩政改革への圧力があります。この圧力を背景として下級武士が学者層をチャンネルにして台頭します。藤田幽谷東湖父子や会沢正志斎のような人達です。これに日本史編纂の歴史が加わります。歴史編纂はつまるところ機能としての制度への関心に行き着きます。藩政改革という切迫した状況はこの批判的態度を加速します。歴史編纂事業における制度への関心の推移には徂徠の影響が多大です。徂徠は、礼は物、と言い切って、観念や儀礼を機能としての制度に還元したのですから。

水戸の儒学、水戸学は体制変革の尖兵になります。藩主斉昭を頂点として結集した改革派は一藩を軍政下に置きます。背景には農兵の採用による兵農一体の考えがあります。変革の目的は新しい国体の創出です。黒船以後は外夷排撃を強く主張します。攘夷という言葉は水戸学が創始しました。攘夷論と国体論は相互に影響を与えつつ自らの論旨を増幅させて行きます。水戸学は国学の影響も受けているので日本主義です。思想の重点は次第に儒教から神道に移ります。藤田父子や会沢の著作を読むと変化変革の熱気を感じさせられます。変えるのだ、変えねばならない、変えられる、すぐ変えよう、という情熱が伝わってきます。水戸学が幕末の尊王攘夷思想に与えた影響は甚大です。ただに観念上の議論ではなく井伊大老殺害という幕末史上最大の転機となる事件を引き起こします。しかし水戸藩は親藩御三家です。尊王とは言えても倒幕とは言えない。ここにこの藩の矛盾と苦悩がありました。矛盾を抱えて水戸藩は以後藩内で、血で血を洗う凄惨な抗争を繰り広げます。

石田梅岩

梅岩は京都の商人出身の学者です。生来内向的思索的な性格ゆえでしょう、商売の傍ら学問に精を出し開眼して、自らの学問を心学と名づけ、市内で開講します。彼の経済への貢献は重要です。彼は、倹約を契約、と解します。約は義を積むこと、義は宜つまり利。だから倹約とは、相互に便宜を図ること、宜あるいは利の交換、です。そこから出て来るさらなる便宜である経済的価値は、広く社会の役に立つと梅岩は主張します。それまで倹約とはただ物金を惜しんで貯えることと解されていました。多分今でもそうでしょう。梅岩は倹約は単に物を惜しむことではない、天下の物を流通させるための契約だと主張します。うまく流通させなければ無駄になり、物を真に惜しむことにはならないのだと。

さらに彼は、為政者も倹約する、倹約とは物を惜しんでその利便性を効率化する契約なのだ、流通を促進することなのだ、商人はこの流通過程に参加することにより天下社会に奉仕している、武士が主君に命をもって奉仕するのと同じなのだ、と言い切ります。梅岩は流通を、将軍大名武士庶民がひとしなみに皆必要とする過程として承認することにより、それまで奸商としか見られなかった商人の社会的必要性と地位を承認しました。梅岩には潜在的に商人の方が武士より上という考えがあります。武士はただ主君に奉仕するだけだが、商人は流通過程に参加することによって天下の人みんなに奉仕しているからだ、と言います。流通過程の意義の承認を、それが社会の成員相互の契約により成り立つ、という命題の上に成立させます。梅岩と同時期イギリスにヒュームそしてスミスが現れます。

倹約は朱子学が提供しうる唯一の経済対策です。将軍も藩主達も改革と言えば押しなべて倹約倹約と唱えていました。これは君主からの上意下達としての経済対策です。為政者の十八番である倹約を、契約と再解釈することにより、梅岩は経済行為を上から下への管理統制ではなく、相互に対等な契約関係すなわち交換に変換します。これは四民平等の基礎的前提です。契約説が徂徠の、作為としての政治、という考えの延長上にあるのは明らかです。

二宮尊徳

尊徳は江戸末期の人、ペリー来航の数年後に死去しています。彼はまず自分の家の経済の立て直しを行い、このやり方を農民や武士の家政さらに藩政の立て直しへと一般化して、仕法、と称します。彼の学問は三教一致で仏教儒学神道をすべて取り入れた独特の宇宙観を持ちます。彼の本領は経世、家や村や藩の経済が成り立つようにその経済の仕組みを考え整え変えて行くこと、の実践にあります。彼は農業技術者であり、経済学者であり、農民の指導者であり、そして哲学者でした。藩主として農村の立て直しが彼の仕事です。だから農業技術そのもの、土木や潅漑、経理や村政、藩との交渉等すべてが彼の仕事です。仕法を実践する時の心構えとしての心情の涵養も重要です。当時の農村は疲弊していました。

幕末の人口は三〇〇〇万、我国が農業と手工業の上に成り立つ経済を営む限り、ぎりぎり養える人口です。洪水などがあると村の生産高は激減します。放浪者や餓死者も出ます。生産単位としての農民の家は崩壊します。そうなると農民の生産により成り立つ武士の生活も破壊されます。石高が一〇〇〇石と言っても実際は四〇〇―五〇〇石程度の生産高が実態になる。関東は幕府の政策もあり、小大名や旗本の領地と天領が複雑に組み合わされ、統一した開発管理ができません。関東の地は火山灰台地で肥沃とはいえず、大河川が多く洪水に悩まされます。尊徳が生きた頃の関東の農村はこういう状態でした。彼は相模国現在の神奈川県の出身です。

尊徳を経済学者として考えてみます。尊徳は欲望を肯定します。衣食住の資源である諸々の財は天禄です。天から与えられた録あるいは給付です。だから尊重しなければならない。天禄をうまく使い衣食住に支障の無いようにすることが経国済民であり、人間は皆が皆そう勤めなければならない。当然商業も含む一切の生産行為は肯定されます。ただ欲望をどう制御するかが問題である。と尊徳は説きます。

制御の手段が推譲と分度です。お互い譲りあい自己の分を知ることです。道徳的な言葉づかいですが、これは商議と妥協と言うことだから、契約関係を意味します。契約関係の最たるものが交換です。

尊徳は富の源泉としての農業を強調します。重農主義者です。当時の為政者も重農主義といえば重農主義です。しかし農民である尊徳が資源を天禄として万人に共有されるべきものとし、その円滑な運営と管理が大切であり、商議と妥協に基づく契約関係を重視し、その果てに交換経済の重要性を説くと、特権的支配者として武士が存在する余地はなくなります。土地の政治的（暴力的）占有を否定して効率的管理が重視されると、土地は富自体と見なされます。これが厳密な意味での重農主義です。尊徳は意識してか知らずか、商業行為としての農業への一歩を進めます。明治政府の地租改正の前駆を行きます。

彼は倹約を資本蓄積として積極的に解釈します。倹約して蓄積したものをどう増殖させるかが問題だと言います。

失業対策事業も積極的に進めます。彼の失対事業は単なる救済ではない。彼は既に有効需要喚起の意義を理解しています。ある農村が洪水で荒れた時、壮健者には土木作業をさせ、残りの者にも縄をなう仕事を与えました。藩政の責任者にそれを高値で買い取るように指示し、ともかく農村に仕事を与えて金を落とせと言います。効果のほどは知りませんが、この対策はケインズの説くところと同じです。

以上の考え方から尊徳が万人平等を推奨したことは自然に解ります。食う、を焦点として論理を展開すれば必ずそうなります。彼は徹底した合理主義者であり現世肯定論者でした。

尊徳はかなり複雑な形而上学も描いています。彼の思考で一番重要なのは、天道と人道の区別、です。天のものは天のもの、人の道は人の道、と言います。天という抽象的価値の源泉から地上の行為を切り離し、作為としての人道、つまり人智で作り為す所の人の営為を、彼は承認し愛しました。この考えの背後には徂徠の影響があります。

江戸時代の為政者は経済対策に追われれっ放しの毎日です。物価統制も、貨幣改鋳も、倹約の奨励も、新田開発も、株仲間の結成と解散も、外国貿易の統制も、増税も、その結果起きる一揆の鎮圧も、商人への御用金賦課も、藩営商工業の運営も、皆すべて経済です。為政者としての特権を維持しようとして武士は食うために経済対策に追われます。

人を斬るのが習いの武士の実態は経済官僚でした。そして経済思想への貢献という点で考えると徂徠梅岩尊徳の三人が飛びぬけています。論理の要は、作為としての先王の道、智で定めうる人道、にあります。仏教イデオロギーに深く影響を受けた武士層に為政者は朱子学という固い枠をはめました。この枠、どうしようもない天理という枠を破ったのが徂徠の思想です。徂徠は武士意識の強い人でしたが、彼の影響は異端的思考に強い刺激を与えます。梅岩と尊徳がその代表です。宣長も水戸学も同様です。武士が戦士であり経済官僚であったことは徳川武士の性格に大きな刻印を押します。武士の治者意識はこうして職能意識になります。

村の自治

江戸時代の農村を悲惨そうに語るのは偏見です。初期の頃農村にはまだ大百姓とか長百姓と言われる有力者が力を持っていました。彼らは荘園制度下の名主の系譜に連なる者達です。武士になってもおかしくない連中です。地域によってはこの有力者に特殊な資格を与えて準武士として扱いました。土佐や薩摩では彼らを郷士と呼びます。江戸時代初期の庄屋や名主は皆この種の有力者で、この頃の一揆の多くは彼らが自分達の待遇に不満を持ち、配下の農民を煽って起したものです。

江戸時代の始め土木潅漑工事が盛んに行われ、農村の生産力は向上します。同時に有力な百姓への隷属から解放されて、自分の土地を持ち自分で耕し自分の責任でお上に年貢を払う、自立した農民が増えます。彼らを本百姓と言います。為政者も彼らの存在を歓迎します。納税の過程がすっきりして中間搾取の心配がないからです。為政者による公共投資の効果もあり農民は全体として富裕になります。元禄時代の様相はこの結果です。相対的に武士は窮乏します。当時農民は各地域の特産品を、商業作物あるいは換金作物として栽培し一部は工業製品にして、地域経済の中心地や大阪という天下の台所へ移出しました。為政者はこれに目をつけます。直接の対応としては増税です。奥の手が藩営商工業への吸収です。藩が自ら特産物の生産を奨励し管理し、藩営の組織に組み込み利益を独占しようとします。官が民と利を争います。農民は反発します。江戸時代後期の一揆の増加は貧困ゆえというより、為政者による利益独占への不満が原因でした。

農村は村請と言い、村全体で藩や幕府への納税を請け負いました。百姓個々人が直接お上に進上するのではない。農耕は共同作業です。村ごとに事実上の村法があり年貢・村入用・用水と共有地の管理、村寄合・祭礼等の年中行事、村内の身分秩序等が決められていました。共同体としての村を庄屋（名主）以下の村役人が指導し管理します。彼らは旧名主系の有力者でした。農村の変化に対応してそれまでの古い農村指導者は批判されるか引き下ろされます。新しい指導者層が台頭します。庄屋層は農民の代表により監視されるようになります。さらに村単位ではなく郡単位で代表が集って会議を持ちます。これを郡中議定と言います。国単位で集まることもあります。農民は領主の支配圏を横断して衆議し、共通の利害問題を検討します。出羽国村方郡や備中国哲多川上郡等の議定が代表的です。農民達は郡奉行所に帳簿公開を求めます。自分達が納めた年貢の使い道くらい知っていて当たり前と言う当然の論理です。村の自治制は実質的なものになります。一部の篤農家や豪農は積極的に農村や藩経済への改革仕法を提言します。農村は農政技術と事務能力そして人望と統率力のある新しい指導者を産出します。彼らは学識があり、村や郡の政治指導者という意識を持ち、多くは苗字帯刀を許されます。彼らはすでに武士に近い存在です。幕末の草莽の処士にはこの層の出身者が非常に多い。幕末の農村は自治集団でした。

藩政改革で一番効果のあったのは藩営商工業です。ここで藩つまり武士層と農民の利害は尖鋭に対立しつつまた次第に一致してゆきます。幕末藩政改革を成し遂げて幕府に対抗できたのは、藩営企業をなんとか成功させた西南雄藩です。新たに台頭してきた村落の指導者層は藩と農民との間に立って自分達の企業を発展させ、藩も彼らを使って藩営企業を営みます。武士と農工商は事実上融合します。生活のレベルにおいて士農工商の間にそう著しい差はありません。武士を武士たらしめていたのは、自分が武士である、という意識のみでした。

衆議制　武家

武士階層を中心として衆議制について概括します。幕府の中枢は老中若年寄という最高幹部七、八名による合議制を取ります。その下には三奉行と大目付後には側衆や目付も加わって開かれる評定所があります。会合には時として老中達も参加します。全員参加すると三〇名近くになります。

事実上の政策判断はここで決められます。勘定奉行の下には勘定吟味役が置かれ、更に勘定所留役が設置されて実務を担当します。この留役は評定所や寺社奉行所に出向しその実務を取り扱います。政策判断に彼らの意見は無視できない。勘定吟味役の権限は広く奉行を通り越して老中に進言でき、後には評定会議に出席するようになります。勘定奉行所は各担当者の合議により運営されます。

南北の町奉行所は各一〇〇名から二〇〇名の与力同心を抱えています。奉行の直属家臣はせいぜい一〇名内外。実務は与力同心が担当します。特に裁判専門の吟味方与力の発言力は強く、彼が一度書いた内容は奉行といえども変更できません。寺社奉行は格式は大名役で高いのですが、実質的な仕事は少なく譜代大名が京都所司代や老中等の役職に登るための通過点という性格を持ちます。だから幕府の政策判断の基礎資料は町奉行と勘定奉行から出されます。

地方つまり幕府直轄領の行政は代官が担当します。その行政力は緩やかです。天領は数万石から二〇万石くらいの規模ですが、代官の部下は二〇名内外です。半数は現地採用の手代という半武士です。この人数で数百の村を支配管理します。代官の役目はきっちり年貢を取ることにあり、他は治安も含めて村に委任されました。この状況を典型的に示すのが長崎奉行所です。唯一の外国貿易港で長崎から上る利益は幕府の大きな財源です。長崎奉行の定員は二—四名、それに目付がつきます。彼らの家臣と奉行所直属の与力同心を合わせてもせいぜい一〇〇名弱の人数です。ここまでが武士身分です。しかし長崎奉行所には通訳や貿易品の吟味管理をする調役や目利役等の実務担当者がいます。その上に町民総代のような形で町年寄数名がいます。彼らの身分は町人です。彼らを地場役人と言いますが、この数が一八三八年では二〇六九人、長崎町民の十三分の一が地場役人であった計算になります。長崎奉行所あるいは長崎港は事実上町民の自治あるいは合議に委ねられました。幕府は江戸長崎以外にも重要な地点に奉行を置きました。大坂には東西の二箇所に、他に奈良・京都・佐渡・駿府・伊勢山田、後には浦賀や函館等に奉行を置きます。この遠国奉行にしても支配の実態は同様でした。

各藩も同じです。規模が小さいだけ合議制は充実します。三〇〇諸侯の内一〇万石以上の大藩は三〇―四〇、他は三、四万石の規模の小藩です。武士総数はせいぜい一藩一〇〇〇名内外、足軽を除く士分は二〇〇名前後、このうち徒士と呼ばれる下級武士が半数以上だから、中級から上級のいわゆる馬乗武士は一〇〇名程度です。彼らだけで合議は可能です。事実上は上級の門閥層が家老四、五名を出し、後は町奉行郡奉行他の諸奉行が実務を担当し、その下に若干の人員が付くというところです。うまく人事を回転させれば家老層と奉行層を適宜入れ替え、それに補佐役と下役を添えれば行政はなんとかなります。この規模と構成なら合議制は可能です。それが望ましいし事実そうなりました。

衆議制　農民

農村は村請制がある以上基本的には自治です。幕府や藩から納税以外の大部分は委任されました。村方騒動等による農村の構造改革に伴い、郡中議定が盛んになり、農民はより実質的な合議と自治を要求します。一部の古い家柄の有力者の談合ですべてが決まることはなくなります。村には若者組という組織があります。若者組は独身あるいは家督相続以前の農民の団体です。思春期から青春にかけては同宿も含めて村の他の成員とは違った独自の行動を団結して取ります。彼らは祭礼等の年中行事、農作業、はては村の警察業務にまで重要な役割を果たします。彼らと呼応する農民の要求により、村では祭礼や休暇がどんどん増えました。若者組は同世代の組織だから、若干の年齢別による差異を除けば各自平等が原則です。村請、農耕という共同作業、村方騒動、議定、若者組と考えて行けば、農村が自治合議組織であることが解ります。

町は村に準じます。江戸や大阪では町民の最上層に町名主がいて、幕府の行政は一定段階からは彼らの自治に任されます。商家の実務者である番頭手代の発言力は大きいものでした。彼らは商家が信用する家から慎重に選抜されて雇用され、丁稚の頃から礼儀作法と読書算盤、商人としての心得や商いのノウハウを教えられます。一人前と認められると暖簾分けされ、別家として独立した店舗を与えられます。別家は本家の当主に対して相当な発言権を持ちますが、同時に別家は本家に臣従します。丁稚・手代・番頭・別家というコースはいわば商人の教育過程です。三井家の墓には代々の奉公人の名前全部を刻名した共同の墓石があります。これは江戸時代を通じ商人として最高の成功者である、三井家が奉公人をどう考えどう扱っていたかを示すものです。

似ている武家と農村

武士社会は衆議と言う同心円を描いて農民社会にそのまま繋がります。家老層、奉行層が主たる衆議の輪です。その下には実務層があり、彼らの支配はそのまま農村の村役人層に及びます。村役人は議定という衆議により支えられまた批判されます。その下部には若者組があります。武士と農民の社会は単線的に繋がるのみならず、両者は似ています。村請は藩別知行制に相当し、議定は後に述べる処士横議に、若者組は下級武士層に、村方騒動は藩政改革に当たります。二つの社会は同じ主題を繰り返しているようです。農村が先なのか、武士社会を農村が見習うのか。武士層と農村社会の接点に豪農層が存在します。庄屋名主であり、郷士であり、また村落企業の経営者つまり在方の富商です。幕末全国を動乱の渦に巻き込み、武士階層の意見の交流と流動化に甚だしく貢献した、草莽《そうもう》の処士達の多くはこの層の出身者です。

以上のような基本的構造に加えて武士社会では常に藩政改革という不断の要請があります。食うため、生きるために常に何かの対応に迫られます。この圧力を江戸時代全期を通じて武士達はいやというほど肌身に感じさせられてきました。圧力は武士層の衆議を加速します。同様の圧力に農村も曝され武士社会と同じ運動を繰り広げます。両者の利害が対立した時起こる現象が一揆です。

幕政の限界

幕府は考えられるあらゆる経済政策をしました。その努力には涙ぐましいものがあります。必ずしも成功したとは言えません。二五〇年間の平和な時代を持続させたのだから失敗とも言えない。なぜ成功しなかったのか。それは封建制度一般の問題になります。為政者である武士は農民に米の生産を強制し、米を経済力の基準とすることにより自らの支配力を維持します。米は生命の最低線を維持するための主穀です。我国の大部分の風土にあう主穀です。米は主穀だから生産から消費に到る工程が単純で管理しやすい。米を呪物視し、米の生産を基軸としてそこから上る経済的価値を上将軍大名から下耕作農民に到る諸分子が分け取ります。分け前を巡っての紛争は必至だから、押さえつける暴力つまり武力が必要です。これが資本主義成立以前の基本的な経済システムであり支配の構造です。徳川幕府はこの構造をぎりぎりまで完成させました。

他方では換金作物の栽培が盛んになります。人間が持つ生活向上の意欲に押される形で米作以外の作物の比重、従って商工業の比重は高まります。しかし為政者は米作の強制をやめることはできない。他の雑多な作物の生産工程の統制監視ができないからです。従って土地の永代譲渡も許されません。土地に農民を縛り付けておくのが土地と農民を管理する最良の手段です。武士は貧窮化します。米より諸物の方がより必要で高価になるからです。米のみに頼る武士の収入は相体的に低下します。これが幕府政治の限界です。

限界を破る為には、土地の管理を農民に完全に開放し、自由に作物を作られせればいい。土地管理の開放は、土地の自由な売買譲渡を前提とします。代償は武士の支配権喪失です。生産工程と流通機構の管理が不可能になるからです。また土地の開放はそれまでの土地管理の上下関係を破壊し、開放された土地の所有者同志の横の関係を促進します。従って新たな管理の為には三つのシステムが必要になります。土地所有者とその延長上に位置する生産手段の所有者の連帯としての議会、土地作物とその変容形態である全生産物の価値を代表する通貨を管理する銀行、そして議会政治と流通過程を統合する新たな呪である王制すなわち天皇制です。

やせがまん

仏教で涵養された武士層の生活力は儒教という枠をはめられることにより、安定した形を取ります。武士の情操は男道から士道に変わります。治者意識を鼓吹された武士層の基本的政策は土地本位主義であり、抑商政策であり、反地主制です。この基本的政策が時代の変化にもかかわらず維持しうるなら問題はない。情勢は変化します。農業生産力の上昇と商工業の発展に伴いこの政策は破綻します。徳川武士の二七〇年間に及ぶ努力は、破綻にいかに対処するかでした。治安つまり平和を維持しつつどう対処するかに武家政権は苦慮します。武士の主要任務は経済政策になります。徳川時代の武士ほどこの任務に諦めることなくまじめに正面から取り組んだ社会階層も少ない。上は将軍藩主から下は足軽雑兵にいたるまでまじめに問題に対処します。経済官僚たることを介して武士は自らの治者意識を職能意識に変えてゆきます。元々武士は職人です。殺人の上手、と言われる職人です。これに治者意識と経済官僚体験が加わります。こうして武士の職能意識はより高度なものに練磨されます。

事実徳川武士達は二七〇年間食うや食わずの生活を送ります。熊沢蕃山、新井白石、横井小楠、吉田松陰、藤田東湖達の生活を見ると、彼らが人生を形成した時期の生活は貧しい。現代の基準から言えば生命維持ぎりぎりのところです。武士は贅沢をすることもありますが、それを自慢することは恥とされます。儒教が唱える素朴な理想主義は武士達の美意識に適合しました。武士達はこの理想を自己の訓練の場として、治者としての意識を育成します。自己の置かれた経済状況との対比において考えれば、これはやせがまんの美意識です。美意識を強く持ちつつ戦う者は自己の意図とは別に自己を変容させます。武士とは戦いつつ自らを変化させていった存在でした。だからこそ二七〇年の間経済という未知の魔物に対処しつつ屈することがなかったのです。同時にそれは二七〇年の平和の維持でもありました。

武士道の成立

武士は登場の原点において半合法的土地占有者です。この曖昧な権益を護るために彼らは戦士になります。戦闘技術の専門家になります。技術技能の練磨は美意識を涵養します。半合法的所有者である武士は契約によりその権益を護ります。契約は団結を生み、戦闘技術は家職として受け継がれます。伝統としての技術の所有者という意識から名誉の観念が生じます。

武士は戦闘のプロです。死を見つめ死を共有します。死の共有という一点ゆえに武士は平等です。契約の焦点は、命捧げます／命頂きます、です。忠誠と名誉の観念はその奥に叛乱の権利を含みます。契約は衆議になります。

武士の団結は所有の保証と引き換えに身体を与えることにより成り立ちます。身体は常に物の役に立つべく鍛えられ、顕示されます。死の共有は、身体の共有です。ここに男道が成立します。武士の心情の基層は男道です。

武士が農村から都市へ移住することにより武士は治者になります。男道の上に治者意識が重ねられます。男道は士道になります。武士の経済官僚としての体験は職能意識を磨き上げます。武士が富を失いつつも治者意識を失わないことは名誉の観念を尖鋭にします。やせがまんの美意識です。

治者意識と叛乱の権利は幕末維新期の草莽の処士達により自覚され遂行されます。結果は自己の階層の否定です。自己の否定を介して自己を自覚する存在を主体と言います。

武士道は以上に述べた意識観念情操行為のすべてを総括します。では武士は黒船来航を機にして起こる幕末維新の危機に、どのように関わって行ったのでしょうか？

第八章　討ちてしやまん——革命

黒船来航と世界情勢

一八五三年、ペリーが四隻の軍艦を率いて浦賀沖に来航し我国に開港通商を迫ります。時勢は激変します。我国はクーデタと内戦を繰り返しつつ、状況の変化に対応すべく体制を変容させてゆきます。ペリーによる黒船ショックから一八七七年の西南戦争終結までの四半世紀は、危機に直面した日本が、それに挑戦し克服する過程でした。この間武士達はどう振る舞いどう変貌して行ったのでしょうか？

当時の世界情勢も激動しています。産業革命と市民革命をいち早く成し遂げ、統一された国民国家として、政治経済体制を確立した国は強国となり、他に君臨し弱国に干渉し属国化します。ペリー来航当時この意味で真に強国でありえたのはイギリスのみです。フランスやアメリカは目下体制変革中であり、ドイツはむしろ我国より遅れていました。イギリスは十七世紀の内乱を経、一六八八年の名誉革命でもって、議会政治の基礎を作り、市民の政治参加を一程度可能にします。併行して農業は企業化され農業技術の発展のもとに資本が蓄積されます。十八世紀中葉の一連の繊維工業上の技術革命を機とし、イギリスは産業革命を成し遂げます。イギリスは世界の工場となりその経済力と強力な海軍でもって、他の世界の後進地、アフリカ諸国、インド、中国等を植民地化します。フランスは一七八九年の大革命で体制を一変させ、以後共和制と王制の交代を繰り返しつつイギリスに追走し、ペリー来航当時は独裁者ナポレオン三世の指導下に産業革命は進行中でした。アメリカの市民革命は一七七六年の独立戦争に始まりますが、完成はペリー来航後七年して勃発する南北戦争を待たねばなりません。戦争の結果が産業革命の急伸です。広大な国土と豊富な資源を持つアメリカはやがてイギリスを追い越します。ドイツの体制変革の転機は一八七〇年の普仏戦争です。戦争に勝ちフランスの桎梏から解放され、統一された国民国家のもとにドイツの産業革命は爆発的に進みます。

市民革命遂行と国民国家形成は並行します。市民革命とは国家の意思決定に庶民と言われる人達の少なくとも一部が参加し得る体制の確立を意味し、具体的には議会制度の整備です。貴族以外の庶民（ブルジョワジー）が参加しないと強い統一された国家は形成されません。兵士の徴用も徴税による経済力の軍事力への転用も、庶民市民ブルジョアジーと言われる層の参加が不可欠です。我国の国民国家形成を一八六八年の東京遷都に取るか一八七七年の西南戦争終結に取るかで意見は分かれます。市民革命は議会制度の確立を指標とするから、日本の場合それは一八八九年の国会開設になる。どれを指標とするかで日本とドイツの位置が変わります。私は東京遷都を指標に取ります。そうすると一八五三年という年は非常に微妙でクリティカルな時期になります。日本に押しかけてきた西欧列強にとっても食うか食われるかの時代でした。この時期を乗り切って統一国家を形成しえた国のみが、帝国主義の雄として以後の時代の主役になります。結果として言えば英・仏・米・日・独の五国が列強として残りました。他の国には彼らに追随するか植民地属国になるかの道しか残されない。現在でも経済体制に関する限りこの五国が世界の中心です。

市民革命

術語について簡単な説明をします。産業革命に関しては解説不要です。要は人蓄力以外のエネルギーを使って動く機械を備えた工場がたくさんできることです。このような工場が経営可能になるためにはそれなりの条件が要りますが、結果として工場ができればいい。では市民革命（Civil Revolution）とは何か。市民革命は以下の条件を必要とします。

統一された国民国家の存在　王政でも帝政でも構わない　つまり中間に介在する権力なしに国民が中央権力に直属すること

国民国家を維持するために民意をある程度代表しえる議会制度

以上の案件を保証する国家大法すなわち憲法の存在、成文法とは限らない

市民革命が成立するためには産業革命は必須の前提になります。農地が売買の対象として純粋な財産になり、農業生産力の発展による資本集積を踏まえて、工場制機械工業が発展しなければなら

ない。富を求める者に平等なチャンスが与えられてこそ、市民が出現します。この市民をなんらかの形で統合する機構が議会制度であり流通機構です。我国は市民革命を成し遂げます。

工業軍事技術の変革期

黒船来航前後の時期は工業技術の飛躍的進歩の時代です。帆船から蒸気船へ、蒸気機関車による鉄道の整備、ベッセマー法等の新しい製鋼法の開発、機械工業の発達等が挙げられます。電気工業や化学工業等第二次産業革命の主役となる産業技術の基礎的知識はすでに確立されつつありました。古典力学は完成し、電磁気学の発達が始まります。化学生物学医学も発展の途につきます。

兵器の進歩は重要です。製鋼法の変化はより強靱な鋼鉄を作ることを可能にし、最初の元込め式大砲であるアームストロング砲が出現します。この大砲のゆえに薩摩の攘夷論は開国に変わり、上野寛永寺に立てこもる彰義隊は新政府軍に負けました。小銃の機能も進歩します。ミニエー銃やスナイドル銃の登場です。前者は尖頭弾を発射し、後者は加えて元込め銃になります。これらの銃を装備していたから、第二次長州戦争や鳥羽伏見の戦で、薩長軍は幕府軍を圧倒します。技術革新に際してはそれを早く生み出すか取り入れた方が勝です。技術革新は同時に体制の変革を要求します。一八五三年とはそういう時代でした。西欧において丁度技術革新が開始され軌道に乗りつつあった時黒船が来航しました。日本はこの技術革新の波に遅れることなく乗ることができました。

十九世紀初頭フルトンの発明により、船舶の動力は次第に蒸気機関に変わります。ペリー来航時はこの変革の真最中です。彼が率いてきた軍艦にはまだ帆船もあり、蒸気船自身も無風状態の時のみ石炭がたかれました。

幕藩体制の行き詰まり

我国自身の情勢も変化を待望していました。山岳列島の農業社会で三〇〇〇万人の人間を食わせていくだけで大変です。当時の技術での開発は限界に来ていました。武士は困窮し俸禄の五割でももらえれば良い方です。下級武士の生活は生存ラインぎりぎりです。これでは戦争はできません。徳川将軍は征夷大将軍です。職務は夷（外からの野蛮な侵入者）を打ち払う（攘夷する）ことにあります。旗本八万騎も諸藩の軍兵も役に立ちそうにない情勢です。農民の方も同じで一揆は頻発します。商人がそれ以前の時代よりいい目を見たとも思えない。基礎的生産力が停滞すれば流通もぱっとしない。幕府も諸藩も上層部は方向感覚を失い、政策の決定は名君を中心として結成された中下級藩士の手に移りつつありました。藩政改革をなんとか成し遂げた雄藩が以後発言権を増します。学問は儒学に関する限り発展しません。当時の人士が積極的に学んだのは、蘭学と国学と剣術です。すでに体制変革への予感があったのでしょうか。吉田松陰、佐久間象山、横井小楠は儒学の蘊蓄を究めた学者ですが、彼らが新しい技術や知識に接した時、それを従来の儒学的教養の延長上に求めたのではなく、全く新しいものとして接しました。

無策ではなかった幕府

こういうところへ黒船が来襲し三年後通商条約が締結されます。未知の事態に遭遇し、それまで経験の無い外交をこなし、軍備を一新し、貿易開始ゆえの経済情勢の変動、特に飛躍的なインフレに対処しなければならない。課題に耐え切れず幕府は黒船来襲後十数年して崩壊します。幕府は無策だったか。そうではない。ペリー来航の情報は早くから知っており準備していました。阿片戦争も充分知っていました。旧式軍隊では太刀打ちできないことも知り尽くしていました。西洋列強来航への用心は田沼時代まで遡ります。田沼意次はそのために蝦夷地を積極的に開発して領土を保全しようとし、松平定信は逆にその地を原始のままにして自然の防壁にしようとしました。方針の差はあれ関心は充分ありました。水野忠邦は阿片戦争時の為政者だから列強への恐怖心は人一倍です。彼が失脚して以後、肝心な経済がなんともならないまま一八五三年を迎えてしまったのです。

幕府は以後も無策ではありません。開明派官僚を登用し、人材発掘に努め、軍事工業技術の輸入に努力し、長崎海軍伝習所・横須賀製鉄所・蕃書調所等を設置し、軍制を西洋風の歩騎砲の三兵戦術に改め、遣米遣欧使節を派遣し、留学生を送り、咸臨丸を使節に随行させて示威を行い、事実上の政府を京大阪に置いて西南雄藩と折衝します。幕府と薩長は最後には激しく対立しますが、薩長が作る維新政府のプログラムは、幕府が試行錯誤の中で行ってきたものが多いのです。幕府もがんばります。だからそれを倒して成立した維新政府もがんばれました。

開国か否か？　処士横議

一八五三年ペリーが浦賀に来航します。幕府は予知していたが、本音は開港などしたくない。ペリーは長崎奉行経由の交渉を拒否します。あくまで首都である江戸へ行き、将軍あるいは他の政府首班との交渉を要求します。幕府はペリーを浦賀に上陸させて儀礼的に歓待し、一年後の返答を約束して一応引き取らせます。時の幕府の首班は老中阿部正弘でした。十二代将軍家慶は病床にあり、ペリーの来航後暫くして死去します。阿部老中は幕府のみではこの国難を乗り切れないとして、大名旗本他の武士達に意見書を提出させます。意見は三種。断固即攘夷。次に暫くはたぶらかし時間を稼ぎ実力をつけてから攘夷。開港を主張する人は少数でした。攘夷が不可能であるとは、事情を知る者には解ります。しかし二五〇年間の鎖国です。慣習は簡単には変えられない。攘夷派が多かったのはうなずけます。一年後ペリーは再びやって来て日米和親条約を結んで帰ります。これは予備的な措置です。アメリカの船舶が日本の海岸に漂着したら食料や薪水を補給させて世話をする、即打ち払いなどはしない、という程度の取り決めです。阿部正弘は死去し代って堀田正睦が台閣の責任者になります。彼は開港通商の勅許を求めます。幕府だけでは対応できないから朝廷を動かし全国民(と言っても武士、それも大名が主ですが)を動員しようと考えました。しかし時の孝明天皇は拒否します。幕府は窮地に立ちます。幕府はアメリカ総領事ハリスにすでに開港の約束をしていました。

幕府が朝廷に相談をもちかけたのは始めてです。それまでほぼ無視されていた朝廷の権威が復活します。同時に大名や旗本でない武士達、つまり陪臣と言われる一般の藩士や浪人も朝廷を介し利用して、自己の意見を主張し始めます。彼らを草莽《そうもう》の処士と言います。彼らは藩に所属していても自らを処士、特定の君主に仕えない自由な武士、と自覚します。好んで脱藩して浪人になる者も出てきます。彼ら草莽の処士達は自らの会合や意見の表明を、処士横議、と称します。横とは藩別あるいは諸藩と幕府の区別なく平等に連なる、の意味です。彼らの意見は圧倒的に攘夷でした。京都を中心に議論は沸騰し納まりがつかなくなります。天皇が攘夷である以上は幕府もそれに従わねばならない。元々幕府自身が自分の主体性を放棄して相談をもちかけたのです。吉田松陰・梅田雲浜・頼三樹三郎・梁川星巌等が当時の代表的な処士です。

安政の大獄

納まりがつかないので幕府最後の切り札として登場したのが、譜代筆頭の彦根藩主井伊直弼です。将軍は未だ十五歳にもならない十四代家茂です。井伊は徹底的に幕府反対派を弾圧します。攘夷断行派の水戸藩主徳川斉昭はじめ有力大名の多くが隠居謹慎、草莽の処士の多数は死罪、将軍継嗣問題で井伊の意見と対立した幕府開明派の官僚達、川路聖謨、岩瀬忠震、永井尚志等は閉門から左遷と、井伊はダンビラを振るいました。安政の大獄です。井伊にすれば幕府の従来のやり方に戻しただけのつもりです。そして勅許を得ず独断で日米通商条約を結びます。

条約締結そのものよりも問題は井伊のやり方です。一度意思決定の責任を周囲にばらまいておいて、今更幕府の権威と言われても周囲は納まりません。阿部正弘・堀田正睦・井伊直弼と三者三様に幕府の権力の正当性を損傷し、二七〇年かけて実直な官僚として育て上げた武士を野に放ち、戦士の血を沸き立たせます。以後各藩の権力の中枢を荷うのは有能な中下級藩士が多くなります。彼ら自身は藩に属し藩を利用しつつも、自ら草莽の処士であるという自覚を持ち、藩外の処士と連絡を取りながら、藩論を操作します。最後に幕府にとどめを刺した薩摩の西郷隆盛は全国いたるところに同志を持っていました。水戸藩士藤田東湖であり、越前藩士橋本左内であり、浪人坂本龍馬であり、清水寺の僧月照等です。こういう連中を井伊は激怒させます。特に御三家の一つでありながら厳しい処罰を受けた水戸藩士の怒りは凄まじく、脱藩して浪士となった彼らに井伊直弼は条約締結の二年後一八六〇年桜田門外で白昼襲撃され殺されます。彼が条約を結んだのはやむをえない。しかし彼は条約締結に尽した幕府開明派の官僚の政治生命も奪います。幕府内部から人材が出なくなります。

公武合体路線

井伊の死後幕府の威信は地に堕ちます。幕府は朝廷との結合を強めるために、天皇の妹である和宮内親王を将軍家茂に降嫁させます。幕府と朝廷は仲良く、そして違勅条約の件はうやむやに、と言うのが本音です。ともかく朝幕が仲良くという政治方針を公武合体路線と言います。当時の大名や武士の大半はこの意見でした。穏健路線です。しかし一人攘夷実行を天皇の名において頑強に主張する藩がある。長州藩です。長州藩というより、藩の過激派、久坂玄瑞や高杉晋作等を中心とする連中です。彼らは諸藩や民間の同志とも連絡を取り、公家達を操り、協力して幕府に抵抗します。幕府は江戸にあってはらちがあかないと見てか、徳川斉昭の子で最後の将軍となる一橋慶喜を将軍後見職にしかつ禁裏守衛総督に任じ、会津藩主松平容保を京都守護職に、桑名藩主松平定敬を京都所司代として、京都に幕府の出先機関を作ります。出先機関というより実質的な意思決定機関です。これを橋会桑政権と言う人もいます。橋会桑政権の中核である会津藩は薩摩藩と同盟し長州を宮廷から追い出します。一八六三年文久三年のクーデタです。

なぜ長州は攘夷倒幕か？

長州藩はなぜ一藩単独でも攘夷を頑強に主張したのか。長州は薩摩とともに幕府に最も警戒された藩でした。関が原の戦犯、第一級の戦犯です。幕府は完全に取り潰したかったができず、やむなく防長二国への減封に留めざるをえなかった。長州は長州で関が原の時幕府にだまされ、煮え湯を飲まされた苦い経験があります。一二〇万石から三六万石に減封された時、毛利家は家臣を減らさずすべて扶持します。長州藩士は格式の割には貧乏になります。恨みは二五〇年前に遡ります。

長州藩は天保の頃村田清風のもとに藩政改革を成功させます。藩は経済的に裕福になり幕府と対抗できる実力をつけます。加えて藩政改革は下級武士や豪農層の政治への進出に道を開きます。またこの藩は日本海を隔てて外国を望見できる位置にある。

吉田松陰の影響力も見逃せない。彼は軍学者の家に生まれ儒学を修めます。非常な秀才ですが、それ以上に激情家です。ペリー来航時師匠の佐久間象山に唆され、アメリカ渡航を企て捕らえられます。遅れた日本をなんとかしないといけないとの焦りは強く、水戸学の影響もあって幕府への批判は尖鋭になります。老中暗殺も企てます。三十歳、安政の大獄で刑死。松蔭は処士の典型です。遊学や文通を通して多くの知己同志を全国に持っています。彼はまた教育家でした。密航失敗後松蔭は藩内に謹慎の身になり、その間若い藩士達を教育します。時局批判もしました。この松下村塾から木戸孝允（桂小五郎）、高杉晋作、前原一誠、久坂玄瑞、伊藤博文、山県有朋、井上馨など幕末維新の主役たちが巣立ちます。彼らは長州藩の過激派です。

彼らも処士として行動します。全国に遊説し、都に集まり情報を交換し、策謀を練り、行動に走ります。処士達はその数と行動力と情報網により、全国の世論を形成します。こういう活動に藩全体として一番熱心だったのが長州藩です。藩士達は藩の外で世論を形成し、それを藩内に持ち込んで藩論を主導します。藩内外の意見と情報の相互作用により、若い中下級藩士は門閥層を押しのけます。長州が典型ですが、この事態は全国的規模で展開され、有為な若い藩士や浪人はこの運動の中に飛び込んで行きます。公論を統べる公儀（幕府）の権威はすでになく、大名といえども処士達が作る世論を無視しては行動できなくなります。西郷隆盛や桂小五郎や坂本龍馬や勝海舟の政治的資産はこの点にもあります。薩摩藩主の実父島津久光がどうしても外交力で西郷に劣ったのは、藩外に西郷ほどの知己を持たなかったからです。ペリー来航と安政の大獄を機に、処士横議は、それまで藩内に充満していた中下級藩士の政治的実力を一挙に沸騰させます。井伊直弼は一番斬ってはいけない人物を斬りました。

外国との戦闘　開国へ　薩長同盟

翌年長州藩は千名以上の藩兵を率いて上京し、会津薩摩一橋連合軍と戦い敗北します。禁門の変です。幕府は直ちに長州征討に乗り出し長州は降伏します。この間に長州も薩摩も外国と戦い、攘夷が不可能であることを悟ります。薩摩の幕府への態度は変わり、薩摩は秘密裏に長州と同盟を結びます。息を吹き返した長州過激派が政権を握ると幕府は再び征討を企てますが、軍制改革をした長州軍に敗北し幕威は地に堕ちます。将軍家茂は死去し一橋慶喜が十五代将軍になります。

大政奉還　倒幕

状況を見た土佐の後藤象二郎は大政奉還を将軍慶喜に進言し、慶喜はそれを受け入れ大政は朝廷に返還されます。慶喜は大政を一度朝廷に返して、新しい政権のもとで主導的な立場に立とうとしました。意図を見抜いた西郷隆盛や大久保利通は公家の岩倉具視と手を組み、一八六七年慶応三年薩土越芸尾の五藩の兵を密かに宮廷に入れ、警備していた会津藩兵を追い出します。孝明天皇はすでになく新帝は少年の明治天皇です。クーデタに成功した薩摩は兵庫まで来ている長州藩兵と連絡を取りつつ、徳川慶喜に辞官納地、朝廷から与えられた官位と七〇〇万石の領土を朝廷に返せと迫ります。薩摩のこの画策は他の大名にも不人気で反対されます。西郷は江戸市中を浪士に霍乱させます。放火や夜盗の行為をわざと薩摩藩が後援しているように実行させます。薩摩の仕業と知った幕臣は怒り薩摩藩江戸藩邸を焼き払います。幕府軍が大挙して上洛し鳥羽伏見の戦が行われます。主将慶喜の戦意は薄く、指揮系統に統一を欠く幕軍は敗れ、慶喜はイギリス軍艦で江戸に逃げ帰り恭順します。大政奉還以後の諸藩の大勢は、徳川家の主導性を認めて新しい国家を作る考えでした。この考えは公武合体路線の延長上にあります。西郷はあくまで徳川家の政治生命の抹殺を狙います。大勢利あらずと見た西郷は土壇場で幕府を挑発しむりやり戦争を起し、慶喜を朝敵に仕立て上げます。最後の将軍慶喜の腹の底は解らないことが多いのですが、大阪城を脱出した時彼はすでに戦闘を放棄していました。諸外国が薩長中心の維新政府の方を正統とみなした最大の根拠は新政府が大阪を抑え、それにより尾張越前以西の西日本と外国貿易および商業利潤の大半が新政府の手中に入り、経済力で幕府を圧倒していると見たからです。慶喜がそれを知らないはずはない。

江戸進駐　東京遷都

一八六八年維新政府は江戸へ首都を移し名を東京と改めます。政府は始め大阪を首都とするつもりでした。ともかく京都を離れたかったのです。千年の古都である京の宮廷は伏魔殿で、天皇を取り巻く公家女官達の存在は体制変革を目指す新政府の指導者にとっては邪魔以外の何者でもありません。兵庫開港に際して孝明天皇の取った頑迷な態度が如実に示しています。大阪遷都論は大久保利通の反対で立ち消えになります。大阪は商都だからほっておいてもやって行ける、江戸は政治で成り立ってきた都市、放置すれば江戸の五〇万の武士達は食えずに野盗になるしかない、と判断したようです。東京遷都は大成功でした。それまで経済的に大阪に依存してきた東京に首都を移し、公共投資で近代的施設を集中的に建設することにより東京は経済的に自立します。政治の安定にも寄与します。同時に東京遷都は維新政府の占領地への進駐です。維新政府に反対した勢力のほとんどが関東以東の藩ですから。

新政府の最初の三年間は試行錯誤です。万機公論に決すべし、という五箇条の誓文に従い三院ないし二院制を採用したが、うまく行かない。新政府の課題は山積みです。まず財政を整えなければならない。幕府や諸藩が外国から借りた借金にも責任を負います。内戦中諸藩が乱発した不良貨幣も整理しなければならない。新政府の経済的基盤は徳川家から没収した土地だけです。全国の石高二〇〇〇万石のうち政府は七〇〇〇万石を支配するにすぎない。諸大名は各地で自ら年貢を徴収します。中央政府の財政を安定させるためには、諸藩の領地を政府の直轄支配にし、政府の収入を確保しなければならない。根本的な税制改革も必要です。でなければ軍制も教育も交通機関の整備も絵に描いた餅です。

有司専制

明治四年一八七一年に維新体制は一変します。一種のクーデタです。薩長土肥の四藩がそれぞれ兵力を出し合い、八〇〇〇人の天皇直属軍を作ります。律令制の参議という官に新しい意味と権力を与えます。数名の参議と兵部外務大蔵民部工部の省の長である卿の、一〇名内外で作られる会議が最高決定機関になります。薩摩にこもっていた西郷と長州の木戸を参議にすえます。西郷木戸連合政権、ないし薩長連合政権です。それを土佐と肥後の実力者が補佐する体制ができます。これを藩閥政府とも有司専制政府とも言います。新政府樹立に功のあった藩の実力者で政府を掌握しました。裏には、それしか今の難局を乗り切る方法はない、と言う思惑がある。十数年後伊藤博文の初代内閣ができても有司専制は変わりません。憲法が制定されても、国会が開設されても変わりません。内閣は国会に責任を負う義務がないからです。明治三十年大隈板垣連立政権ができた頃から議院内閣制になって行きます。

有司専制を確立して、政府は本格的な制度改革を開始します。欧米への条約改正のための使節派遣とか朝鮮半島の問題とか、それに一部高官の汚職もからんで明治六年、政変が起こり参議の半数以上が下野します。しかしその後も改革は続きます。改革は多数に上りますが、改革の基軸は、廃藩置県、秩禄処分、地租改正の三つです。

廃藩置県

廃藩置県に藩籍奉還が先行します。薩長土肥の四藩主は、藩籍つまり領地である藩の支配権が新政府に所属すべきものであるとして、それを一応政府あるいは朝廷に返還します。他の藩主もそれに習います。藩籍奉還と言っても実際の統治は藩主が行うので、実態は変わりません。藩という領地の給付は元々徳川将軍が行った事績でした。御恩の本来の給付者である徳川家が政治生命を失うと、藩籍は宙に浮きます。それを新たな中央権力である維新政府に、認知してもらおうと思っても不思議ではない。当時の諸藩はみな財政的に窮乏しています。たいていの藩の家老級の家臣は正式の俸禄の十分の一くらいしか給付されません。藩経済は崩壊寸前です。藩の運営に自信の無い藩主の方が多かった。いっそのこと朝廷へ押し付けて後はなんとかという気分も濃厚でした。

曖昧さにけりをつけて廃藩置県を断行したのが有司専制体制です。案は以前からありましたが、元長州藩士二名が井上馨に進言し、それを長州閥の総帥木戸が承認し、薩摩の西郷の一諾を得て一挙に断行されます。明治四年七月十四日政府は全藩主を一同に集め、大名から領地を召し上げ中央政府の直轄にする、と宣言します。意外とすんなり受け入れられます。最大の理由は藩経済の破綻です。それを外国からの債務も含めて、中央政府に肩代わりしてもらえるのならその方がいい。中央政府も財政的にはピンチです。このままでは必ず行きづまる、全領地を直轄にして出直すしかない、と政府は考えました。廃藩置県といっても県知事は当分の間は元藩主ですし、藩主は政府から相当な給付を受けます。藩主はわずらわしい藩の運営から解放され、藩主個人は以前より多額の所得を保証されます。彼らはみんな華族になりました。廃藩置県断行直後、土佐の板垣退助と肥前の大隈重信が参議に任じられます。公家出身の三条実美と岩倉具視を大臣として上に置き、薩長土肥の実力者からなる有司専制体制が成立します。

秩禄処分

廃藩置県は大きな抵抗もなく行われましたが、それが政府財政に意味を持つためには、支出の削減と収入の確保が必要です。秩禄処分と地租改正が断行されます。政府は領地とともに藩の負債まで背負ったのだから、この二つの改革をしないと政府自身が潰れます。

秩禄とは扶持録米、君主が家臣に給付する米銭です。封建制度は秩禄を君主が臣下に与え、臣下は君主に軍役等の奉仕をするという契約で成り立ちます。しかし時代の進展とともに給付できなくなり、封建制度は行き詰まります。新政府がこの義務を廃藩置県とともに肩代わりします。当時政府支出の三分の一くらいの比重を秩禄給付が占めました。これでは政府は動きが取れません。歳入の三分の一を生活保護に使うようなものです。そこで年金で払うことにします。政府は、軍事力として役に立たない武士層に禄米を与える必要はないと、判断します。武士層一般もこの理屈は承認していました。

明治九年金録公債発行が決定されます。武士達の受け取る石高に応じて公債を発行し、毎年その利子を与えるようにします。肝要なことは武士の土地支配の政治的権利を金録公債という証券資産に変えてしまったことです。このやり方は地租改正の時にも発揮されます。金録公債発行にはかなりのペテンが含まれています。物価の上昇に見合うだけの保証はない。期限付きで、一定の年限が過ぎれば公債の価値はなくなる。さらに本来の石高に基づいて現実に給付される額以下に定められます。旧幕時代から藩士達は半知とか借上とか言われて、給付されるべき半分以上を藩に取り上げられていました。政府は金禄公債の額面を、現実に行われていた給付を基準とし、さらにそれを三六パーセントへ切り下げて、計算しました。計算された禄米を当時の金額に換算し、額面の五—七パーセントを年間の利子として支給します。この計算で行くと、下級武士が一日に受け取る金額は八銭くらい、当時の土方人足の日給が二十四銭と言います。土地の支配者であるはずの武士の身分はゆっくりと消滅して行きます。だからと言って武士層が特に困窮したとも言えません。彼らはそれぞれの立場で新しい職務を見つけます。彼らには学問があり社会の指導者という誇りがあります。新時代の官民の中間管理職としてはうってつけの層です。教員・軍人・警察官・官吏等の職業は、明治の中頃までほとんど士族出身者により占められました。

地租改正

地租改正は新政府が全国から平等に統一的に租税を徴収するシステムを作るためにはどうしても必要な政策です。明治政府の最も重要な政策です。徳川時代には土地の作柄を定めて年貢を決めます。検見取法と定免法の二つの徴収方法がありますが、土地から取れる作物の量が年貢算定の基準であること、に変わりありません。土地自体には値段はない。それは天からあるいは為政者から頂いた神聖な物、生産の基礎としての神聖な何物かです。実際には土地は売買の対象になりましたが、それも質入と言う方法を介してで、債務者は担保としての土地を事情によっては取り返しうることになります。土地は完全な売買交換の対象として永久に他人の手に委ねられえる物ではなかった。土地はその意味で神聖であり、神が宿り給う宮代であり、神の代理者である為政者が特権を持って支配占有すべきものでした。だから土地に値段をつけることは冒瀆行為になります。

土地の質、あるいは気候風土により生産力は異なります。藩ごとに風習も違います。これでは全国にわたる統一的な租税の徴収は不可能です。新政府は土地の生産力を調査し直し（検地し）、結果に応じて土地に値段をつけました。年貢あるいは租税の額は土地価格の三パーセントと決められます。農民が一揆を起して反対したので二・五パーセントに引き下げられます。一八七三年地租改正法が公布され、一八七六年から七八年までに全国の農地の三分の二が改租されます。地租は土地の価格を基準として定められました。

土地に値段がつくことはそれを売り買いの対象としてよろしい、一度買ったら取り戻される心配はありません、という事態を意味します。土地は商品化されます。有能なあるいは富裕な農民は土地を買い集め、より効率的な農業経営を営むことができます。こういう富裕な土地集積者、農業経営者を地主と言います。本当の地主は明治政府の地租改正以後出現します。江戸時代にも地主はいましたがその土地所有権は曖昧で、いつ取り上げられるか解らない頼りないものです。地主の上にはお上がいて神聖な支配占有権を主張しています。

流通経済の承認

地租改正の結果今まで比較的平等な共同体であった農村は地主と小作人に分解します。小作人の数には限度があり、あぶれた土地喪失者は都市へ出て工場労働者になります。資本の本源的蓄積と言われるこの過程を、地租改正は著しく促進しました。殖産興業には資本が要ります。資本とは集積された物金です。いかに集積させるかで経済の形が違ってきます。一番手っ取り早いのは自由競争という名の弱肉強食です。熱心で有能で貪欲な者に資本を集積させるのが効率的です。地租改正は当時の最も重要な生産財である土地を、この連中に開放し資本の集中化をもたらします。土地を経済財とみなすことは、同時にそれまで旧幕府がたじろいできた、交換流通経済を体制維持に必須な存在として承認することです。商人は始めてまともな人種として認知されます。金と土地が絡んで複雑で変化に富む運動が繰り広げられます。欲が欲を生みます。これを資本主義と言います。金禄公債と地租の原理は同じです。支配者である武士の政治的特権は一片の債権になり、土地も値段付きの証書となる。どちらも交換可能です。明治政府の三大政策である廃藩置県、秩禄処分、地租改正、はすべて同じことを目指します。特権者として縦に連なる君主武士農民が持つ土地への経済外的制約を取り払うことです。武士と農民は同じ犠牲者になります。こうして地租改正が定まる前後から士族の叛乱と農民一揆が続発します。この三つの政策が遂行されないと、軍備も、教育制度も、官営模範工場も、インフラの整備も、外国からの技術輸入も、留学生の派遣も、なんにもできません。お金が無いんですから。どうすれば金を蓄積できるか。それは金儲けに必死な連中にその機会を充分与えてやることです。

以上に述べた一連の制度改革は社会全体を企業経営に開放します。しかしこの波に乗れない部分が出てくる。むしろこの部分の方が大きい。武士は支配者としての特権を剝奪され生活の危機に直面します。農民は増税の負担にあえぎつつ、競争原理にさらされます。彼らはそれぞれの立場で反抗します。武士の方に目を向けると、反抗の方法は二つあります。武器を取っての叛乱と、言論による戦いです。前者は萩、秋月、神風連、佐賀の乱、西南戦争、後者は自由民権運動です。民権運動は民間の意見を反映させるために国会開設を要求し、叛乱は新政府を暴力で打倒しようとします。

攘夷は誰がするのか？　俺達だ　草莽の処士

黒船ショックは攘夷熱を噴火させます。全国の武士の九九パーセントは攘夷派でした。西郷も木戸も龍馬も誰も彼も攘夷攘夷でした。攘夷熱は武士の心術を一変させます。誰が攘夷を敢行するのか、幕府か、諸藩か、それとも俺達自身か、と彼らは自己を問い詰めます。期待した幕府は頼りにならない。それどころか責任者である阿部正弘は意見を公開募集してしまいます。財政難に面してわざわざ三部会を招集し、王制と自らの命を縮めてしまったルイ十六世のやり方と同じです。堀田正睦は朝廷に相談します。幕府は主導権を手放します。

気概のある武士達は、攘夷は俺達がやらなければ、と思い始めます。この情熱を弾圧した井伊直弼は桜田門外で白昼殺害されます。全国の武士達は相互に連絡を取ります。藩や幕府に仕えなければ処士として民間で運動します。藩組織に縛られていた藩士は処士と連絡を取るか、自ら浪人して処士の中に入ります。藩士と言い処士と言い、攘夷を目的として連絡を取り合えば、同志です。処士集団が世論を作ります。処士集団を媒介とする藩内外の相互作用により、中下級武士層は藩政への影響力を増します。処士集団の形成により武士社会は水平化します。

維新に先立つ数年前池田屋事件が起こります。京都三条木屋町の旅篭池田屋に終結した武士達を、幕府の特別警察新撰組が襲い殺害捕縛した事件です。集った武士は五〇名近く、謀議の内容は京の町に放火してクーデタをというものでした。全国各地の浪人と藩士が会合していました。彼らはそこで行動を起こし、世論を作り、各藩の動向を左右しようとしました。蛤御門の戦い、十津川や生野の挙兵、そして孝明天皇の吉野行幸計画など、すべて処士集団によるものです。

薩摩の西郷や長州の木戸は絶えず民間の処士達と連絡を取っています。井伊大老を襲撃したのは脱藩して浪人になった水戸の藩士です。土佐の武市半平太は下級武士の身ながら公家侍に扮して、宮廷の空気を煽り同時に自藩の政治に強い影響力を発揮しました。土佐が最後に倒幕に踏み切ったのは板垣退助の独断ですが、その背後には脱藩した坂本龍馬の影響があります。勝海舟の政治力はこんな連中に顔が利くことにもありました。

攘夷を機に武士達は一個人としてどう対処するか考えざるをえなくなります。あるいは考えられるようになります。戦う者としての意識に目覚めさせられます。中核が草莽の処士の横議です。処士横議を通じて中下級藩士は反論への影響力を強めます。最後に幕府を倒し新政府を作ったのは藩の戦力です。しかしその中核・実行部隊は中下級藩士であり、大名や家老のような上層部は置いてきぼりです。この実行部隊が新政府を作り、主君も藩も自分達自身の社会的地位も否定し消滅させせてしまいます。処士層とは曖昧でむしろ観念的な概念です。藩や幕府の束縛から離れて国事のために自分の意志で行動する者が処士です。藩に属していてもいなくても、本人がそう思えばそれでいい。処士集団の母体は中下級藩士と豪農層です。当時武士の身分もその境界は流動的でした。新撰組の近藤勇や土方歳三、あるいは清川八郎や渋沢栄一等は豪農層の出身です。

戦う、すべてはそれから、変身せよ

薩英戦争と馬関戦争を機として薩長二藩は開国通商へ考えが変わります。変わり身の早さも武士独特のものです。まず戦う、相手の実力を知る、方向を再検討する、という次第です。行き当たりばったりとも言えるが経験知とも言えます。試行錯誤のない経験知はない。開港への態度変換は実に素早かった。武士は元々開発領主です。将軍から足軽に至るまでその先祖は村や郷のいくばくかの土地を開発し一所懸命に守り育ててきました。その為にはなんでもします。殺し盗みに略奪、有力者との提携や同盟、裏切に反逆、そして争闘、なんでもしました。観念でなく経験が重視されます。祖先の血は当時の武士達の体の中に流れています。

さらに黒船以来の武士達は個々人で考え行動するようになります。そして処士横議です。わいわいがやがや自由に気ままに討論しているうちに意見は淘汰されます。選択された意見はあっと言う間に全国に伝わります。組織と伝統に縛られない分、思考は柔軟になります。坂本龍馬は勝海舟を斬りに行き、説得されて一瞬にして開国論者になりました。高杉晋作は攘夷論者として横浜のイギリス領事館を襲撃しました。あまりの暴走に藩もてあまし彼を上海に行かせます。欧米人に屈従

する中国人を見て彼は密かに開国を決意します。戦う者は自ら変容します。戦うためには腹をくくらねばならない。戦う意志は心身の状態を変化させます。そして戦う者は戦う敵が立派であればあるほど、敵を尊敬し見習います。個々人の自覚において為されれば為されるだけこの過程は促進されます。そして処士横議。当時の武士達、志のある武士達ほど自由に討議できた階層はあまりないかも知れません。もちろん命と引き換えですが。

攘夷論と処士横議の風潮が最高潮に達したのは一八六三年文久三年八月十八日のクーデタの頃です。井伊直弼が殺害されてから、京都には攘夷論者が横行し反対派は切られるなど、幕府も手の付けられない状態でした。寺田屋事件、足利将軍木像さらし首事件等があい継ぎ、孝明天皇は加茂社に行幸して親兵をつのります。さらに吉野行幸に将軍家茂を随行させ、攘夷の詔勅を下す陰謀も企てられます。すべて長州藩士と浪士処士の合議の結果です。ここで薩摩と会津は同盟し八月十八日両藩は長州を宮廷から追い落とします。

翌年禁門の変、第一次長州征伐。薩摩の動きは密かに反幕へ傾きます。薩摩長州ともにすでに外国との戦争を経験しました。一八六六年薩長同盟成立。第二次長州征伐と幕軍の敗退、大政奉還、鳥羽伏見の戦、と事件は続きます。一八六〇―一八六三年は処士横議の盛行ないし横行、一八六三―一八六六年は暗中模索、一八六六年以後は藩組織による実力行使と、井伊殺害後の歴史の経過は三つに区分できます。風潮変化の最大の要因は外国との軍事衝突です。有能な武士達は藩の中枢へ結集します。志士は官僚になり始めます。議論より実力の時代となります。王政復古を可能にした軍事力は薩長土肥の中下級藩士達が藩組織を乗っ取って得られます。

政府、民権派、叛乱士族

新政府は総裁議定参与の三職と二院制ないし三院制を設置して国内の世論の一致を試みます。この時期の為政者にはまだ大名公家出身者が目立ちます。維新政府の最初の三年間は戊辰戦争、幣政統一、新政府への攘夷論者による攻撃（要人暗殺）で揺れ動きます。一九七一年明治四年西郷木戸連合政権が成立し、政権は薩長を中心とする西南雄藩出身の家臣層に移ります。西郷大久保木戸と彼らの追随者後継者が政治の実権を握ります。この有司専制体制は倒幕に功のあった実力派家臣層の合議による政権であり、この体制でもって廃藩置県、秩禄処分、地租改正、という最も重要な課題が遂行されました。武士の政権は、藩組織、禄米給付、農本主義、という彼ら武士階層がよって立つ基盤を自らの手で破壊し、新しい政治体制を模索し創造します。明治六年の政変を機に、体制を支持する勢力と批判し打倒しようとする勢力が分かれます。前者は明治政府の官僚層を形成し、後者は叛乱を起こすか、自由民権運動を主導します。

政府と叛乱士族と民権派の三者は、複雑で密な関係にあります。政府は士族を打倒するためには民権派の協力を必要とします。政府は士族を打倒することにより自らの権威を確立しえます。叛乱士族と民権派の差は紙一重、相互に移行可能な関係にある。旧藩から自由でない分子が叛乱に走り、比較的自由だった部分が民権派を形成します。同様のことは政府官僚層と叛乱士族の関係にもあてはまります。士族や民権派の背後には、幕末維新の戦争で動員された農兵的軍隊を介して、農民大衆の群が控えています。政府は何が何でも農民を掌握しなければならない。士族に叛乱の可能性があるから民権派はすごめます。政府と民権派は農民層を取り合います。政府は叛乱士族が農民一揆と結びつくのを恐れ、両者の分断を計ります。民権派は反乱士族と手を切り、政府は農民層と妥協して士族の叛乱を鎮圧します。政府は富国強兵政策を推進し、民権派は富農や富商を吸収し批判勢力として成長します。武士を、治者と戦士と衆議の三つの要因に分解すると、政府官僚は治者を、叛乱士族は戦士を、民権派は衆議を代表します。政府官僚はテクノクラート層を形成し、民権派は教養ある市民層を基盤とします。叛乱士族は粉砕されます。では戦士は粉砕されたのでしょうか？

西郷隆盛と西南戦争

明治九年一八七六年不平士族による最大最後の叛乱、西南戦争が勃発します。戦役の詳細を語るより、西南戦争の主人公である西郷隆盛について考察する方が、武士という階層の性格、武士が幕末維新に果たした役割を明瞭に示しえます。西郷隆盛は一八二六年薩摩藩の下級藩士の長男として生まれました。郡奉行の書記になり、名君の誉れ高い藩主島津斉彬に認められます。主君である斉彬は同時に西郷の教育者でした。斉彬に伴い京都や江戸に随行しその間、多くの処士藩士と交わりを結びます。特記すべきは水戸の藤田東湖と越前の橋本左内です。斉彬は一橋慶喜を将軍に就任させようとする勢力の旗頭でした。斉彬の命を受けて西郷は藩間外交に精励します。主君であり教師でもあった斉彬は落馬事故で死去します。後継者はかつてお由羅騒動で斉彬と藩主の座を争った久光の子忠義です。実権は父親の久光が握ります。そして安政の大獄。西郷にも嫌疑がかかり、井伊大老に追われた僧月照とともに西郷は鹿児島湾に身を投げ自殺を図ります。月照は死に西郷は助かります。流罪。許されて藩に帰参。久光との折り合いは悪く再び流罪。西郷と久光の外交方針が一致せず、西郷の独断専行を久光が憎んだのが原因です。西郷も意識的に久光を無視します。

久光の側近大久保利通は西郷と竹馬の友でした。政局は流動的です。藩内外の人望と外交家としての西郷の実力を無視しえず、一八六四年久光は西郷を再び登用します。以後の政局は西郷主導で動きます。幕府からの離反、薩長同盟、王政復古、戊辰戦争は、すべて西郷の筋書きです。東京遷都後西郷は暫く薩摩に引きこもります。久光の憎悪にうんざりしたからとも言われます。明治四年有司専制の成立。長州の木戸孝允とともに薩長連合政権の首班になります。大久保木戸が条約改正のための遣米使節として留守をしている間、政府は事実上西郷政権でした。多くの制度改革はこの時期に為されるか企てられます。明治六年征韓論を機とし、西郷は板垣や江藤等とともに下野、鹿児島に帰ります。萩秋月神風連佐賀の乱にも西郷は超然としていました。明治九年西南戦争。翌十年九月鹿児島城外城山で自刃。享年五十三歳。

人望家西郷

西郷隆盛は他人の意見をよく聴き、取り入れる人です。西郷の最初の教師は島津斉彬です。斉彬は開明的君主で、薩摩藩を西洋文化技術のモデルにしました。水戸の藤田東湖は西郷に勤王思想の論理を吹き込みます。第一次長州征伐に際し、幕府との距離を取るべくほのめかしたのは、勝海舟です。薩長同盟は土佐の坂本龍馬による斡旋です。明治四年の有司専制体制下の諸改革は西郷の指導力によりますが、具体的推進者は江藤新平達です。廃藩置県は西郷の首肯によってのみ可能になります。明治六年の政変でも彼は人の言うことを聴きすぎてだまされました。西郷には佐久間象山や勝海舟あるいは横井小楠のような鋭い天才性は表面からは見られません。

西郷の行動は非常に情緒的です。斉彬を尊敬するあまり久光を公然と無視するような態度、月照との心中、東京遷都後維新政府に絶望して薩摩に隠棲を決め込んだこと、明治六年の政変でなにがなんでも朝鮮へ使いに行く死にに行くんだと思いつめた行動、最後の極め付けが西南戦争で私学校の生徒に担がれ、望みもしない勝てそうにもない戦いに参加したことです。非合理的な行動が多い。だから西郷には人望が集ります。西郷どんのために命を捨てる者はごろごろいました。藩内外の知己友人同志も多く、それが彼の政治的資産になります。

凄腕のワル、リアリスト西郷

反面彼は徹底した現実的政治家です。西郷が本領を発揮するのは薩長同盟以後、幕府を追い詰めて崩壊させるくだりです。薩長同盟に加えて、土佐藩の有志と薩土同盟を秘密裏に結び、倒幕の密勅なるものを下し、慶喜に大政を奉還させて朝廷に帰順を誓わせ、クーデタを起して宮廷内から幕府勢力を一掃し、宮中を掌握し（あまり乗り気でない親藩の越前藩や御三家の尾張藩を強引に引っ張りこみます）、反対する多数派を振り切って慶喜に辞官納地を迫り（越前藩や尾張藩にすれば西郷にだまされたようなものです）、要人暗殺をほのめかして山内容堂を沈黙させ、最後は江戸市内を攪乱し挑発して幕臣を激高させ、幕府を戦争に引きずり込み、慶喜を朝敵に仕立て上げ、鳥羽伏見で勝つと慶喜の切腹を主張する、等等等一連の政治行動です。開戦は乾坤一擲の試みで、傍目には幕府の方が有利に見えました。そこをあえて押し切って戦争にまで持っていったのは、一重に西郷の意志と指導力です。彼は戦塵の中から新しい政府を作らなければとだけ考えます。その思い込みも凄まじいものですが、それを遂行するに手段を選ばないところはそれ以上に凄まじい。井伊大老殺害後、政局は多数派が公武合体、少数派が倒幕というのがだいたいの構図です。久光と西郷の反目もこの辺にあります。西郷は盟友大久保やかつての敵長州と手を組み、事実上の主君である久光を無視しだまして、公武合体派という多数を押し切ります。鳥羽伏見や戊辰戦争がなければ、新政権は曖昧な性格のものになったでしょう。旧大名中心の緩やかな諸藩連合政権くらいが関の山です。これでは明治政府がしたような改革はできない。流動する政局を煮詰めて維新回天を為すために、あい継いで幕府に与えた強攻強打の主導者が西郷です。一八六六年の薩長同盟以後の二年間、西郷は幕府を、おどし・だまし・すかし・なぶり・裏をかき・裏切り・追い詰め・侮辱し・挑発し・組み伏せ、息の根を止めて、首をもぎ取ります。西郷はそれほどの現実的政治家です。凄腕のワルです。維新以前の三年間、責任ある政治家で本当に倒幕を考えたのは西郷一人です。人望家が最後の最後で、別の人格をむき出しにして大仕事をするという点では、西郷は徳川家康そっくりです。足利尊氏にも似ています。

西郷は人の言うことをよく聴きます。しかし思い切ってやる時は人の意表に出る。そうなると人の言うことは聴かない。人に優しく寛容である反面、強靱なリアリストです。彼の腹の中は誰にも解らない。西郷と連合政権を組んだ木戸はどうしても西郷を信頼できなかった。西郷とは気質思想ともにあわない大村益次郎は、西郷の叛乱を予想して軍事施設を大阪に集中させます。この処置のため西南戦争で政府軍は非常に有利になります。西郷を憎み嫌った島津久光も同様の西郷観でした。

城山

西郷が西南戦争を起します。明治六年の政変以後西郷は鹿児島に帰ります。彼がトップとして掌握していた、陸軍省の薩摩系士官の大半は彼に従って帰郷します。薩摩は叛乱の火薬庫になります。鹿児島県は治外法権状態でした。県令の任命権も政府には事実上ありません。公費を使って私学校という軍事教育施設を作ります。西郷は弟子や子分のやるに任せて、自分は毎日愛犬をつれて狩猟にあけくれます。

政府は安閑としておれない。薩摩が叛乱すれば新政府崩壊の危機になります。首班の大久保は同じ薩摩人の密偵を使って挑発します。私学校の生徒は暴発し、政府に押収されかけた武器弾薬を奪い取ります。こうして反乱は自然発生的に起こりました。どうにもならなくなった時西郷は、私の命でいいのならくれてあげましょう、と八〇〇〇人の薩摩兵とともに北上します。最初の関門は熊本城。薩軍は攻めあぐねます。政府の援軍が到着して熊本郊外の田原坂で激戦。膠着状態を打開するために政府は熊本南方に第二戦線を形成し、同時に士族からなる警視庁の抜刀隊を戦線に投入。薩軍は崩れ、球磨地方を迂回して豊後へ。追い詰められもはや敗北しかないと見た時、それまで一切作戦に口を出さず傍観していた、西郷の指導力は突然発揮されます。薩軍全員は政府軍の包囲網を突破し、九州山脈を縦走して薩摩に帰国、城山にたてこもります。走破行による薩摩帰還は奇跡的です。西郷の指導力はこの時のみ発揮されます。自分の死に場所を得るためにのみ戦います。政府軍の総攻撃に対し西郷は前線に向かって歩行し、銃弾を浴びたところで別府晋介に介錯を頼み自刃。つき従う軍士は桐野利秋以下すべて自決闘死します。

武士の自己否定

西郷は西南戦争で何をしたのか。未だに解らないことが多々ある。勝つためには何もしていない。自らは望むところではないが、自分につき従う弟子達の熱意にほだされて、やむにやまれず、自分の体はあんた方にくれてやりましょう、というのが一番ポピュラーな解説です。私は必ずしもそうは思わない。彼らに死に場所を与えたのか、自分の死に場所に彼らを連れて行ったのか。西郷が乗せられたのか、西郷が乗せたのか。西南戦争は武士の集団自決です。黒船来航から西南戦争まで四半世紀、西郷はあらゆる立場から奔走してきました。幕府を倒し、新政府を樹立し、幾多の改革を手がけ、征韓論に敗れて下野します。明治六年の政変以後彼にはもはや為すべきことは何もない。ただひとつ仕事が残っています。戦士としての武士階層の消滅です。秩禄処分という武士の生活基盤を消滅させる政策は、彼の政権の時に着手されます。矛盾の総決算が西南戦争です。武士の中の武士、戦士の中の戦士と言えば、薩摩隼人の異称を取る薩摩の武士です。この武士団が壊滅すれば、武士層全体が消滅する。西郷はそこまで読んで自らの死の道づれに薩摩士族を連れて行ったのではないのか。そこで武士が武士以前から持っていた暴勇をいかんなく発揮せしめ、戦士としての死をまっとうさせたのではないのか。戦争は個人戦闘に終始し、作戦らしい作戦は示されていない。西南戦争は武士の、直接的暴力の行使者である戦士の、犠牲、葬送、鎮魂そして懺悔の儀式です。西郷は儀式の祭司であり神であり生け贄です。西郷の腕につかまれて八〇〇〇の薩摩健児は嬉々として地獄の釜の中に飛び込んで行きます。衆議を作り衆議に乗せられた西郷は戦わざるをえない。西郷は身を捨てて衆議に従い、身を捨てて戦います。

西郷隆盛という人格の中に、衆議と戦士、が共存します。西郷の人格は、大きな情念と強烈なリアリズムと死への願望を内包します。忠誠と団結、反逆精神、死の共有、世俗の肯定、と言い換えても構わない。これらは武士の本質的特性です。西郷の人格の中に、武士の特性と歴史的経緯がすべて内包され表現されます。西郷は武士として生まれ、武士を率いて活躍し、武士総体とともに滅びます。西郷に代表される明治維新という事蹟は武士による武士の否定を介しての革命です。この否定の上に新国家が建設されます。

第九章　山行かば——武士と天皇

なぜ変革は成功したのか？

一八五三年のペリー来航から、一九九〇年の国会開設に至る四〇年の間に、我国の体制は一変します。土地制度を変革して産業資本充実の基礎を作り、徴税システムを根本的に変えて財政の基礎を固め、官僚制度と教育システムを整備し、新しいテクノクラートを養成し、法制度整備、憲法制定、民意を吸収する装置としての国会の開設、近代的軍隊の建設、文化技術の吸収と育成に努めます。政策はあらかた成功します。徴税システムや土地制度一つをとっても、改革は難事です。フランス革命はこの難事をなんとかするために、何人の生命を必要としたでしょうか？　フランス革命がした以上のことを、維新の指導者達は為し遂げました。変化は武士により、武士によってのみ行われます。武士による革命です。これほど少ないで犠牲でもって、体制変革を遂行した例は世界史上にない。

変革は全国の気概ある武士達が政治に関心を示し、処士横議、幕藩体制の枠から脱出して自由な討議をすること、を原動力として達成されます。武士が自らの発生の原点において持つ、衆議という行動様式を自覚した時から、時代は急激に変動し始めます。武士は自らが戦士であることに目覚めます。

武士はこの革命において何を目指したのか。体制変革。が、彼らは自分達の階級の利害は追求しない。彼らが作った明治政府が真先にしたことは、中央集権国家の財政基盤の整備、特に秩禄処分、武士のリストラです。中下級武士からなる有司専制がしたことは、自らの階層の否定です。

成功の背景の一つは武士の窮乏化です。幕末の時点で武士と農民の生活の差はあまりない。武士と農民の階層は重なり接近します。一般藩士の内職は日常茶飯事です。農民を代表する豪農層は武士化します。彼らは学問を好み、武士と同じ意識を持ちます。武士と農庶民を区別するものは、名誉という意識だけ。武士と農民は一体化しつつあったと言えます。少なくとも経済的水準においては。武士には失うものは名誉以外になかった。

窮乏化した武士達が権力を握り続けていたがゆえに、名誉という一点において彼らがやせがまんに耐えたがゆえに、武士の自己犠牲としての維新回天という革命は成功しました。武士は死を共有するがゆえに、自らを平等な存在とみなし、名誉感情を持ち、変革の主体として、衆議を形成し、勝つために戦う方法を習得し、自己を否定して新しい体制を作ります。

維新の変革が成功したのは、武士達が徹底的に戦ったから、自らの使命と美意識を賭けて戦ったからです。武士は自己の階層の利害に汲々することなく、自己を否定します。戦う者は戦いの中に自己を発見します。戦う者は戦いつつ自己を変容させ変身します。攘夷から開国へ、藩士から官僚へ、処士から民権派へ、近代的軍人へ、インテリゲンチアへ、企業家へと。戦うものはモデルになります。官僚も、軍人も、教養ある市民層も、企業家も、革命家も、武士をモデルとします。武士が究極の点にあって、自己を否定しえる存在であるから、武士による革命は成功しました。

天皇不執政

一八八九年政府は天皇の名において憲法を発布し、翌年国会を開設します。新国家の政治的基礎が固まります。幕府を主催者とした武家政治は、天皇を頂点とし、市民国民に支えられる議院内閣制に徐々に移行します。天皇と武士の関係について若干の考察をいたします。

天皇家の家系は、六世紀の内乱の結果成立した、二十六代継体天皇まで遡れます。それ以前の大王《おおきみ》は歴史上の人物として確認されていても、現在の帝室との血統上の関係はかなり怪しい。継体朝以後の天皇制の特質は天皇不執政の原則です。天智天武桓武等一部の天皇を例外として、天皇は直接政治に携わることを避けるようになります。もちろん天皇は権威を持ち、権力の最終的遂行者です。しかし天皇はその権力をあからさまに使わなくなります。天皇不執政の原則は平安時代に入るとさらに強くなる。摂関期や院政期の天皇は儀式の執行者です。もっとも儀式も重要な政治行為で、これを欠いて政治は成り立ちません。

鎌倉幕府が成立すると、天皇と朝廷は政治の実権から切り離され、むしろ文化の維持者になります。古今集に始まり、源氏物語で頂点に達し、新古今集で完成する王朝文化の形成は鎌倉開幕と軌を一にします。古典としての王朝文化は日本的美意識の基礎になる。徳川幕府は禁中並公家諸法度を定めて朝廷を文化の領域に閉じ込めました。逆に言えば幕府はこの分野には手が出せなかった。文化と美意識の担い手という呪的機能から幕末とんでもない力が飛び出します。

幕府　委任された実務

鎌倉幕府は朝廷から実務を委任されました。実務の焦点は地頭制です。公式には反別五升の米を手数料としてもらい、貴族の荘園の管理をするのが、地頭です。地頭は土地の管理者であって、所有者ではない。地頭職を与えられて経済的基礎を保証された武士を御家人とし、彼らを率いるのが鎌倉殿である征夷大将軍です。将軍職は一時的なもので、本来天皇からの借物です。雇われマダムかサラリーマン社長です。鎌倉室町徳川の三つの幕府の執政期間すべてを通じて、将軍職は代替わりごとに、天皇から革めて与えられる職でした。同様に地頭は中間管理職のテクノクラートです。土地支配と年貢徴収のプロという意味での専門家実務者です。武家政治の基軸は、将軍と地頭あるいは将軍と大名だから、武家は本来天皇により雇われた管理技術の専門家集団です。大政委任です。

常識的な言い方をすれば武士が天皇の大権を侵害しました。同時に鎌倉幕府の成立をもって天皇と武家による権威と権力の二元制が確立します。以後天皇朝廷は伝統文化保持者の役に徹します。権力の管理と遂行実務は武家の担当になる。合理的な体制です。最大の利点は人をむやみに殺さなくて済むことです。民百姓は耕作に精励すればよろしい、天皇や朝廷は文化の切磋琢磨にがんばってください、血腥い荒事は手前どもがやります、と暗黙の了解が成立して行きます。闘争の修羅場に臨む分子の数は最大公約数的に少なくなる。戦う武士は同業者です。戦闘技術の維持再生産に資本の要ることは知悉している。同業だから仲間意識を育み、むやみと殺すこともなくなります。逆に、武士という中間管理職がなければ、闘争は王権から農民一般までを巻きこみ、利害とイデオロギーが複雑に交錯して、混乱は計り知れなくなる。ジェノサイドはこうして起こります。我国では、政治と戦闘の管理技術者として武士を置くことにより、紛争解決は円滑になりました。

天皇と武家の軋轢

朝廷と武家の間に軋轢がなかったのではない。武家は天皇大権の侵害者です。しかし鎌倉幕府は貞永式目以後むしろ朝廷の保護者の役に廻ります。形だけとはいえ皇族を将軍に迎えます。室町幕府三代義満の時王権は危機を迎えます。彼は日本国王として中国の明朝に朝貢することで、天皇大権を簒奪しようとしました。このやり口は、中華帝国をめぐる周辺の諸民族がよく使う手であり、前者が後者を形式的にでも服属させる手段です。義満の急死で企ては挫折します。四代義持は即座にこの試みを中止します。簒奪されかかった公家の側より、義満の部下である守護大名の方が、義満の企てを嫌いました。彼らは彼らの合議制を大切にします。義満が勝手に日本国王なんかになって彼らの頭上きわ高く君臨されては困ります。義満毒殺説さえあるほどです。足利義満と後小松天皇の時地に堕ちた朝廷の権威は、以後徐々に回復します。守護勢力の台頭に手を焼く幕府は追討の度に、朝廷から綸旨をもらいます。六代義教が赤松満祐に殺された時、将軍の仇討ちである赤松討伐のためにさえも幕府は綸旨を要求しました。いざという時幕府は天皇の権威を頼りに利用します。飢饉をよそに遊びほうける義政に、風は惨たり春四月、満都の紅緑誰がために映える、と諷戒したのは後花園天皇です。

織田信長は二度天皇の調停を仰いでいます。本願寺攻めの真最中、浅井朝倉連合軍が叡山に立てこもり、信長は南北から挟撃されて絶体絶命の危地に立った時が一つ。他は石山本願寺を一〇年攻めて勝てず、本願寺の顕如が大阪を立ち退くことで和睦した時です。石山合戦は全国制覇を目指す信長と最大の宗教勢力の死闘であり、両者ともに手詰まりの状況でした。調停が無ければ両者ははてしない泥沼戦争に引きずり込まれていたでしょう。この種の戦いは、殺すか殺されるかというジェノサイドに発展します。いい例が島原の乱です。信長は義満と並んで、本気で皇家の簒奪を企んだ人物ですが、その彼でさえどうしてもという時には天皇の権威を必要としました。明智光秀が本能寺に信長を討ったのは、背後に公家朝廷の勢力が介在したからではないか、とも思われます。ほとんど軍勢を持たない信長を親衛軍団の長である光秀が襲うタイミングは良すぎる。公家側からの詳しい通牒があったのではないか。信長にこれ以上偉くなられては困る部下はたくさんいました。

徳川幕府と天皇

徳川幕府は極力朝廷の権威を制限します。二代秀忠の苛めは執拗です。彼は娘の和子を後水尾天皇の中宮に強引に入れます。天皇の抵抗もしたたかで、帝系は和子の血統でない他の皇子に継がれます。山県大弐や竹内式部の事件のように公家が政治意識を持とうとすれば、幕府は抑えつけます。逆に大老酒井忠清は四代家綱の後継者として親王を迎えようとした、という話もあります。

幕府は、天皇や朝臣を公家諸法度に従い文化文芸に専心すべく強制しました。しかし時代がややこしくなると、幕府の態度は変わります。松平定信は、大政委任、開幕当初朝廷が幕府に政治の大権を委任した、と言います。幕府はそんなことはしてもらっていない。実力で切り取り、勝手に仕切っただけです。寛政年間十八世紀末、外圧はひしひしと我国に及び始めます。大政委任論がこの時点で出てきたのは、幕府が自分の力に自信を持てなくなったからです。矛盾は黒船到来で噴出します。幕府は全国の武士の意見を聴取する一方、通商条約締結の是非を朝廷に問います。幕府は自ら大権を放棄します。

徳川将軍の正室は摂関家の子女と決まっており、皇女を娶ることはまずありません。例外は二つ。七代家継が幼童将軍だったので権威をつけるために、側近は内親王降嫁を計画しました。家継が夭折し試みは自然消滅します。十四代家茂に孝明天皇の妹である和宮内親王が嫁ぎました。幕府が開国路線を推し進めるために公武合体を策し、朝廷の協力を得るための苦肉の策です。徳川幕府も困れば天皇の権威に泣きつきます。

天皇と武家

幕府を受け継いだ明治政府において、天皇はいかなる機能を果たすのでしょうか？　武家政治あるいは封建制度とは、農業が産む経済価値を徴収する統治機構です。単純な農業経済においては穀物が主生産物だから、徴収機構は垂直の単線になり、この線上の各段階に将軍以下の武士層が介入します。管理は物理的具体的であり、武力による直接介入で済みます。単線上の段階ごとに衆議の輪が形成されます。

地租改正により農地が純然たる資産として売買され、同時に生産物が多様化すると、富の収集において人間関係は、金銭の流通を介して水平化されます。この社会を統合するためには、重層化された衆議より、一元的平面での衆議が必要になる。意識的衆議としての代議制と無意識的衆議としての流通機構、その元締めである銀行制度が必要になります。この種の衆議は不安定です。そこで近代以後の代議制はそれらを統合するための理想理念を案出しました。民主主義であり、自由であり、平等であり、差別なき社会であり、公共の福祉云々です。ところで日本の天皇制はこれらの空虚になりやすい理念などよりはるかに安定した統治機構です。天皇制の意義を以下に、生活者、伝統、美意識、恋人、呪、という観点から簡潔に考察します。

生活者としての天皇

日本の天皇制は他国の王制と比べて段違いに永続性と安定性を誇ります。ただに長く存続しているだけではない。他の王制に無い、天皇不執政という特質を持ちます。この原則は三十三代推古天皇の頃から始まり、天皇は実務を離れます。武家政治になり慣行は確立します。天皇は政治の実務において武家と分業するだけではない。国家を維持し人民の精神を安定させる倫理機能は、仏教と分業しました。そうなると天皇とは何か、という疑問が出てきます。私は、天皇は生活者、生活者のモデル、である。徐々にそうなって行った、と考えます。生活者とは、人間が人間である具体的な在り方、そのものです。人間の存在はそれ以上のものではなく、淡々と日常の営為をこなすことにつきます。飲み、食い、眠り、話し、聴き、飾り、遊び、争い、交際し、交接する等々を重ねることを人生と言い、そこに一定の満足と喜びを見出せばそれで充分なのです。この当たり前すぎる人間存在の事実を、いわば代表として着実に行うことが天皇に与えられた課題、になります。

生活者であることの営為と享受のモデルを顕示するために、伝統と儀式が必要です。その原像が大嘗祭です。この祝祭は一五〇〇年以上前の氏族共同体時代の生活様式を再演します。我々が社会を形成して厳密な意味での人間になりえた時点での、生活のあり方を維持し示し、それに感謝する儀式が大嘗祭です。祝祭を通じて、我々の生活の過去と現在の連続が保証されます。天皇が行うあらゆる儀式はかかる意味を持ちます。以上を総括して、天皇は生活者、生活者のモデルです。

文化の保持者としての天皇　伝統と美意識

天皇は文化と美意識の保持者です。日本文化の背景には王朝文化がある。この古典文化の保持が鎌倉時代以後の天皇の課題になりました。我々は文化の中に生きています。新しい文化の創造も、旧い文化を批判し克服し同時にそれを再現させせつつ行われます。無から文化は創造されない。記紀から古今と源氏を経て新古今に至る五〇〇年の間に培われた文化が日本文化の基軸です。天皇制はこの文化を維持する必須の制度です。天皇制を離れて我々は文化を保持できない。

天皇制が行った最大の文化事業が和歌の編纂です。和歌は氏族共同体が天に招福除災を乞い訴える呪術に発します。神事である和歌作成を天皇制は勅撰という形で行い続けました。準勅撰の万葉集、そして古今、後撰、拾遺、後拾遺、金葉、詞花、千載、新古今集と続きます。以後も勅撰集は作られます。勅撰集編纂は天皇が太古以来持っている呪的機能の表出です。和歌の機能に記紀の内容が結びついて源氏物語以下の物語文学が出現します。源氏物語は王朝の語部紫式部による天皇制の弁証です。

鎌倉時代になり律令貴族が政治の実権を失うにつれ、彼らは古今から源氏によって完成される王朝の美学を記録し整除し自覚的な美意識として保存するようになります。王朝の文化は形を与えられ、形式化されて後世に伝えられます。この努力は藤原定家から始まり、花園天皇、二条良基、一条兼良、三条西実隆、宗祇、細川幽斎等により継受されます。

朝廷の式楽は雅楽として定着しました。雅楽を原点として民間の創意を汲みつつ能狂言が出現します。雅楽自身はそれを構成する各部門、たとえば笛・琵琶・琴・舞等が公家の家職として受け継がれます。和歌は冷泉二条両家の、書は青蓮院宮家以下四家の家職になります。宮廷儀礼としての有職故実から小笠原伊勢両流の武家作法が現れ、それは日本人一般の作法の基本になります。

朝廷は詩（和歌）、書（書道）、礼（有職故事）、楽（雅楽）なる文化の中枢を創造し保存しました。天皇は文化をまず和歌の編纂という形で総持し、そこから多くの文芸芸術芸能を析出させつつ、同時に家職秘伝という形で古典文化そのものを保存します。総じて天皇制は文化の保持保護者としての役割を果たします。日本の社会が多様な文化を包摂し、外来文化に対して寛容なのは、天皇制による文化保持機能が大きいからです。基層としての文化が保持されうるから、新たな文化が移植され、全体として複合的な文化が創造されます。天皇制が文化の保持者であるということは、生活者としての天皇、という在り方に実質と美意識を与えます。

君主は恋人

天皇は恋人です。国民の恋人です。天皇は生活者です。我々日本人の生活風景の代表であり、同時に我々の生活様式が創出された時点における、その保持者としての原像です。天皇は我々の生活の過去と現在の統合であり要約です。この像の上に、文化と美意識の基層の保持者という像が重なります。幽遠な太古から生き続ける優美な生活者として、天皇の像は出現します。天皇はそのような歴史的出自を持ち、そのように創出され、そのように演出されてきました。この像は、想う人、恋人の像です。天皇は公的機能としてのエロスです。現在と過去という時間を統合し超出する機能をエロスと言います。天皇は、言葉の厳密な意味で、国民全体の恋人です。

呪としての天皇

天皇は、生活者であり、伝統文化の保持者であり、美であり、現在と過去の統合者であり、しかるがゆえに公的機能としてのエロスです。これらの契機は相互に関連しつつ、一つの総体を形成します。この総体の機能が、呪、です。天皇は国民の忠誠心を吸収する呪能の保持者です。天皇制を欠いて日本の国家の存立はありえません。

第十章　友は恋人——社会的衝動としての同性愛

万葉集と同性愛

武士道の情的基盤の一つである同性愛感情について考えてみましょう。万葉集には同性への恋情を明瞭に表現する歌がたくさんあります。明瞭と言わずとも示唆する程度になるともっと多い。万葉集の歌には恋歌が多く、その延長線上に同性への愛情を歌った歌があります。古今集以下ではこの種の歌は激減します。

万葉集のもう一つの特徴は挽歌それも長歌形式の歌が多いことです。挽歌の中で歌われている内容は亡き人を偲び呼び戻そうとする慕情ですが、慕情は時として恋情に近く、特に戦士である舎人《とねり》が主君に捧げる歌にはこの傾向が著明です。恋歌、挽歌そして同性への恋情を表す歌が多いことが万葉集の特徴です。同性愛的感情を示す歌は大伴家持を中心とするグループに集中します。大王《おおきみ》家の軍事氏族大伴氏は、伴として大王に隷属する立場にあり、大伴氏はこの種の感情を抱きやすい特異な立場にありました。我国では太古の昔から戦士は同性への恋情を豊かに持っていました。

指導者、忠誠と恋慕の対象

軍事行動は、死あるいはその可能性を前提としてのみ遂行されます。死を共有しそれを見つめあうから、成員は平等であり、平等だから団結が可能になる。死を前提とする限り、死から解放された日常的な感情は排除され、根源的で原始的な感情が出現します。未分化な個が共同体と一体化する感情、友は恋人、同性への恋情が出現します。

共同体に強い指導者が現れることにより軍事行動は可能になります。共同体感情の一部は指揮者に捧げられ忠誠心になります。首長君主を恋人とする感情が出現します。軍事は縦の関係であるとともに横の関係です。命令だけで戦士は動かない。相互の団結が必要です。縦と横の関係の相補性においてのみ、軍事行動は可能になります。

軍事行動は社会形成の前提でありモデルです。社会形成という過程の背後には、戦う衝動、死の自覚肯定共有、いわば死への衝動が潜在します。死への衝動を介してのみ、社会は形成されます。

武家と僧侶

平安時代の文学には同性愛が直截に表現されることは少なくなります。同性愛は王朝時代までは散見する程度ですが院政期に入り激増します。保元平治の乱は同性愛のもつれが絡んで起こったと言っても過言ではない。一方に寺院があります。僧侶と稚児の関係に典型的に示されるようにここでも同性愛は盛んでした。僧侶は異性との性愛関係を禁じられているから同性愛が多いと言うのは説明にならない。院政期に武士が台頭し、僧兵の行動が活発になります。武士と僧はその本質に置いて同質です。共に死を共有し見つめます。僧院と武士社会では同性愛は盛んでした。鎌倉時代末期から南北朝時代にかけて現れた婆娑羅《ばさら》者も同性愛の系譜に繋がります。婆娑羅とは既存の秩序を傾けると言う意味での反体制意識であり、男の力すなわち肉体の直截な顕示です。

武士道・男道

江戸時代初期は同性愛的感情が社会の表面に露骨なまでに現れた時代です。歌舞伎者は集団で行動し、闘争を好み、力と男伊達を競います。彼らは婆娑羅の継承者です。念者、衆道、男色には、多量の暴力が潜在します。念者関係は、恋ゆえにともに死ぬ、関係です。裏切りは許されません。男が女を捨てても殺される可能性は少ないが、男が男を捨てる時は死の覚悟が要ります。殉死は死を媒介とする一体化の感情の表出行為であり、死と肉体を介して敬愛と忠誠つまり団結の感情が表されます。殉死は必ずしも主君に対してのみ為されるとは限りません。同輩友人に対しても殉死は行われます。切腹は名誉刑です。切腹は拒否と同意の二つの意味を含みます。刑死であるにせよ戦死であるにせよ、切腹は、主君あるいは敵とあくまで対等であるとする意志の表現であり、かつ敵や主君と同一であるという感情の表現です。仇討ちは切腹殉死の対極ですが、連帯の確認と闘争という点では前四者と同じ次元にあります。歌舞伎者、念者、殉死、切腹、仇討、に共通する契機は、闘争と肉体と死を介しての男同志の一体化の追求です。この行為と感情を男道《おとこどう》と言います。武士道は男道です。男道は同性への恋情です。

同性愛　生殖による関係の止揚

歴史的に同性愛を概観しました。同性愛は、死、肉体、闘争、団結、そして自己、という契機からなります。それがHomosexualと言われ肛門と性器の関係であろうと、Homoeroticあるいは Homosocialと称されてヒューマンな装いを持とうと、同じです。人間関係の連帯様式で自然が与えてくれた関係は親子の関係と男女の関係のみ。生殖により成り立つこの二つの関係を延長し連接し総合する位置に同性愛は存在します。

死は生の凝縮

死とは何か？　死は生の単なる否定消滅なのか？　死の可能性があるゆえに我々は生に対して緊張を持って生き、一定の意味を確認します。死という絶対に避けられない運命を共有するから我々は基本的には平等です。死の自覚は連帯感の基盤です。死を見つめ共有する時のみ我々は連帯し、秩序ある集団すなわち社会を形成します。死は生の反照でありその凝縮です。

同性愛　死の容認　社会的衝動

我々は死を甘受するのみならず、死に対して挑戦しつつ生きます。その媒体が性愛です。男女間の性愛つまり異性愛には生殖という契機が強いために、そこに生じる連帯感はともすると日常の現実に拡散されます。性愛が個々人に対して持つ最も重要な精神的要因は他者と一致一体化する願望、同一性願望です。我々はこの同一性願望を通じて、生を確認し、死を望見し容認します。同性愛も同じです。生殖から解放されている分むしろ、死を望見し容認する機能は、尖鋭になる。同性愛は異性愛と異質であることにより後者を補完し賦活します。異性愛が生殖を中心とする狭い範囲で機能するのに対し、同性愛はより広く社会的機能を引き受けます。同性愛的感情は社会的連帯の基底に潜在します。

若者組・若衆組

共同体成員となるためには社会的訓練を経なければならない。他者との親密さと距離の感覚を体験する必要があります。社会が必要とする何事かを為すこと、個人はこの課題達成を通して親密さと距離の感覚を獲得します。訓練は同性集団で行われます。異性との関係にいたる前に同性との関係が確立していなければならない。同性の友人の無い人は異性との関係も不自然です。幼弱な時期から異性と親密な関係を結ぶべきではない。同性集団における訓練の場は重要です。

現在ではこの訓練機関は希薄になりましたが、昔はくっきりとした姿で存在しました。若者組あるいは若衆組と呼ばれる組織です。一定の年齢になると共同体の中の若者は彼ら自身の集団を作り、時として住居も他の成員と異にし、独自の規律を作り、先輩後輩の命令関係を厳格にして、過ごします。彼らは共同体の作業の一定部分を引き受け分担します。若者組は共同体の作業のうち明確で具体的で肉体を使用する作業を、義務そして権利として引き受けました。作業遂行の中で若者達は、団結と服従、権利と責任、親密さと対人間の距離、を学習します。若者組の存在は個人が親から離れ、依存一体化近親相姦願望を克服統合するための重要な過程です。親から異性にいたる道程です。

若者組では同性愛はありふれた現象でした。若者組は世界中どこにでも見られる普遍的事象です。

社会的衝動としての同性愛

死を焦点として社会的結合は成り立ちます。共同体は同性集団独自の規律と訓練により成員を教育します。戦闘は共同体形成の中に埋没している同性愛的感情を顕在化させます。死があるから共同体があり、共同体があるから死を克服しえる。死を焦点として個人は相互に一致し団結します。死を望見しつつ容認する媒体の一つが同性愛です。戦闘は死と直面してそれを克服する過程です。死という厳かな現実が無ければ戦闘行為は存在しない。共同体がある限り戦闘は必然です。戦闘行為によって共同体は自らを維持します。死と戦闘と共同体は相互に連接し補完します。死、共同体、戦闘を貫く共通の要因が同性愛です。友は恋人、同性愛は社会的衝動です。

第十一章　われときみ——思想としての武士道

万葉の昔戦士が未だ武士と呼ばれない頃、すでに戦士の心情として同性への恋情、同性愛的美意識は存在しました。美意識は当時の政治社会状況で特殊な位置にあった古代豪族大伴氏の自己認識として鮮明に表出されます。

武士は律令制への反逆者、土地の半合法的占有者として歴史に登場します。その意味では武士は律令制の犠牲者である大伴氏の心情の継承者です。土地の半合法的所有者という武士の基本的立場は武士の主観的客観的な像に独特の刻印を押します。武士は土地という私有財産に執着し護り拡大します。武士は自らの所有を護るために戦い、戦闘の技術を磨きます。律令貴族や他の開発領主と契約を結び、団体で土地占有を確保します。契約により団体が形成されます。団体が契約によって生じる以上成員は基本的に平等です。武士社会の最も重要な特徴は契約と衆議です。

武士の心情は、所有、技能、契約、衆議、世俗を特質とします。武士団の契約は死を媒介として成立する。武士は所領を護るために戦闘に従事する義務を負います。死を前提とする義務を負います。武士間の契約は財産と生命の交換です。逆に契約が履行されない場合は相手の命を奪っても構わない。命預けます／命頂きます、が武士の習いです。忠誠と反逆は相補的関係にある。死の自覚、自己放棄への覚悟は必然です。死の自覚と共有は成員相互を平等なものにします。死を媒介とする契約は集団によってのみ可能であり、集団形成は死の共有により保証されます。

団体を形成することにより武士は自己の技能と心情を子孫に伝えます。伝統あるいは家職としての技能者という自己認識が生じそれは名誉と美意識の自覚を産みます。武士はこうして半合法的土地占有者・開発領主という原初の立場を保持したまま律令貴族の傭兵になります。自らが保持する武力で律令制を解体し、内部から権力の実質を略取します。鎌倉幕府の成立が最大の画期です。

鎌倉幕府は武士身分を承認するとともに、それまで自然発生的に形成されてきた武士の心情を明示します。貞永式目は契約精神を御恩と奉公として、評定衆の設置は衆議制を武士社会の基本的な制度として明言します。同時に幕府の権力は、将軍職と地頭設置が明らかに示すように、律令制からの借物です。借物だから幕府が掌握する権力の実体は管理技術以上のものではない。武士は政治と戦闘の技術者としてのみ承認されます。技術の遂行者であるという武士の立場ゆえに、武士社会は上下に衆議の輪を広げます。

武士は開発領主です。農民です。富裕な農民が自らの財産を護るために武装して武士が生まれました。従って武士と農民の社会は連続します。武士社会で契約・衆議・一揆という慣習が是認されると、これはそのまま農民社会に拡がります。かくして鎌倉幕府成立以後武士と農民、加えて他の身分をも巻き込む社会の流動化が起こります。鎌倉開幕から徳川幕府の成立までの四〇〇年間は階層流動の時代です。この間に武士の心情に内包される、忠誠と反逆、死の自覚、技能の誇示、所有への執着等の諸々の契機が体験され開発され掘り下げられます。

徳川幕府は武士階層の流動化を阻止するために、経済精神の両面において兵農分離を行い、武士を農村から隔離します。都市在住者になった武士に与えられたものが治者の自覚であり、それを遂行するための心情である士道です。武士道が自覚的なものとして捉えられるのはこの時期からです。以後武士は官僚として自己の職分を全うすることを習性とします。武士の職分の実質的な内容は経済現象との戦いです。流動し変貌する経済という魔物に対し、自らが生き残るために武士は戦い続けます。武士は経済官僚というテクノクラートになります。経済との戦いは同時に固定されたはずの武士階層の流動化を伴います。政治の実権は緩やかに下層部へ移行します。

幕末維新の動乱は経済官僚の職分の中に内包されていた戦士の血を自覚させ喚起します。武士は衆議を行い新しい技術を学び戦います。武士が目指したものは新しい所有体系の形成です。維新革命の指導者達は農本主義に基づく垂直方向の支配関係に換えて、水平的次元に一元化された衆議の体系としての代議制と流通機構を整備し構築します。同時に新たな忠誠の対象として天皇制が復活します。武士が管理技術の駆使という実務に七〇〇年間専念している間、律令制の主であった天皇朝廷は独自の呪能を発展させます。かかる作業の遂行と並行して武士は自らの存在を否定し階層としての武士は消滅します。武士の武士たる由縁の最大のものである自己放棄はこうして完遂されます。武士による革命は武士自身の自己否定により終了します。

武士道の発達において仏教の果たした役割は重大です。寺院は律令制の衰退に伴い自ら生き残るために荘園という財産を必要としました。ここで開発領主・半合法的土地占有者である武士と利害は共通します。寺院は彼らの保護者になります。寺院の人的構成特にサンガは武士団形成のモデルになります。サンガをモデルにして武士は一揆を結びます。同時に武士という階層が出現したから仏教は地方への伝播が可能になります。僧侶と武士の最大の共通点は死を自覚し共有することにある。僧侶は死の彼岸を望見し武士は死の此岸で戦います。両者の活動は生死の懸隔を架橋します。武士が団結して自らの階層を構築するに際して仏教寺院が果たした役割は重大です。所有の肯定、一味同心、死の共有等の重要な契機はすべて仏教教義を淵源とします。特に大乗仏教の無常転変融通無碍の思想は武士の生き様を陰に陽に支えます。

死の共有は身体の共有を伴います。修羅場に身を曝すを習いとする武士にとり同輩との団結は絶対必要です。お互いに死の可能性を生きることにおいて武士は同輩と身体を共有します。死を自覚し共有することは自他の差異を極小化し、関係は身体の次元に還元されます。同性愛的関係、衆道男道が出現します。男道あるいは同性愛的恋情は同輩のみならず指導者将帥にも捧げられます。主君は恋人になり自己の行為は美となる。戦闘は社会形成のモデルです。団結は死、従って身体の共有を前提とします。社会は死を焦点として形成されます。武士道は男道すなわち同性愛的恋情の上にのみ成立します。技能や衆議は男道という契機を欠いては成り立ちません。鎌倉新仏教は武士階層が生きるために必要とする現実、性愛と闘争、を肯定します。

武士道は既に過去のものなのか。私はそうは思わない。我々が現代社会で理想とする民主主義は、代議制を前提として成り立ちます。代議制が成り立つためには所有体系の整備が必須であるのは暗黙の前提です。完全な代議制というものがあるのか。近代国民国家のレベルにおいてすらそれは不完全です。代議制を補完する所有体系は不安定です。完全な代議制が存在するとして限りなくその理想を追求することは危険です。貨幣とそこに書かれた数値のみで経済市場が機能しうると考えるのは幻想です。完全な代議制や所有制度の存在は幻想であるのみならず、結果として虚無と暴力しかもたらさない。もしそれが実現されれば我々個人は太虚の中を浮遊する単なる点に過ぎなくなる。

我々人間が充足感を持って生きて行くためには、ある程度のサイズの団体の中に自己を置かなければならない。団体は可視的であり具体的であり、指導者の顔が見える生活風景である必要があります。このサイズの団体は個々人にとって故郷であり大地でなければなりません。故郷であり大地である団体の形成は、個々人にとって必要です。この団体を形成するためには、成員である個々人が死という避けられない現実を共有する必要があります。逆に一定の団体に帰属するから、我々は死と言う現実に直面できる。団体あるいは社会形成と死の共有は相補的関係にあります。

団体形成と死の自覚という二つの主題が織り成すダイナミズムを最も明瞭に表現し遂行したのが武士という階層です。武士道は現在に生きる我々にとって必要なモデルです。死を自覚し反転して生を全うする存在を主体と言います。同時にこの主体は自らを美と感知し、並行してこの美を捧げ統合してくれる呪能を模索します。それが忠誠の対象であり恋人としての主君です。現在我々の社会でこの機能を果たしうる存在は天皇をおいて他にはない。我々は岐路に立ちます。民主主義、このイデオロギーと機構に伏在する虚無の中に落ち込むのか、虚無の前で立ち止まり安心して身を置ける生活風景あるいは伝統としての文化を構築し得るのか、の岐路に立ちます。死を受納できる状況とは一定の美と親しさを提供しうる環境です。武士道はそれを与えて来ました。この見地から民主主義と君主制天皇制を再検討する必要があります。

まっとうに死ねない状況でまっとうに生きることはできない。人間が生きそして死ぬためには相互の眼差しが必要です。武士道から現代の社会ができたのなら、岐路に立つ現在、武士道を新たな観点から捉え直す必要がある。現代においても武士道は生きています。

人は堀　人は石垣　人は城
情は味方　仇は敵なり
(伝武田晴信)

参考文献

日本思想史（全六七巻）　岩波書店、一九七四年
日本の歴史（全三〇巻）　中央公論社、一九六六年
日本の歴史（全一三〇巻）　朝日新聞社、一九八八年
世界の歴史（全一三〇巻）　朝日新聞社、一九八九年
日本通史（全二一巻）　岩波書店、一九九五年
日本経済史（全八巻）　岩波書店、一九八九年
日本経済史（全三巻）　東京大学出版会、二〇〇〇年
書経（上下）　明治書院、一九八五年
礼記（上中下）　明治書院、一九八五年
詩経（上中下）　明治書院、一九八五年
荀子（上下）　明治書院、一九八五年
墨子（上下）　明治書院、一九八五年
管子（上中下）　明治書院、一九八一年
孝経　明治書院、一九八一年
春秋左氏伝（全四巻）　明治書院、一九八一年
小学　明治書院、一九八一年
近思録　明治書院、一九八一年
老子荘子（一）　明治書院、一九八一年

論語　岩波書店、一九六三年
易経（上下）　岩波書店、一九六九年
大學・中庸　岩波書店、一九九八年
孟子（上下）　岩波書店、一九六八年
荘子（全四巻）　岩波書店、一九七一年
韓非子（全四巻）　岩波書店、一九九一年
孫子　岩波書店、二〇〇〇年
童子問　伊藤仁斎、岩波書店、一九七〇年
古今著聞集（上下）　新潮社、一九八三年
今昔物語（全六巻）　新潮社、一九八四年
宇治拾遺物語　新潮社、一九八五年
藤原忠実　元木泰雄、吉川弘文館、二〇〇〇年
荒井郁之助　原田朗、吉川弘文館、一九九四年
酒井忠清　福田千鶴、吉川弘文館、二〇〇〇年
渋沢栄一　土屋喬雄、吉川弘文館、一九八九年
藤田東湖　鈴木暎一、吉川弘文館、一九九八年
大隈重信　中村尚美、吉川弘文館、一九六一年
川路聖謨　川田貞夫、吉川弘文館、一九九七年
横井小楠　圭室諦成、吉川弘文館、一九六七年
後白河法皇　安田元久、吉川弘文館、一九八六年
今川了俊　川添昭二、吉川弘文館、一九六四年
山鹿素行　堀勇雄、吉川弘文館、一九五九年
坂上田村麻呂　高橋崇、吉川弘文館、一九五九年

真木和泉　山口宗之、吉川弘文館、一九七三年
赤松円心・満祐　高坂好、吉川弘文館、一九七〇年
千葉常胤　福田豊彦、吉川弘文館、一九七三年
花園天皇　岩橋小弥太、吉川弘文館、一九六二年
松平春嶽　川端太平、吉川弘文館、一九六七年
小堀遠州　森蘊、吉川弘文館、一九六七年
徳川綱吉　塚本学、吉川弘文館、一九九八年
由比正雪　進士慶幹、吉川弘文館、一九六一年
太宰春台　武部善人、吉川弘文館、一九九八年
新井白石の時代と世界　宮崎道生、吉川弘文館、一九七五年
新井白石の人物と政治　宮崎道生、吉川弘文館、一九七七年
平清盛　五味文彦、吉川弘文館、一九九八年
藤原不比等　高島正人、吉川弘文館、一九九七年
細川頼之　小川信、吉川弘文館、一九七二年
上杉憲実　田辺久子、吉川弘文館、一九九九年
立花宗茂　中野等、吉川弘文館、二〇〇一年
野中兼山　横川末吉、吉川弘文館、一九六二年
鴻池善右衛門　宮本又次、吉川弘文館、一九六二年
片桐且元　曽根勇治、吉川弘文館、二〇〇一年
島津重豪　芳即正、吉川弘文館、一九八〇年
池田光政　谷口澄夫、吉川弘文館、一九六一年
佐々木導誉　森茂暁、吉川弘文館、一九〇四年
三井高利　中田易直、吉川弘文館、一九五九年

上杉鷹山　横山昭男、吉川弘文館、一九六八年
三條西実隆　芳賀幸四郎、吉川弘文館、一九六〇年
一条兼良　永島福太郎、吉川弘文館、一九五九年
月照　友松円諦、吉川弘文館、一九六一年
和宮　武部敏夫、吉川弘文館、一九六五年
江川担庵　仲田正之、吉川弘文館、一九八五年
滝沢馬琴　麻生磯次、吉川弘文館、一九五九年
柳亭種彦　伊狩章、吉川弘文館、一九六五年
近松門左衛門　河竹繁俊、吉川弘文館、一九五八年
大田南畝　浜田義一郎、吉川弘文館、一九六三年
貝原益軒　井上正、吉川弘文館、一九六三年
金沢貞顕　永井晋、吉川弘文館、二〇〇三年
武士世界形成の群像、安田元久、吉川弘文館、一九八六年
いくさ　福田豊彦他、吉川弘文館、一九九三年
武士の成立　元木泰雄、吉川弘文館、一九九四年
大村益次郎　絲屋寿雄、中央公論社、一九七一年
徳川慶喜　松浦玲、中央公論社、一九七五年
中岡慎太郎　宮地佐一郎、中央公論社、一九九三年
吉田松陰　田中彰、中央公論社、二〇〇一年
高杉晋作　奈良本辰也、中央公論社、一九六五年
坂本龍馬　池田敬正、中央公論社、一九六五年
大久保利通　毛利敏彦、中央公論社、一九六九年
保科正之　中村彰彦、中央公論社、一九九五年

目明し金十郎の生涯　阿部善雄、中央公論社、一九八一年
勝海舟　松浦玲、中央公論社、一九六八年
雨森芳洲　上垣外憲一、中央公論社、一九八九年
松平定信　藤田覚、中央公論社、一九九三年
福島正則　福尾・藤本、中央公論社、一九九九年
荻生徂徠　野口武彦、中央公論社、一九九三年
後醍醐天皇　森茂暁、中央公論社、二〇〇〇年
持統天皇と藤原不比等　土橋寛、中央公論社、一九九四年
岩瀬忠震　松岡英夫、中央公論社、一九八一年
大久保一翁　松岡英夫、中央公論社、一九七九年
江藤新平　毛利敏彦、中央公論社、一九八七年
幕末の長州　田中彰、中央公論社、一九六五年
江戸の刑罰　石井良助、中央公論社、一九六四年
長崎奉行　外山幹夫、中央公論社、一九八八年
軍艦奉行木村摂津守　土居良三、中央公論社、一九九四年
江戸文化評判記　中野三敏、中央公論社、一九九二年
武家の棟梁の条件　野口実、中央公論社、一九九四年
蘇る中世の英雄　関幸彦、中央公論社、一九九八年
奥羽列藩同盟　星亮一、中央公論社、一九九五年
幕末維新の経済人　坂本藤良、中央公論社、一九八四年
幕末長州藩の攘夷戦争　古川薫、中央公論社、一九九六年
廃藩置県　松尾正人、中央公論社、一九九六年
元禄畳奉行の日記　神坂次郎、中央公論社、一九八四年

戊辰戦争　佐々木克、中央公論社、一九七七年
幕末の会津藩　星亮一、中央公論社、二〇〇一年
戊辰戦争から西南戦争へ　小島慶三、中央公論社、一九九六年
王政復古　井上勲、中央公論社、一九九一年
秩禄処分　落合弘樹、中央公論社、一九九九年
地租改正　佐々木寛司、中央公論社、一九八九年
江戸時代　大石慎三郎、中央公論社、一九七七年
安政の大獄　松岡英夫、中央公論社、二〇〇一年
江戸城御庭番　深井雅海、中央公論社、一九九二年
悪名の論理　江上照彦、中央公論社、一九六九年
江戸藩邸物語　氏家幹人、中央公論社、一九八七年
徳川思想小史　源了円、中央公論社、一九七三年
義理と人情　源了円、中央公論社、一九六九年
室町の王権　今谷明、中央公論社、一九九〇年
古代国家と軍隊　笹山晴生、中央公論社、一九七五年
武士道の系譜　奈良本辰也、中央公論社、一九七一年
中世京都と祇園祭　脇田晴子、中央公論社、一九九九年
信長の親衛隊　谷口克弘、中央公論社、一九九八年
天武朝　北山茂夫、中央公論社、一九七八年
大化の改新　遠山美都男、中央公論社、一九九三年
徳川幕閣　藤野保、中央公論社、一九六五年
明治六年の政変　毛利敬彦、中央公論社、一九七九年
壬申の乱　遠山美都男、中央公論社、一九九六年

太平記　松尾剛次、中央公論社、二〇〇一年
中世の風景（上下）　阿部謹也・網野善彦他、中央公論社、一九八一年
奥州藤原氏　高橋富雄、中央公論社、二〇〇一年
日本庶民生活史　宮本常一、中央公論社、一九八一年
戦国武将　小和田哲男、中央公論社、一九八一年
長崎海軍伝習所　藤井哲博、中央公論社、一九九一年
大坂の陣　二木謙一、中央公論社、一九八三年
征夷大将軍　高橋富雄、中央公論社、一九八七年
室町時代　脇田晴子、中央公論社、一九八五年
台湾出兵　毛利敏彦、中央公論社、一九九六年
秩父事件　井上幸治、中央公論社、一九六八年
高野長英　佐藤昌介、岩波書店、一九九七年
本居宣長　子安宣邦、岩波書店、一九九二年
西郷隆盛　猪飼隆明、岩波書店、一九九二年
大岡越前守忠相　大石慎三郎、岩波書店、一九七四年
西行　高橋英夫、岩波書店、一九九三年
後白河法皇　棚橋光男、講談社、一九九五年
大伴家持　大田光一、郁朋社、二〇〇二年
大伴家持　山本健吉、筑摩書房、一九七一年
藤原定家の時代　五味文彦、岩波書店、一九九一年
武家と天皇　今谷明、岩波書店、一九九三年
朱子学と陽明学　島田虔次、岩波書店、一九六七年
田沼意次の時代　大石慎三郎、岩波書店、一九九一年

遠山金四郎の時代　藤田覚、校倉書房、一九九二年
徳川イデオロギー　Hermann Ooms、ぺりかん社、一九九〇年
殉死の構造　山本博文、弘文堂、一九九四年
平家物語、史と説話　五味文彦、平凡社、一九八七年
一揆　勝俣鎮夫、岩波書店、一八八二年
たたきの原像　千葉とくじ、平凡社、一九九一年
江戸の精神史　河原宏、ぺりかん社、一九九二年
武士道の歴史（全三巻）　高橋富雄、新人物往来社、一九八六年
鎌倉武士の実像　石井進、平凡社、一九八七年
平氏政権の研究　田中文英、思文閣、一九九四年
忠誠と反逆　丸山真男、筑摩書房、一九九八年
武士道とエロス　氏家幹夫、講談社、一九九五年
異形の王権　網野善彦、平凡社、一九九三年
無縁・公界・楽　網野善彦、平凡社、一九七八年
主君押し込めの構造　笠谷和比古、平凡社、一九八八年
日本倫理思想史（上下）　和辻哲郎、岩波書店、一九五二年
皇位継承　高橋紘他、文藝春秋社、二〇〇一年
検非違使　丹生谷哲一、平凡社、一九八七年
戦国の作法　藤木久志、平凡社、一九八六年
国定忠治の時代　高橋敏、平凡社、一九九一年
折たく柴の記　新井白石、岩波書店、一九九九年
忠臣蔵　野口武彦、筑摩書房、一九九四年
忠臣蔵　渡辺保、白水社、一九八一年

平家物語の真実と虚構（上下）　上横手雅敬、塙書房、一九八五年
愚管抄を読む　大隈和雄、講談社、一九九九年
歌舞伎以前　林屋辰三郎、岩波書店、一九五四年
大東亜共栄圏の精神　黄文雄、光文社、一九九五年
新撰組　松浦玲、岩波書店、二〇〇三年
武士の家計簿　磯田道史、新潮社、二〇〇三年
江戸のポリティカルエコノミー　西川俊作、日本評論社、一九七九年
日蓮と親鸞　中本征利、人文書院、二〇〇四年
源氏物語の精神分析学　中本征利、蝸牛新社、二〇〇二年
兄弟分の民俗　竹田旦、人文書院、一九八九年
江戸の少年　氏家幹人、平凡社、一九八九年
同性愛の社会史　アラン・ブレイ、彩雲社、一九九三年
独身者の思想史　土屋恵一郎、岩波書店、一九九三年
古代人の性愛　吉野三郎、恒文社、一九六六年
日本男色考　岩田準一、原書房、二〇〇二年
同性愛のカルチャー研究　G・ハート、現代書館、二〇〇二年
薩摩の郷中教育　鹿児島県立図書館、一九七二年
同性愛の百年間　D・M・ハルプリン、法政大学出版部、一九九〇年
江戸の色恋　白倉敬彦、洋泉社、二〇〇三年

ナ行

ハ行

マ行

ヤ行

サ行

タ行

索　　引

ア行

カ行

著者略歴

中本征利（なかもと・まさとし）

1942年　神戸市に生れる

1966年　京都大学医学部卒業

1976年　大阪近郊尼崎にて精神分析クリニークを開業し今日に至る。その間豊岡病院・三国ヶ丘病院・北野病院神経精神科（副部長）に勤務。1985年より1995年まで大阪精神分析ゼミナールを主催。現在治療分析の傍ら教育分析及び個人指導によるスーパーヴィジョンも行う。大阪市立大学非常勤講師。著書に『精神分析技法論』（ミネルヴァ書房、1995）、『源氏物語の精神分析学』（蝸牛新社、2002）、『精神分析療法における攻撃性の研究』（蝸牛新社、2002）、『恋愛力』（集英社、2003）、『日蓮と親鸞』（人文書院、2004）、『転移／逆転移』（共著、人文書院、1997）、『共感と解釈』（共著、人文書院、1999）などがある。

http://www.nakamoto-masatoshi.com

ISBN4-409-54073-4 C1039

武士道《ぶしどう》の考察《こうさつ》

二〇〇六年四月二〇日　初版第一刷印刷
二〇〇六年四月二五日　初版第一刷発行

著　者　中本征利
発行者　渡辺博史
発行所　人文書院
〒六一二-八四四七
京都市伏見区竹田西内畑町九
電話〇七五・六〇三・一三四四
振替〇一〇〇〇-八-一一〇三

印刷　創栄図書印刷株式会社
製本　坂井製本所

落丁・乱丁本は送料小社負担にてお取替いたします

http://www.jimbunshoin.co.jp/

日蓮と親鸞

中本征利　著

人間を発見した親鸞――悪人正機、そして政治を発見した日蓮――折伏逆化。熱烈な信仰者であり、反面、革新的な、信仰の破壊者でもあった日本仏教史上傑出した二人の宗教者。大乗仏教の一大思想運動の中に二人を置いて初めて見えてくる独特の救済思想。

2800円

空海　民衆と共に

●信仰と労働・技術

河原　宏　著

役行者、行基をその先蹤として、わが国が生んだ最高の宗教者空海を一人のエンジニアとしてとらえるユニークな視点から、衆生済度、万人の利福が二十一世紀の科学技術社会といかに関わるべきか、現代における信仰と労働・技術の問題に分け入ったかつてない空海論。

2200円

表示価格（税抜）は2006年4月現在のもの